U0454698

HUNAN SHENG DIANLI FUZHU
FUWU SHICHANG JIANSHE
YU SHIJIAN

# 湖南省电力辅助服务市场建设与实践

| 编　著 | 朱军飞 | 陈　浩 | 周佳陈 |
| --- | --- | --- | --- |
| 参加编写 | 蒋　冬 | 颜　志 | 王阳光 |
| | 李　京 | 胡　臻 | 张　龙 |
| | 李　辉 | 谢晓骞 | 刘　静 |
| | 胡斌奇 | 孙　晋 | 张佳启 |
| | 许　勇 | 毛　蓉 | 尹骏刚 |
| | 刘　翰 | 朱向前 | 王　勋 |
| | 邓　艳 | | |

湖南大学出版社·长沙
HUNAN UNIVERSITY PRESS

# 内 容 简 介

  本书主要针对湖南省电力辅助服务市场进行研究。主要内容有：湖南电网以及辅助服务市场的现状分析、辅助服务的分类与定义、国内外辅助服务市场发展情况、湖南辅助服务市场送审稿规则研究、辅助服务市场主体策略研究、湖南辅助服务市场运营模式、辅助服务费用分摊案例计算、电力辅助服务市场技术支持系统、电厂端交易数据申报与优化决策平台、系统使用手册等。

  本书可供发电企业与电网公司作为电力市场方面的参考与培训资料使用，也可供从事相关工作的人员阅读和参考。

**图书在版编目(CIP)数据**

湖南省电力辅助服务市场建设与实践/朱军飞,陈浩,周佳陈编著.—长沙：
湖南大学出版社,2021.5
  ISBN 978-7-5667-2178-5

  Ⅰ.①湖…  Ⅱ.①朱… ②陈… ③周…  Ⅲ.①电力市场—研究—湖南
Ⅳ.①F426.61

中国版本图书馆 CIP 数据核字(2021)第 074572 号

## 湖南省电力辅助服务市场建设与实践

HUNAN SHENG DIANLI FUZHU FUWU SHICHANG JIANSHE YU SHIJIAN

| | |
|---|---|
| 编　著： | 朱军飞　陈　浩　周佳陈 |
| 责任编辑： | 张建平 |
| 印　装： | 长沙鸿和印务有限公司 |
| 开　本： | 787 mm×1092 mm　1/16　**印张**：13.75　**字数**：300 千 |
| 版　次： | 2021 年 5 月第 1 版　**印次**：2021 年 5 月第 1 次印刷 |
| 书　号： | ISBN 978-7-5667-2178-5 |
| 定　价： | 48.00 元 |

出 版 人：李文邦
出版发行：湖南大学出版社
社　　址：湖南·长沙·岳麓山　　　邮　　编：410082
电　　话：0731-88822559(营销部),88821343(编辑室),88821006(出版部)
传　　真：0731-88822264(总编室)
网　　址：http://www.hnupress.com
电子邮箱：574587@qq.com

版权所有,盗版必究
图书凡有印装差错,请与营销部联系

# 前　言

电力辅助服务是指为维护电力系统安全稳定运行、保证电能质量，除正常电能生产、输送、使用外，由发电企业、电网企业和电力用户提供的服务。电力辅助服务在维持电力系统安全稳定运行中起到重要作用。随着我国可再生清洁能源市场快速发展，电力辅助服务行业发展的重要性日益凸显。在传统电力计划管理体制下，电力辅助服务主要通过指令的形式强制提供，这种方式难以充分反映电力辅助服务的市场价值，损害了部分主体的利益。随着我国电力市场化改革的持续推进，依靠市场化手段激励各类市场主体提供电力辅助服务已成为必然趋势。

综合分析湖南电网的用电情况，西电东送、北电南送压力大，调峰资源缺乏，水电调峰能力不足，火电深度调峰濒临极点，而祁韶直流、雅中直流的输电电力缺乏调峰能力，湖南负荷受气候影响大，高峰负荷增长快，峰谷差不断拉大，给深度调峰、调压和系统稳定运行造成严重困难。为了解决湖南所面临的调峰困难问题，2020 年 5 月国家能源局湖南监管办宣布，将启动湖南省电力辅助服务市场模拟运行，对电力市场进行更深层次的改革，降低电力系统的风险程度，以市场需求当作导向，通过市场调节逐步取代以往的政府调控，充分发挥市场在资源配置中的重要作用；并根据市场实际运行情况对市场机制以及运行规则进行检验和提升，不断地提升市场稳定性及成熟度。

本书根据湖南电网具体情况和运行特点，参考国内外辅助服务市场开展情况，严格遵循辅助服务市场化的规律，按照湖南调峰辅助服务市场化改革的相关要求，深入研究了湖南电力调峰辅助服务市场的建设依据、运营模式，研发了科学、有效、准确的交易算法，以期建设一套以保障湖南调峰辅助服务市场平稳运行为目的技术支持系统，为湖南电网的安全稳定运行和现货交易打下坚实的理论基础。

编　者

2020 年 10 月

# 目　次

# 1 概　述

## 1.1　电力辅助服务

辅助服务是指在电力能源从发电侧到用电侧的过程中，为保证电力系统安全、稳定、可靠、经济、优质运行以及提高用户电能质量而实施的一种重要手段，它是一种重要但很特殊的电力商品，是电网系统安全平稳运行的保障。

目前，在国内外各个电力市场上，由于负荷分布、电网结构、负荷特性、电源结构等情况具有差异，对于辅助服务的类型、数量的需求也各有差异，因此从古至今不存在任意一种辅助服务的定义能够应用给全国的电力市场，甚至在同一个电力市场中，辅助服务的需求也会伴随市场而产生变动（例如需求变化、电网结构变动、电源结构改变、监控技术提高、市场运行方式发生变化以及运营过程中经验不断积累增加等）而变化，而且多种多样的组织分别从其自身的角度进行研究，依据不同规则和标准对辅助服务的定义也存具有一定的差异，同样的操控方式也可能会分类于不同的辅助服务范围。本书把辅助服务的定义归结如下：在电力市场的运行过程中，为完成电量交易并确保电力系统的安全、可靠、稳定运行以及优质的电能产品，由辅助服务供应商供应的与正常电能生产和交易相匹配的频率调整（一次调频、AGC）、调峰、备用、无功、黑启动等一系列安全保障措施等服务。

## 1.2　国内外电力市场发展

从 19 世纪末开始，许多经济学家认为电力公用事业的垄断使得电力行业进入了瓶颈期，电力行业不能够实现有效的经营，且容易导致过度投资。此时电力行业引入市场经济的想法第一次被提出，随后越来越多的国家开始纷纷对电力工业进行改革。电力市场化改革的热潮最先在发达国家中掀起，代表性国家有英国、美国、澳大利亚等，接着也在部分发展中国家开始流行。这场改革引入公平竞争的机制，旨在提高整体的经济效率，以实现社会资源的合理分配和社会效益最大化。

电力工业是国民经济的基础产业，是经济进步和社会进步的重要保障，改革开放以来，我国借鉴成功的国家的经验，分别在 1985 年、1997 年、2002 年对电力工业进行了三次改革，我国电力市场化改革也取得了重要的阶段性成果。我国电力市场改革的方向可以总结为"厂网分开、竞价上网",就是把电网经营的发电企业与电网进行拆分,并将发电资产重新组建为具有独立法人地位的发电企业,市场只对发电侧开放。发电侧电力市场的市场主体是各独立发电企业与电网经营企业,电网经营企业负责组织各发电公司间的竞争,政府负责对电力市场进行监督管理。输、配一体化是国内电力市场采取的一种管理模式,这种管理模式保留供电营业区,每个供电营业区只有一个指定的供电机构向终端用户供电,同时按照"省为实体"的方针,以省级电力市场为我国的电力市场主体,各省电力公司是其省内电力市场竞争的组织者,指导实施"厂网分开、竞价上网"。

## 1.3 湖南电网现状

### 1.3.1 湖南电网结构

(1)目前,500kV 电网成为湖南电网潮流输送的主通道,形成了北电南送和西电东送的"三横两纵负荷中心两环网"的格局,包括西电东送北、中、南通道,北电南送通道,长株潭负荷中心双环网结构,衡郴永负荷中心单环网结构等。

(2)大部分 500/220kV 电磁环网仍不具备开环条件。

(3)局部网架结构有待进一步完善。部分等断面在负荷高峰或丰水期重载运行,湘西电网在设备检修方式下运行风险较大。

(4)祁韶直流投产后,湖南电网成为"强直弱交,特高压混联"的电网,直流的送电水平受到省间交流联络通道的严重制约。

### 1.3.2 湖南电网装机情况

随着湖南经济社会的快速发展,全社会对电力的需求快速增长。但近年湖南省电源装机的增长率却偏低。核电的发展受到内陆地理环境的制约,水电已基本开发完毕,风电因生态、环保限制,发展规模有限。如不抓紧本省电源的建设和引入外省电,预计未来五年内电力缺口较大,全省供电形势将越来越紧张。

湖南属于云贵高原向江南丘陵和南岭山地向江汉平原的过渡地带,全省地形上呈东西南三面地势较高,逐渐向中部及东北部倾斜的马蹄形态势,境内雨量充沛。

湖南清洁能源装机多分布于湖南西部,尤其在湘西、湘西南,水电群、风电群分布密集。湘西水电装机容量约占全省水电的 48%,风电约占 11%。丰水期通过东西横向通道,整体呈现西重东轻的布局。

湖南煤炭资源匮乏,省内发电用煤的 90% 左右依靠从北方各省火车或北方港口海运调入。受经营成本影响,湖南火电装机主要集中在湘中及湘北地区。湘中、湘北地区火电装机容量约占全省火电装机容量的 35.35%,湘西北地区火电装机容量约占全省火电装机容量的 24.46%,而湘南地区火电装机容量仅占 5.77%。整体呈现北重南轻的局面。

但湖南负荷分布重心偏东，南北方向基本平衡，与电源"西重东轻、北重南轻"的格局不匹配。所以湖南电网呈现"西电东送"和"北电南送"的特点。

（1）湖南水力资源大多集中在西部。这是"西电东送"格局的成因。

（2）湖南本省缺煤，火电企业多数用煤须从山西、内蒙古等地运入，从湘北到湘南每吨 60 元左右的运费差距，是"北电南送"格局的成因。

目前，湖南电网装机容量占比最大的为火电，其次是水电、风电、光伏，光伏装机容量占比最小。

### 1.3.3　湖南电网用电情况

随着社会发展和人民生活水平逐步提高，第三产业用电和城乡居民生活用电持续快速增长，第二产业用电占比逐年下降，加之用户侧峰谷电价政策力度不大，造成电网峰谷差日益增大。湖南电网峰谷差大，对机组发电调峰能力要求高。由于湖南水电厂以径流式为主，全年可调节能力差，调度常迫不得已只能以调度指令形式调动火电机组增减负荷，直至停机。

## 1.4　湖南电能量市场

### 1.4.1　电能量市场发展历程

电力市场是以计算机、测量技术以及通信技术的发展为基础的。美国自 20 世纪 50 年代起，就出现了在不同电网间的功率交换；70 年代，出现了电力合作组织（Power Pool），开始在各电力公司之间实行经济功率交换，实际上已经形成了电力市场的雏形。英国从 1990 年 4 月开始实行电力市场运行机制。我国在 2000 年初开始实施电力体制改革，打破了电力行业独家办电的旧体制，改变了传统的指令性计划体制以及厂网不分等问题。但由于没有充足的发电容量，市场竞争不成熟等原因，我国的电力市场改革出现了停滞现象。

自 2015 年以来，国家发展和改革委员会（简称"国家发展改革委"）、国家能源局持续推进各省电力中长期市场建设，先后印发了《中共中央国务院关于进一步深化电力体制改革的若干意见》（中发〔2015〕9 号）（以下简称《若干意见》）、《国家发展改革委 国家能源局关于印发电力体制改革配套文件的通知》（发改经体〔2015〕2752 号）、《电力中长期交易基本规则（暂行）》（发改能源〔2016〕2784 号）等若干文件。

湖南相关政府部门及湖南省电力公司积极深化电力市场改革。2016 年 6 月 15 日，湖南电力交易中心有限公司正式成立。湖南电力交易中心有限公司负责湖南电力交易平台建设、电力市场规则研究、电力市场主体注册、湖南电力市场中长期交易、电力交易计划编制、市场分析预测、交易合同管理、交易结算、统计分析、信息发布、电力交易与市场秩序规范、电力市场交易服务等工作。2016 年 8 月 8 日湖南省经信委发布《关于印发〈湖南省电力用户与发电企业直接交易准入管理办法〉的通知》（湘经信能源〔2016〕406 号）。同年 11 月 30 日，国家发展改革委、国家能源局公布了《关于同意〈湖南省开展电力体制改革综合试点〉的复函》。

2017 年 4 月，湖南省发改委、省能源局、省经信委、国家能源局湖南监管办联合印发了《湖南省售电公司准入与退出管理实施细则》（湘发改能源〔2017〕298 号）；7 月，湖南能源监管办会同湖南省发展改革委、湖南省经信委、湖南省能源局印发了《湖南省中长期电力交易规则（试行）》，全面放开符合国家产业政策、用电电压等级在 10kV 及以上的工商业用户和大工业用户进入市场，引入售电公司参与市场交易，实行发、用电偏差考核，月结月清。市场交易品种包括省外购电电量挂牌交易、双边协商交易、集中竞价交易、火电上下调预挂牌交易、合同电量转让交易六种。并发布了后续增补条款《湖南省电力中长期交易规则修改增补条款（第一次）》（湘能监市场〔2017〕106 号）。

2020 年 1 月，湖南省发改委印发了《2020 年湖南省电力市场交易方案》。文件强调：坚持市场方向，完善电力市场运行机制，进一步扩大市场交易规模和参与主体范围；优先保障清洁能源发电上网，促进可再生能源全额保障性消纳，支持节能环保高效机组特别是超低排放机组通过直接交易和科学调度多发电。7 月，国家发展改革委、国家能源局于联合修订印发《电力中长期交易基本规则》（发改能源规〔2020〕889 号）。重点从市场准入退出、交易组织、价格机制、安全校核、市场监管和风险防控等方面进行补充、完善和深化，丰富了交易周期、交易品种和交易方式，优化了交易组织形式，提高了交易的灵活性和流动性，增强了中长期交易稳定收益、规避风险的"压舱石"作用。2020 年，湖南省中长期能量市场交易规模预计将达到 500 亿千瓦时左右。

## 1.4.2　中长期交易市场概况

湖南电力市场中长期交易分为批发市场和零售市场两大部分。批发市场的交易主体包括各类发电企业、电力用户、售电公司、电网企业和独立辅助服务提供商等，零售市场的交易主体包括电力用户、售电公司和电网企业等。制定了市场的准入退出条件，集中竞价与出清算法，应急交易等市场规则。实现了安全校核与交易执行，计量与结算，目前市场执行效果较好。

目前，湖南在册的售电公司已由 2017 年的 107 家增加至 160 家。随着售电公司的纷纷成立，湖南电力市场大用户直接交易变得越来越少，几乎处于无交易状态。2018 年参与交易的主体主要是发电企业、售电公司、电网企业、独立辅助服务提供商。交易方式采取了双边协商、集中竞价、挂牌招标等方式。

## 1.4.3　中长期交易价格机制

市场价格方面采取了竞价统一出清、高低匹配（集中竞价中一种按价差高低排序的

算法）、挂牌定价、挂牌竞价等方式，其中竞价挂牌的出清办法采用了统一价差出清和申报价差出清。最终用户购电价格计算如下：

$$用户购电价 = 市场交易价格 + 输配电价 + 政府性基金与附加 \quad (1-1)$$

$$市场交易价格 = 购电基准价 + 交易价差 \quad (1-2)$$

$$购电基准价 = 销售目录电价 - 输配电价 - 政府性基金与附加 \quad (1-3)$$

其中，用户购电价是指用户的到户电度电价，输配电价、政府性基金与附加执行政府核定标准。

将以上公式（1-1）、（1-2）、（1-3）进行合并化简，得到用户购电价如下：

$$用户购电价 = 销售目录电价 + 交易价差 \quad (1-4)$$

目前，对于参与电力市场交易的用户，基本电价、峰谷分时电价、功率因素调整电费等继续执行价格主管部门相关政策，用户购电价格作为平段电价，峰、谷电价按现有峰谷电价政策计算。

## 1.4.4 中长期交易执行情况

（1）市场交易情况。

2017 年 3 月 13 日，湖南电力交易中心召开了 2017 年水电优化运行及减弃增发工作会议。针对湖南电力市场及水电运行特点创新建立了具有湖南特色的交易品种——应急交易。至此，湖南电力交易中心现有交易品种主要包括了省外电量挂牌交易、双边协商交易、集中竞价交易、水电应急交易。

2017 年四季度共 16 家发电厂、55 家售电公司、5 家电力大用户参与了湖南能量批发市场交易，成交总电量 78.52 亿千瓦时（与 2016 年对比，年度同比增长 56%）。主要交易类型统计如下。

省外电量挂牌交易：四季度祁韶直流入湘挂牌交易电量达 21.48 亿千瓦时。

双边协商交易：四季度双边协商交易电量 24.95 亿千瓦时。主要参与者包括发电企业与电力用户、售电公司。

集中竞价交易：四季度集中竞价交易电量 16.75 亿千瓦时。主要参与者包括发电企业与电力用户、售电公司。

2018 年交易基本情况如下。

截止到 2018 年 4 月 26 日，湖南电力交易中心成交总电量 259.2 亿千瓦时，省内水电成交 40.77 亿千瓦时，火电成交 174.60 亿千瓦时。

2018 年 5 月份，祁韶直流挂牌交易成交电量 5.18 亿千瓦时，省内电厂月度交易成交电量 6.56 亿千瓦时。

（2）调度合同电量执行策略。

交易电量提交到电力调度机构后，首先进行安全校核，校核完成后方可执行。调度部门按照经济调度的原则，在保证电网安全稳定运行的前提下，将年度电量任务细分为季、月、天来完成合同发电。调度优先顺序如图 1-1 所示。

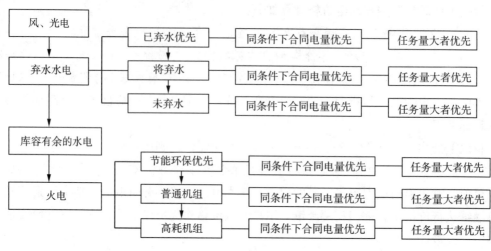

图 1-1　调度优先顺序

### 1.4.5　现货市场情况

目前，华中省间调峰辅助服务市场、省内发电辅助服务市场以及省内现货市场正在建设当中。湖南省电力公司对祁韶直流的部分电量已实施了现货交易。现货交易可分为日前交易、日内交易和实时交易，是电力市场中非常重要的环节，因此，建议尽快建立电能量现货市场技术支持系统和辅助服务市场技术支持系统，以使湖南电力市场建设更加快速、高效、有序地发展。

## 1.5　湖南辅助服务市场

### 1.5.1　湖南辅助服务市场现状分析

相对于国内电力辅助服务市场发展的进程来看，湖南电力辅助服务市场起步较晚。2018 年及 2019 年这两年期间，第三产业和居民生活用电年增量都超越了 11%，随着用电量的快速增长，湖南电网用电负荷高峰时期与低谷时期差距逐年增大，当前湖南省已经成为全国调峰最困难的省份。与此同时，由于省内新能源发电装机的规模与日俱增，电网灵活调节能力降低，这将容易导致省内供电的安全性和稳定性受到威胁，清洁能源消纳的问题也将变得更加棘手。

现阶段，湖南电力供应显露出了诸多问题，为了解决这一矛盾，2020 年 5 月国家能源局湖南监管办宣布，将启动湖南省电力辅助服务市场模拟运行，它的宗旨在于更深层次地对电力市场进行改革，降低电力系统的风险程度，在电网运行的过程中对市场机制以及运行规则进行检验，把市场的需要当作导向，将市场调节取代以往的政府调控，充分发挥市场在资源配置中的重要作用。这次举措也代表着湖南电力市场化改革建设进

入了一个新的篇章，标志着湖南电力辅助服务市场建设的机制及市场调控的方式更加完善。

### 1.5.1.1　现行两个细则基本情况

（1）两个细则概述。

"两个细则"是指《华中区域并网发电厂辅助服务管理实施细则（试行）》及《华中区域发电厂并网运行管理实施细则（试行）》。两个细则初步规范了华中区域电力调度行为，提高了发电企业运行管理水平和参与辅助服务的积极性，在保证电力系统安全稳定运行方面发挥了显著作用。

两个细则主要是针对并网发电的日发电计划、调峰与备用、启停调峰、无功调节、AGC、一次调频、黑启动能力、非计划停运、检修等进行的考核与补偿，实现了对发电企业运行和辅助服务的管理。

（2）两个细则适用范围。

两个细则考核与补偿的范围主要是在各发电主体之间。考核与补偿的费用也是采取了"取之于民，用之于民"的办法，按照"月结月清"的模式，每月进行兑现，即将考核扣罚的费用全部用于补偿，如果扣罚费用多于补偿费用，则将多余的费用按照各单位上网电量比例进行分摊；如果扣罚费用少于补偿费用，缺额部分也按照各单位上网电量的比例进行分摊。

由于两个细则需要实时采集大量的数据来实现考核与补偿，而新能源及小水电企业很多的数据存在本身不全和采集不全的问题，因此，湖南在实际执行中只在14家并网火电企业和少数的并网大水电企业（装机5万千瓦以上）中进行。

两个细则专注于发电质量指标的考核与管理，为发电运行和电网运行服务。辅助服务补偿部分按照提供辅助服务的贡献量以一定的补偿标准进行计费，并未涉及任何与辅助服务市场交易有关的内容。

（3）两个细则辅助服务的主要内容。

两个细则界定了基本辅助服务和有偿辅助服务考范围，具体如下。

基本辅助服务：为了保障电力系统安全稳定运行、保证电能质量，发电机组必须提供的辅助服务，包括一次调频、基本调峰、基本无功调节等。

有偿辅助服务：并网发电厂在基本辅助服务之外所提供的辅助服务，包括自动发电控制（AGC）、有偿调峰（深度调峰和启停调峰）、旋转备用（为保证可靠供电，预留的发电容量）、有偿无功调节、黑启动等。

基本辅助服务是发电企业应尽的义务，无补偿；对有偿辅助服务进行补偿。

（4）两个细则实际运行情况。

从两个细则总体运行情况来看，主要呈现出火电补偿水电的情况。两个细则的考核标准通过调整，火电的考核和补偿标准均进行了加重，但从整体趋势来看依然呈现出"火补水"的格局。

（5）两个细则分项考核补偿情况。

从并网考核情况来看，两个细则主要考核项为 AGC 考核、日计划和一次调频。其中，2017 年一次调频考核大幅增加，主要原因是联络线在部分时间停运后，华中电网孤网运行导致机组一次调频难以满足系统需求，产生了较多的一次调频考核电量。而 2018 年 AGC 考核电量快速增长，反映出各发电机组在 AGC 响应速度、响应精度和调整速率等方面还未能完全达到当前 AGC 考核的要求，但也从另一个侧面反映出当前机组需要频繁负荷调节的实际情况。

### 1.5.1.2　湖南电网辅助服务现状及问题

（1）能量市场大幅放开，辅助服务的管理手段落后。

一方面，随着电网峰谷差的不断增长，电网调峰压力越来越大，特别是随着祁韶直流送入后，湖南省内对辅助服务的需求大幅增加。另一方面，随着能量市场的大幅放开，以行政命令为主要手段的辅助服务管理模式越来越不适应市场化的改革需要，也无法利用市场化的手段充分调动各利益主体提供辅助服务的积极性，提升电力辅助服务水平，实现电力资源优化配置。

（2）当前两个细则辅助服务管理矛盾突出。

两个细则执行以来，虽然在提升电网运行和辅助服务管理水平上发挥了一定的作用，但并未反映湖南辅助服务运行的现状，也未解决当前湖南省内辅助运行管理过程中存在的问题。一方面从实际结果来看均呈现"火电补偿水电"的情况，这显然与湖南省内水、火在电网运行过程中承担的责任不相匹配；另一方面，为联络线进行调频调峰的电站在两个细则中得到了大量补偿，但同样为外购电进行频繁、深度调节的火电企业却颗粒无收；此外，由于缺乏资金来源，在省内补偿大于考核的情况下，省内火电还需要承担高额的分摊费用，火电企业即便努力减少考核支付也往往因分摊机制不得不支出大量费用。

（3）两个细则已不适应目前政策要求。

中共中央国务院《关于进一步深化电力体制改革的若干意见》中明确提出了辅助服务"谁受益，谁承担"的基本原则和有关调峰辅助服务共享分担机制。按此政策要求，现有的"两个细则"存在两大缺陷，一是辅助服务市场主体不足，考核与补偿实际上只在规模以上火电和大型水电之间进行，新能源与外购电并未参与其中，不符合"谁受益，谁承担"的要求；二是辅助服务调用机制不健全，辅助服务需求分散在不同电网，调度权分散在几级调度，亟须建立辅助服务市场，整合资源，优化调度，确保电网安全。

## 1.5.2　调峰与辅助服务市场建设的现有条件

### 1.5.2.1　信息技术条件

信息技术的快速发展，为调峰与辅助服务市场的建设提供了有力的技术基础。现阶段，大部分的发电厂都建设了自动化信息系统，如 AGC、AVC 等，对调峰、备用等都能进行有效数据采集，这为调峰与辅助服务量化计算提供了技术支持。

计算机应用系统的发展也为调峰与辅助服务市场化交易铺平了道路。现在的大数据存储和数据挖掘技术，可以对电网、机组的海量数据进行快速地存储与分析。功能强大的 Java 分布式 B/S 系统，可以支持湖南电力系统全网数据采集与分析，各市场参与者均无须自行安装系统便可进行客户端应用。

#### 1.5.2.2 负荷预测基础

近年来，湖南天气预测技术得到了快速发展，也带动了湖南电力负荷预测技术的进步，湖南的短期负荷预测和超短期负荷预测水平得到了有效提升，特别是实时负荷预测的准确率，基本上能达到 96% 以上。

负荷预测的准确性，直接提升了电网对深度调峰、旋转备用、启停调峰等调峰服务的预测准确性，这为实现调峰与辅助服务市场交易做好了准备。

#### 1.5.2.3 主体市场条件

湖南电力市场的主体包括各类发电企业、电力用户、售电公司、电网企业和独立辅助服务提供商等。售电公司的批量增加，使得湖南的电力市场交易基本上落点到了批发交易市场。

各主体对市场的适应能力不断增强，发电企业、电力用户、售电公司、电网企业和独立辅助服务提供商等，都具备足够的市场参与能力、技术支持能力和人事支持能力。

总之，湖南电力市场中建设调峰与辅助服务市场交易，已具备了很好的主体市场条件。

#### 1.5.2.4 市场调节空间

湖南电力目前总体上是供大于求的，但是调峰却存在相当大的困难。这一方面说明湖南的调峰与辅助服务市场空间广阔，另一方面也说明应建立市场化的辅助服务交易机制，以挖掘能力，吸引投资。

# 2 辅助服务的分类与定义

## 2.1 调峰辅助服务

调峰辅助服务是指电力系统满足负荷波动的需求，当处于电网低谷阶段负荷水平降低时，由发电侧电源提供的降低出力的服务；反之，当处于电网高峰阶段负荷水平升高时，由发电侧电源提供的增加出力的服务。

调峰辅助服务从义务性质的角度可划分为无偿调峰、有偿调峰两种服务模式。调峰辅助服务中的无偿特指基本调峰辅助服务，基本调峰辅助服务是指发电机组在指定的出力调整范围内，随着负荷曲线的波动有计划性地，并以适当的速度实时调整机组出力，且按照规定由发电企业、电网经营企业等无偿提供的服务。

有偿调峰是指超出基本调峰范围内所提供的服务，主要分为以下几类：深度调峰、启停调峰和电储能调峰等。深度调峰辅助服务是指在系统负备用不足或者清洁能源电力消纳困难的情况下，以火电机组调减负荷率低于有偿基准值的服务、抽水蓄能机组的抽水服务和储能电站的充电服务等为交易标的，达到提高系统负备用水平或者提高清洁能源消纳能力的交易。

启停调峰辅助服务是指根据电网调峰需要，火电机组通过在 24 小时内完成一次启动并网和停机解列之间的状态转换，由此在需求侧负荷降低的情形下减少电源测功率输出，从而优先满足新能源上网需求。

电储能调峰是指在负荷低谷或者弃风弃核时段，蓄电设施在电源侧或负荷侧根据电网调峰需求吸收电力，在其他的时段释放电力。电储能调峰由纳入电网调度体系的独立储能系统提供，由于储能方面相关政策尚不够完善，关于其独立市场主体的地位认定、定价方案等问题尚不够明确，因此开展储能调峰辅助服务交易仍面临一定困难。

电力体制改革前，我国电力工业采取的是发、输、配电一体化的管理模式，由系统调度部门统一安排发电和电网运行方式。在这种管理模式下，用户根据政府指定的固定目录电价缴纳电费，电费包含了基本的发电费用以及进行各种辅助服务费用，并未制定单独的辅助服务补偿机制。

电力体制改革后，厂网分开，电厂成为独立企业。考虑到各发电厂所牵涉的利益问题，无偿提供辅助服务的管理制度显然无法调动电厂的积极性。为了攻破这个难题，国家电监会以激励发电厂提供辅助服务为目的，在 2006 年正式印发了两个细则（《并网发电厂辅助服务管理暂行办法》《发电厂并网运行管理规定》），规则中提出对并网发电厂提供辅助服务设置补偿机制，在服务成本的基础上增加合理收益，补偿费用主要来源于辅助服务考核费用且由并网的发电厂承担，机组调用的顺序按照价格从低到高依次调用。同时各省份积极响应国家的号召，根据电网实际情况，也纷纷相继出台"两个细则"文件，规定了电力辅助服务的有偿基准、考核与补偿以及费用分摊等规则，与原有的并网发电厂辅助服务管理实施细则相比，各省区推行的调峰辅助服务市场主要呈现以下特点。

（1）不设定统一的补偿价格，调峰补偿力度加大。机组可以自行申报服务价格，报价空间比以往得到大幅度提升，不同省份之间补偿力度也不尽相同，更有利于调峰辅助服务的全面建设。

（2）根据各省电力系统运行的特征，调峰服务主体趋向多元化发展。从我国绝大多数省份参与调峰主体的情况来看，主要还是火电厂、抽水蓄能电站作为主力军。但随着新能源装机容量的激增，部分地区已经纳入储能、外来电、售电等新型主体参与调峰以应对电力消纳愈发艰难的局面。

（3）一般采用"日前报价，按需调用，按序调用"的交易方式，更合理化地分配电力资源。调峰辅助服务是卖方在日前进行单向报价，通过集中竞争的方式、电网调度部门按照需求及价格排序安排发电计划，产生的服务费按比例分摊给其他机组。

（4）调峰辅助服务市场交易品种单一。当前调峰辅助服务交易主要集中在深度调峰及启停调峰两个品种，当深度调峰服务无法满足需求时，则进行启停调停交易。此外，现阶段的研究的热点开始趋向负备用调峰，但现有的市场规则只对机组下调能力提出明确要求。

## 2.2 调频辅助服务

调频辅助服务是指调频资源在其申报的出力调整范围内，根据自动发电控制装置AGC的指令，根据电力系统频率和联络线功率控制的要求，实时往复调整发电出力的辅助服务。

频率作为考量电力系统运行情况的一个重要参数，它在电力系统中反映出有功功率供需是否能够达到平衡状态。电力市场上的用户负荷是随着其实际使用情况不断变化的，供给与需求的不平衡会引起系统频率的偏离，从而引发产品质量的不合格或用户装备的损坏，因此为了满足用户对频率精准的要求，调频辅助服务需随时将负荷的变化调整平衡。

调节频率的作用是能够使得负荷功率的变化时，发电功率会自动随之发生变化；当负荷功率或者发电功率随机改变时，可在极短时间内将系统的频率维持稳定；在区域内分配系统发电功率，维持区域间净交换功率为计划值；同时也可监视、调整备用容量，保证系统安全运行。

调频辅助服务可以通过两种方式使得时刻波动的负荷达到平衡。其中一种是通过进行负荷管理来实现；另一种则是通过调整发电功率来实现，控制发电侧电源的出力满足不断变化的负荷需求。

根据频率调整的范围和调节能力的不同，频率的调整分为一次调频、二次调频及三次调频。一次调频是指由发电机组调速系统的频率特性所固有的能力，随频率变化而自动进行频率调整，一次调频是自动响应，响应的范围包含全部机组，当系统的频率下降时，机组自动加大阀门。一次调频的局限性在于它是有差调节，不能维持电网频率不变，只能缓和电网频率的改变程度。一次调频曲线如图 2-1 所示。

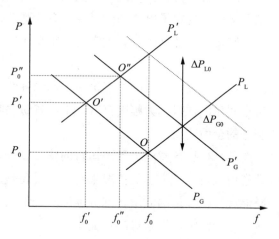

图 2-1　一次调频曲线

其中，$f_0$ 为系统在某一运行负荷水平下对应的起始频率；$P_L$ 为负荷有功功率静态频率特性；$P_G$ 为发电机有一次调频时的有功功率静态频率特性；$P_0$ 为系统的运行负荷功率；$\Delta P$ 为系统有功功率变化量。

二次调频是指当电力系统负荷或发电出力发生较大变化时，一次调频不能恢复频率至规定范围时，由发电机的调频器所进行的频率调整。二次调频为无差调节，在一次调频过程中产生的偏差可通过二次调频进行消除，使得电网频率维持不变。二次调频曲线如图 2-2 所示。

二次调频目前有两种方式：一是由调总下令各厂调整负荷；二是机组采用自动发电控制（Automatic Generation Control，AGC）方式，实现机组负荷自动调度。AGC 在调频辅助服务中发挥着至关重要作用，通常 AGC 机组具备快速增减出力的能力，能够将快速负荷波动，以及难以预测的细微发电变化两方面的难题迎刃而解；同时将系统频率维持稳定在正常值范围内，减少与其他电力系统之间的不当交换。

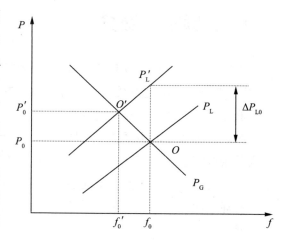

图 2-2　二次调频曲线

电力系统中自动发电控制的方式会随着目的的不同而发生改变，大致可分为三类：恒定频率控制（Flat Frequency Control，

FFC)、恒定联络线交换功率控制（Flat Tie-line Control，FTC）以及频率与联络线偏差控制（Tie-line load frequency Biasc Control，TBC）；实际发电与控制目标的差值为区域控制误差（ACE）。而 ACE 的计算方法则随着控制方式而不同，如下所示。

（1）如果区域 $j$ 采用频率与联络线偏差控制（TBC）方式，那么 $ACE_j$ 的表达式为：

$$ACE_j = \xi_j \Delta f + \Delta P_{tj} \qquad (2-1)$$

（2）对于恒定频率控制（FFC）方式，$ACE_j$ 的表达式为：

$$ACE_j = \beta_j \Delta f \qquad (2-2)$$

（3）对于恒定交换功率控制（FTC）方式，$ACE_j$ 的表达式为：

$$ACE_j = \Delta P_{tj} \qquad (2-3)$$

其中，$\xi_j$ 表示为区域 $j$ 的系统的备用容量系数（机组总出力与总负荷之比）；$\Delta f$ 表示为频率偏移值（变化量）；$\Delta P_{tj}$ 表示为系统有功功率变化量。

三次调频是为了完成电厂的在线经济调度（发电计划），电力部门会提前对日负荷曲线进行编制，将持续变动负荷的缓慢变化情况进行反映，经济调度的目的是在保证电力系统频率质量和安全的前提下，选取最优的分配计划将各个发电厂逐个进行分配。

在垂直垄断模式下，调频机组可以由调度机构强制性进行调用且得不到任何费用的补偿，从而导致提供调频服务的电厂积极性降低。为了使电力系统安全性得到保障，激励更多调频机组参与辅助服务市场，以提供调频服务产生的成本费用作为依据制定调频服务补偿机制已是刻不容缓。

通常情况下，机组因提供 AGC 服务而产生的花费主要包括以下几部分。

（1）机组投资成本。提供调频辅助的 AGC 机组，需在普通机组的基础上加配一个自动控制设备改造而成。

（2）热效率损失成本。这部分成本又可细分为两部分，机组因预留调频容量而脱离最佳运行点运行产生的效率损失成本和机组参与 AGC 调节过程中因变工况运行而产生的效率损失成本，这两部分成本分别产生在留用和调用期间。

（3）机组变工况运行产生的运维成本。在提供调频服务过程中，机组的运行工况频繁变动，带来的是机组各部分元件的磨损增加，相应的运维成本增加。

（4）能量损失成本。对于储能等快速调频资源，在提供调频服务的过程中还会产生额外的能量损失费用。

进一步对上述四部分成本进行归类，可以将调频机组因预留调频容量而产生的设备投资成本和留用期间的热效率损失成本涵盖在调频服务容量成本之内；将调频机组因被调用提供调频服务而产生的热效率损失成本、运维成本和能量损失成本涵盖在调频服务质量成本之内。除此之外，在电力市场环境下，调频机组因提供调频服务无法参与主能量市场竞价而产生的机会成本也必须考虑在内。

调频出力限值包括机组承担调频时的最大出力和机组承担调频时的最小出力两部

分。由于稳定性的要求，机组在承担调频任务时，出力可调范围缩小，机组允许的最大出力下降，最小出力上升，最大出力和最小出力之间的差值等于 2 倍的机组调频容量与主能量调度范围之和。

## 2.3　发电备用辅助服务

备用辅助服务是指电力系统在满足预估负荷需要之外，因预测误差、输电线路突发故障，以及计划运行的机组非计划停运等情况而导致负荷不确定性波动，在这种情况下为使得电力系统总的出力与负荷维持平衡，备用容量机组提供出力的服务。备用辅助服务的主要功能是用以提高电力系统的安全可靠性，降低负荷而造成停电的概率，防止出现事故。

从不同的角度出发，可进一步对备用进行划分，目前，按照用途、状态与响应时间将备用分为以下几种。

（1）备用辅助服务按照用途可以分为负荷备用、事故备用和检修备用。备用的电荷通常满足短时间内的波动，以及当天内的系统外的额外增量，由 AGC 机组承担。事故备用指的是当系统发生机组停运、联络线跳闸或出力突然下降等偶然性事故时，使系统保持稳定与可靠性的供电。检修备用是指在系统发电设备计划检修过程中保证对用户可靠供电。

（2）备用辅助服务按照响应性可以分为三类：旋转备用、非旋转备用以及替代备用。旋转备用的容量要求为故障备用（CRR）的百分数，最严重故障时为最大机组容量的百分数（CRR＝max），它能够在很短的时间内达到备用容量，并可持续运作机组的时间至少为两个小时。非旋转备用的容量要求为未在旋转备用中考虑的故障备用要求，备用来源于处于停机状态机组和可中断负荷，它能够在特定时间内当作可调度机组，可在十分钟之内达到备用容量，并可持续至少两小时。替代备用的容量要求为负荷预测误差，备用来源于发电机组和可中断负荷，它能够在一小时内，满足备用的需求。

（3）备用辅助服务从运行状态来看可分为两类，处于热状态的备用机组为热备用，处于冷状态的备用机组为冷备用。旋转备用也是热备用的一种，能够在十分钟之内达到备用容量，通常来讲水电厂提供的旋转备用占据总容量的十分之一，火电厂提供的旋转备用则是最大出力与当前出力的相差的值。根据我国电网总体的情况而言，热备用普遍由低于装机容量的机组提供，冷备用的调度按照电网的需要由指定机组提供。

备用辅助服务市场中备用容量竞价过程以容量成本作为唯一参考，容量成本是指机组因提供备用容量所产生的折旧费、维护费等固定费用。机组因提供备用辅助服务从而减少机组出力，这部分减少的发电量而损失的收入称为备用的机会成本。

从经济层面上来考虑，旋转备用要优于其他备用，原因在于旋转备用是在线运行的机组提供备用服务，当机组的备用容量被调用时，其费用成本的增加仅为燃料消耗费用。而对于非旋转备用来说，是以停机状态的机组提供备用服务，其调用产生的费用成本除去燃料消耗费用外，还包括机组启动所需费用。所以在备用辅助服务市场中投标顺序依次为旋转备用、非旋转备用、其他备用等。

## 2.4　电力无功辅助服务

无功调节服务又称无功支持服务或无功电压控制服务，指无功电源（或无功补偿设备）向电力系统注入或吸收无功功率。其目的是使得系统在正常运行时，节点电压波动水平能够在规定许可的范围内。同时在系统发生故障后，为了及时有效阻止系统电压发生崩溃，避免电气设备受到损坏，则需要通过无功辅助服务进行无功补偿。无功调节服务工作原理如图 2-3 所示。

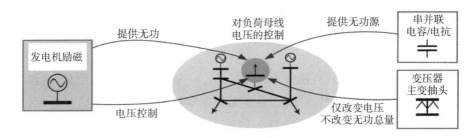

**图 2-3　无功调节服务工作原理**

无功补偿的方法可分为三类：低压个别补偿、低压集中补偿及高压集中补偿。按照电压等级可分为高压补偿和低压补偿。按照补偿地点划分为四类，分别是：变电站集中补偿，配电变压器低压侧补偿，配电线路分布补偿，低压用户分散补偿。按照投切方式可以分为静态补偿、动态补偿和动静相结合的补偿方式。每种补偿方式都需要结合电网的实际情况，依照分层分区、就地补偿原则，选择合适的补偿方案。

无功辅助是维持电力系统稳定运行必不可少的服务，它具有如下特点。

（1）无功调节服务呈现较大的本地供应特征。远距离输送无功将引起发电端和受电端之间存在较大的电压降落，因此无功一般不进行远距离输送。进而也会导致无功辅助服务的资源价格会随着无功源在电力系统中的位置不同而不同。

（2）无功源、无功负荷具备多样性的特征。与有功源截然不同，电力系统中的无功源也就是发电无功（容性），除发电机和负荷外，还包括过励磁同步机、电容器、静止无功补偿器（SVC）的容性电流、轻负荷线路以及电缆；无功负荷吸收无功（感性），包括有欠励磁同步机、电抗器、静止无功补偿器的感性电流、重负荷线路、变压器以及感性电机。它们为系统提供无功的支持，进一步控制系统电压降低网损。

（3）无功调节服务具有控制的分散性特征。与频率控制需要有功平衡类似，电压控制需要无功平衡。频率是全网统一的，依赖整个电网的有功平衡，电压的高低与系统的无功功率紧密相关，最为明显的是与无功平衡水平的高低紧密相关。

（4）无功调节服务具有分析的复杂性特征，具有投资成本占主体成本特性且无功对系统的安全价值甚至比其经济价值更大。

电力系统的无功需要是多层次的，包含使用容量及备用容量需求、容性无功需求及感性无功需求，并且对无功容量的位置也有要求，按照使用目的的不同选择合理的电容器安装容量。电网中无功补偿不但能够减少发电供电设备的设计容量以及投资成本；同时也降低了线路损耗，公式如下：

$$\Delta P\% = (1 - \cos\phi/\cos\omega) \times 100\% \tag{2-4}$$

其中，$\cos\phi$、$\cos\omega$ 分别表示为无功补偿之前、无功补偿之后的功率因数，$\cos\omega > \cos\phi$。根据计算公式从而可以得出结论，线路损耗跟功率因数有关，当功率因数提高，线路损耗随之下降，电网中有功功率的输送比例增加。不仅如此，供电企业的经济效益也跟功率因数有关，线路损耗下降使得供电企业的经济效益大幅度提升。无功补偿还可根据用电设备的功率因数预测输电线路的电能损耗、提高低压电网和用电设备的功率因数实现节电目的；同时降低能耗，改善电网电压质量，稳定设备运行，延长设备使用寿命。

无功辅助服务的定价模式可以分为三种情况：一是基于实时无功电量进行定价，二是基于无功源无功容量进行定价，三是基于无功容量和无功电量相结合进行定价。基于实时无功电量的具体定价方式，是指在一定的无功容量范围或者功率因数范围内不计费；根据机组有功损失机会成本制定无功电量价格；事先制定区内统一无功电量价目表，通过实时市场的无功竞价制定本地区的无功电量清算价格。

基于无功源无功容量的具体定价方式，是通过事先竞价制定无功容量价格。在一定范围内的无功容量为义务性质，可用容量减去这部分无偿服务的容量范围得到补偿。

基于无功容量和无功电量相结合的具体定价方式，是具体的无功容量定价方式和无功电量定价方式的组合。

总体而言三种定价模式各有千秋。基于实时无功电量定价模式下，机组提供无功辅助服务的费用，需根据系统调度的无功功率的输出量进行结算。无功容量和相应的费用通常是签订长期双边合同方式或者根据固定的收费表进行结算，且机组无法根据调度指令完成任务时会受到相应的罚款。基于无功容量和无功电量相结合的模式下，在一定无功容量范围内得到无功容量费用，超出这个范围无功电量的费用则通过输出或者吸收无功功率来获取。

## 2.5 黑启动辅助服务

黑启动是指电力系统因大事故全部或者部分停运后，发电机组在没有任何其他外来电力帮助的状态下，能够通过系统中具有自启动能力机组的启动，带动无自动启动能力的机组从停机状态逐步恢复系统供电的服务。

黑启动作为辅助服务中的一种，是保证电力系统安全运行必不可少的先决条件，通常所有电厂的启动都需要电能，一般启动所需的电能是通过输电系统或者配电系统提供，在情况紧急的时候，黑启动电厂的电能从小型辅助机组获取，黑启动电源在整个黑启动过程中具有十分重要的作用。黑启动的关键是电源点的启动，与火电、核电机组相比较而言，一般选择水电机组作为黑启动电源的首选，其原因在于水电机组辅助设备简单、厂用电量少，启动速度快等优点。在选择黑启动电源机组时应从以下几方面进行考虑。

（1）自启动能力。在没有外来电力帮助的情况下，具备自启动能力且启停时间短。

（2）机组位置。启动路径相对较短，电压等级变换少，离重要负荷中心近。

（3）带负荷能力。负荷升降速度快，运行灵活。

（4）调节能力。较好的电压、频率以及负荷的调节能力。

（5）自动、手动准同步装置同时具备，自动调速、手动调速、自动并网、手动并网同时具备。

（6）具备手动调压功能。

（7）可靠性高。

黑启动的服务目的也会随着黑启动机组的数量而不同，当电网黑启动机组充足时，它的目的在于降低黑启动完成时间、降低电网及用户的黑启动服务费用、减少大面积停电造成的供电方和用户的损失；另一种情况是当电网黑启动机组不足时，可通过签订长期合同等，使用邻网合适机组，也可通过从邻网获得一定的黑启动紧急功率支持。

同时黑启动的服务形式会根据电网的黑启动能力分为三种情况。

（1）当电网有足够的黑启动能力时，可自行恢复系统供电。

（2）当电网黑启动能力不足，同地理区域（非本网范围内）有满足条件的黑启动机组时，电网间签订双边合同，其中提供方式和计费方式是由买卖双方协商而定。

（3）当本电网和其他电网都不具备黑启动能力时，唯有其他区域部分恢复系统供电，才能够对本电网提供紧急的黑启动辅助服务，逐步地恢复本电网的系统供电。

黑启动服务的费用可包括两类，一类是用于维持电力系统黑启动能力的费用，它的费用是由调度部门、黑启动机组、部分黑启动机组、部分输电系统四个部分构成；制定计划、设备维护、人员培训等所产生的费用都属于调度部门，通俗来说调度部门产生的费用也可以看作为人工费用。

黑启动机组的性质比较特殊，如若电厂现阶段持有的设备达不到黑启动的要求，此时则需要电厂跟电网进一步协商处理，必要时可购入新的黑启动设备或者对现有设备进行改造，以满足要求，另一类是电力系统黑启动过程中实际产生的费用。黑启动机组除了用于黑启动辅助服务，有时也会用于系统的发电跟调峰等，在这过程中产生的黑启动折旧费与黑启动的运行和维修费用如下：

黑启动的折旧费用＝黑启动设备的折旧费用＋一般设备的折旧费用×黑启动分配

系数

黑启动运行和维修费用＝由黑启动设备运行和维护产生的所有费用

部分非黑启动机组跟部分输电系统两者产生的费用都属于协同实验费用。

黑启动服务费用的另一类是黑启动过程中系统实际产生的费用，其中包含了燃料费用、实际黑启动劳动成本以及设备的损害费用。黑启动的费用在电价中得到体现，它是由用户的使用电量的数量决定的，计算公式如下：

$$C_{\mathrm{bssc}} = \frac{C}{N_{\mathrm{L}}} \qquad\qquad (2\text{-}5)$$

其中，$C_{\mathrm{bssc}}$ 为输电用户单位电量的服务费用，$N_{\mathrm{L}}$ 为网络负荷的总数，$C$ 为每年服务的费用。

用户的费用计算公式为：

$$C_{\mathrm{i}} = C_{\mathrm{bssc}} \times N_{\mathrm{Li}} \qquad\qquad (2\text{-}6)$$

其中 $C_{\mathrm{i}}$ 表示为分摊的黑启动服务费用，$N_{\mathrm{Li}}$ 表示为用户网络负荷的总数。

## 2.6　其他电力辅助服务

其他电力辅助服务包括用户侧辅助服务、紧急服务、缓解约束服务、各种专业的辅助服务等。缓解约束服务是指：当输电出现约束时，参与约束缓解服务的服务商将重新调整计划来降低电力出力或者降低电力需求等来保证网络的安全和成本。

美国加州已经引入了"灵活爬坡产品"（Flexible Ramping Product，FRP）来应对可再生能源出力的波动。

# 3 国内外辅助服务市场发展情况

## 3.1 英国电力市场分析

### 3.1.1 英国电力市场发展

19 世纪 80 年代电力市场化改革开始在全世界范围内盛行，其中，英国是最先开始市场化改革的国家之一。英国电力工业进行了三次重要的改革，1988 年英国出版了《电力市场民营化》白皮书，标志着英国电力市场开始第一次改革。改革前英国电力工业保持垂直一体化经营模式，改革的目的是将电力公司的结构进行拆分重组，实现发电、输电、配电三者完全分开，同时将股份制和私有化进行改造，采用的交易模式为强制型电力库模式（Pool）。

2001 年英国实行新的市场模式（New Electricity Trading Arrangements，NETA），这也标志着英国开始了第二次电力市场化改革，这次改革主要是针对电力市场的交易模式进行，以合约交易为主要的交易模式，以不平衡电量交易的 NETA 模式作为辅助。

英国电力工业的第三次改革发生在 2004 年能源法通过后，此次改革以实施英国电力贸易和传输协议（British Electricity Trading and Transmission Arrangement，BET-TA）为标志，将全英国电力系统合并统一管理。

### 3.1.2 英国电力市场三种交易模式

#### 3.1.2.1 Pool 模式

电力库 Pool 是指所有发电商只能将电能卖给电力库，这是发电商唯一的收入来源，而电力用户只能在电力库买电。在 Pool 模式下，电力平衡机制由系统运营商负责，因此，系统运营商的平衡行为影响价格变动。改革后英国电力市场的组织结构如图 3-1 所示。

改革后英国电力市场的组织结构主要特征如下。

（1）发电侧。将原有中央发电局（Central Electricity Generating Board，CEGB）拆分为国家电力公司（National Power Company，NP）、国家电网公司（National Grid Company，NGC）、核电公司（Nuclear Electricity Company ，NE）、国家电力公司（National Power Company，NP）、国家发电公司（National Power Generation

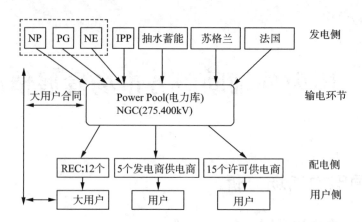

图 3-1　英国电力市场的组织结构

Company，PG）四个部分。其中，275V、400V 高压输电网由国家电网公司负责管理运行；总容量占三分之一的火电厂由国家电力公司负责管理运行，总容量占五分之一的核电站由核电公司负责管理运营。

与此同时，英国政府为了避免少数发电企业垄断电力市场的局面发生，又重新将规则进行了修改，修改后的规则规定任意发电企业的装机容量必须低于系统总容量的三分之一，并且鼓励独立发电商 IPP。

（2）配电侧。组建了 12 个地区性独立经营的电力（配电）公司（REC）。其中三分之二的电力公司由美国公司控股，负责向终端用户供电。这些公司拥有 240V～132kV 的输配电网络，负责给终端用户售电。

（3）用户开放。用户的范围逐步扩大，从大用户到小用户，最终对全部用户进行开放。开放的对象从最初的 10MW 到 1000W，数量从四百个用户增加到了大约五千个用户，目前已经突破五万用户。从 1998 年开始，正式取消功率的限制，这代表着用户能够自由地选择供电商。

（4）市场监管。1999 年成立电力监管机构（Office of Gas and Electricity Markets，OFGEM）和电力供应主管机构（Department of Generate Electricity Supply，DGES）取代前期的电力监管办公室。市场监管机构的职责是：保证满足用户用电需求，促进发电侧和用电侧竞争，保护用户合法权益，提高效率和经济运作，促进新技术的研究与发展，促进环境保护。

（5）电力库（Pool）。是电力市场的交易中心，所有交易均需通过 Pool 实现。Pool 以电力库购买价格（Power Purchase Price，PPP）购电，其中，电力库购买价格 PPP 由系统边际价格（System Marginal Price，SMP）和容量费（Capacity Element，CE）两部分构成。再以电力库销售价格（Power Sale Price，PSP）售电，电力库销售价格 PSP 是由购买价格 PPP 及上浮电价 UPLIFT（为解决输电阻塞、系统备用等问题所产生的费用）两部分组成。最终的销售电价为电力库销售价格 PSP 加上网损校正费用。

交易过程中交易双方通过签订金融差价合同（Contract Finance Differences，CFD）共同承担因电能价格不确定性产生的风险。

在电力市场中，购买方和售卖方的交易都是通过电力库进行。在电力库的模式中，独立的发电企业通过竞争上网；国家电网公司负责输电网络的管理、维修、建设以及系统调度；Pool 负责运行和结算，全天共设置 48 个交易时段，以每 30 分钟为一个交易周期。Pool 模式下电力市场的两种交易模式如图 3-2 所示。

英国电力市场的强制型电力库模式取得了不错的效果，但仍然存在着许多不足之处，Pool 模式的缺点如下。

（1）国家电网公司以及电力库负责的职能集中，容易导致效率不高，监管不足等问题。

（2）缺少长期物理合同，价格容易发生波动。发电商的发电量没有保障，配电商因价格承担的风险系数较大。

（3）电价由发电商的报价决定，用户几乎无法直接参与价格的制定且对用户开放缓慢。

（4）发电侧存在垄断现象，发电企业操纵市场的可能性较高。

（5）电力市场交易规则烦琐，不够完善。

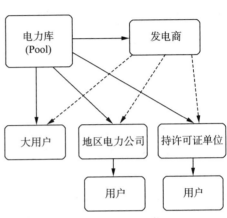

图 3-2　英国电力市场的两种交易方式

#### 3.1.2.2　NETA 模式

新的电能交易协议（New Electricity Trading Arrangements，NETA）的产生是为了填补第一次电力改革后暴露的漏洞，是在 Pool 模式的基础上进行更深层次、更加市场化的改革。改革的目的是降低批发电价；保证即时和长期供电可靠性；价格透明，使用户真正参与价格制定过程；促进发电市场公平竞争，鼓励环保型发电项目投资。NETA 运营结构如图 3-3 所示。

新模式主要以双边交易为基础，市场类型可分为四类：长期市场、中期市场、短期市场以及平衡市场（实时市场）。

（1）长期市场。通过交易方的双边交易；交易不细化到每 0.5h 间隔；交易量很大；长期交易基于年度基本负荷；逐步向有组织的标准化产品交易过渡。

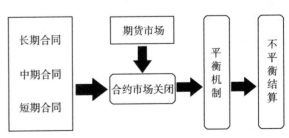

图 3-3　NETA 运营结构

（2）中期市场。可通过交易方、交易中心或日前拍卖进行电能买卖；交易基于季度、月或周的基本负荷；交易产品相对标准化；部分交易可以细化至 0.5h 的交易时段；交易量较大。

（3）短期市场。可通过交易方、交易中心或日前拍卖进行电能买卖；标准化产品交易（0.5h 或基于 0.5h 的简单组合）；参与者很多，但大多数交易量不大。

（4）平衡市场。系统运营商（System Operator，SO）不具有直接控制发电机组的权力，只能根据不同位置的发电商或供电商的竞价来增加或减少出力以维持系统的平衡，并负责结算；体现发电机和用户在短时间内的反应能力；电能交易量有限。

在 NETA 的模式下，削减了国家电网公司的职能，只负责平衡市场的运营管理，调度的权力交由发电商自行决定。平衡服务合同事实上是一种期权合同，这种合同可以指定一些市场成员申报的增减出力或其报价以预先确定的价格进入平衡市场，并保证申报的增减出力和其报价的数量要足够多。

平衡市场机制的原则为：

（1）按投标价格进行结算（pay-as-bid）。

（2）在某个时段，参与平衡服务的市场成员和市场调度员都是确定的。

（3）不平衡结算时，实时调度电量按分钟进行累加。

（4）机组申报的增减出力和其报价信息必须在市场关闭后发送给市场调度员，调度员不准在此之前接收任何报价和申报的增减出力。目前，每个交易时段的平衡调度周期暂定为从该交易时段前一个小时开始直至该交易时段结束，共计一个半小时。

（5）机组申报的增减出力和其报价信息必须成对发送，每台平衡机组可以发送多对机组申报的增减出力和其报价信息。

（6）通过改变平衡机组的最大输出和输入限值，机组申报的增减出力和其报价信息可以在调度员接收之前收回。

### 3.1.2.3 BETTA 模式

1989 年以来，英格兰和威尔士地区的电力市场改革成效显著。参与市场竞争的发电企业数量成倍增加，终端用户得益于市场电价的持续降低。与此同时苏格兰电网却依然受制于电力库时期中，市场缺乏竞争、电力供需极不平衡以及电价高昂等矛盾。苏格兰地区电力相对垄断以及新能源等发电企业市场空间局限等问题，也不能仅靠将发电价格与 NETA 系统同步解决。

为了缓和供需矛盾，英国电力管理办公室（OFGEM）提出了新的改革设想，即对苏格兰电力体制进行改革，将 NETA 模式在全英国范围内推行，建立了统一的英国交易输电协议（British Electricity Trading Transmission Arrangements，BETTA）。该模式的实施始于 2005 年 4 月，旨在全英国范围内推行电力批发机制，促进电力市场的良性竞争。

BETTA 模式实施后对原来的市场机制进行了调整，以 NETA 模式为基础建立了全国统一的电力交易、平衡和结算系统，统一输电定价方法和电网使用权合同。并制定了

《英国电力平衡与结算规范》《联络线与系统使用规范》，在全国范围内实行单一的交易、平衡和结算机制，使电力市场的扩展、运行、管理、监管更为容易，运营成本更低。建立唯一的国家级系统操作机构（Great Britain System Operator，GBSO）负责电力调度，保证系统安全和供电质量。修订《国家电网公司电网规范》和《苏格兰电网规范》，制定了新的、独立的《英国电网规范》。同时制定出新的《系统运行机构与输电网拥有者协议》，明确界定了系统运行机构与输电网拥有者的职责范围。

BETTA 模式使英国电力行业垄断的局面进一步打破，系统运行成本也明显降低。在 BETTA 市场中，国家电网公司的职能相较 NETA 模式又进一步被削减，负责的区域范围缩小，调整为英国输电系统运营的成员之一。全国电力平衡与调度由国家级操作机构 GBSO 负责管理运行。BETTA 模式提高了英国电力批发市场的竞争程度，促进了电力市场的良性竞争。市场范围扩大，对参与者更加开放，市场参与者不再局限于指定区域内进行交易，可与任何地方的其他参与者签订合同。同时也促进可再生能源发电、资源合理配置。苏格兰地区的可再生能源发电商能够与全英的供电商直接交易，不仅提高了发电量和发电设备利用率，而且也降低了可再生能源发电成本。

### 3.1.3　英国电力辅助服务市场

英国电力市场的辅助服务独立于电能量市场，由英国国家电网公司（National Grid Company，NGC）负责运营，由辅助性服务业务部门（Ancillary Services Business，ASB）负责管理。辅助性服务业务部门建立于 20 世纪末，是英国国家电网公司 NGC 中的一个独立授权的业务部门，辅助性服务业务部门 ASB 建立的目的是让国家电网能够通过更加经济高效的方式购买使用辅助服务。同时英国政府也积极地颁布辅助服务鼓励计划，国家电网可以从相对政府预期花费节约的成本中得到一定比例的奖励，但也会因为超出预期的花费承担一定的额外支出。但自从 2005 年实施以来，多数情况下辅助服务支出都是超出预期的。

英国电力市场辅助服务分为两类，一类是强制性辅助服务，另一类是商业化辅助服务。强制性辅助服务规定国家电网公司获取的辅助服务由具备资格的发电主体义务提供，如频率响应、无功等；而商业化辅助服务则按照市场的规则由部分发电主体与国家电网公司协商提供。英国的电力市场辅助服务种类众多，其中大部分辅助服务只有在某些特殊情况下被调用，通常采用的辅助服务为：频率响应、备用服务、电压与无功调节及黑启动。

（1）频率响应。

频率响应辅助服务的作用是为了保证在电网运行中系统的频率能在安全范围内。频率响应分为两类，动态频率响应和非动态频率响应。动态频率响应是指对系统实时变化提供连续的服务，而非动态频率响应通常是由超过规定的频率偏差所触发。国家电网通过如下三个不同的平衡服务来控制频率：需求侧管理的频率响应（Frequency Response

Of Demand-Side Management，FRDM)、强制性频率响应（Mandatory Frequency Response，MFR）和固定的频率响应（Fixed Frequency Response，FFR）。强制频率响应包括一次调频、二次调频和高频响应，当强制频率响应不能达到系统稳定运行的要求时，此时则可通过固定频率响应服务来满足要求。

（2）备用服务。

英国电力市场的备用分为 3 种：调整备用（Regulating Reserve)，热备用（Standing Reserve)，紧急备用（Contingence Reserve)。调整备用是由带非满负荷的同步发电机组等所能提供的备用，启用是五至十分钟。热备用的启用一般在二十分钟之内，抽水蓄能机组和天然气机组一般承担这部分服务。紧急备用的启用一般在五到二十四小时之内。一般系统都提前四到十六小时来安排紧急备用的计划。当国家电网公司 NGC 认为不必要时，可以取消承担紧急备用机组的开启。在英国电力系统中，按照提供服务的响应速度和时段的不同，备用服务主要包括以下四种：快速备用、区间备用、快速启动和平衡机制启动。

（3）电压与无功调节。

强制无功服务（Mandatory Reactive Power Service，MRPS）能够提供各种不同的无功辅助服务输出，指定特定的发电机输出和吸收无功辅助服务，以帮助管理电压接近连接点电压水平。当强制无功服务不能满足最低技术要求时，需要进行"加强的无功服务"，即包括安装静态补偿装置在内的一些技术支持手段实现电压与无功调节。

（4）黑启动。

黑启动服务、电压与无功调节辅助服务与其他辅助服务不同，它对发电机的能力有特殊要求，呈现本土化特征。在英国电力市场辅助服务中黑启动服务是由 ABS 与发电厂通过合同协商方式进行提供。

英国辅助服务市场主要采用两种交易方式获取，一种是招投标获取，另一种是签订双边合同获取，电网公司根据其提供服务的性质、数量和质量，选取最优的提供商。在该市场机制中，系统调度员让提供辅助服务的供应商可以对它的辅助服务产品在相应时间内被接受的各种调整量进行自由买卖。机组申报的增减出力由于技术和经济因素对于购买的辅助服务的数量具有一定的限制，应当首先考虑机组报价信息和相关技术限制和动态参数，其次根据机组申报的增减出力和其报价的多少进行挑选。当不再有成交的机组申报的增减出力和其报价信息时，就有必要启动紧急操作。辅助服务合同一般情况下签订在关闸之前，如此，就能够在辅助服务提供之前对服务的数量和价格达成协议。辅助服务合约约定了所提供的辅助服务的价格和产品。

英国电力市场交易机制的目标是采用最经济的形式来满足供给与需求双方的需要，从而保证电力系统的安全、稳定与平衡。据统计，目前英国超过 90％的辅助服务是在远期与期货市场中采用双边交易的方式，大约 5％的辅助服务是在运行辅助服务前的 48 小时内通过电力交换市场签订的。

## 3.2　美国电力市场分析

### 3.2.1　美国电力市场发展

美国电力工业是政府多部门分工管理体制，美国能源部主要分工负责管理核能、水、火电等，农业部农电管理局主要负责农村电力工业，联邦政府电力主管部门主要职责是制定电力工业法规并实行监督，各州县政府设有相应的管电机构和人员，联邦和州分别设有电力管制机构。

20 世纪 80 年代，美国电力工业采用垂直一体化的管理模式。电力市场被多数同时拥有发电、输电以及配电业务的电力企业所垄断，电价的定制标准由这些电力企业决定，同时规定用户购电只能在其居住地区的电力供应商处，整个电力市场严重缺乏竞争。1992 年美国政府颁布《国家能源法案》，美国电力市场化改革正式拉开了序幕。该法律针对美国电力垄断的情况做出了一系列的调整，最大的变化在于开放发电端，在法律上给予新发电企业帮助，鼓励公用电力公司以外的投资者投资建厂；其次，非公用电力公司发电厂输电服务可以由公共电力公司的输电系统提供，电力企业可自由参与国内外电力市场竞争。改革的目标是通过建立竞争性的电力批发市场，降低发电投资以及运营成本，同时对输电、配电环节进行监管。改革的主要内容如下：

（1）发电端放开，投资主体更具多元化。发电厂的建设资格放开后，独立发电厂从最初仅占全国装机容量的 4.18%，发展至目前新投产独立发电厂容量占企业全国投产容量的 56%。

（2）改造原有发、输、配电一体化的管理模式。组建一批控股于公司，实行输电子系统分开管理，输电和配电分开结算。

（3）鼓励发电环节竞争。各独立发电厂（Independent Power Producer，IPP）上网电价按市场价与电力公司电厂进行竞争。

美国电力市场改革因其地理面积辽阔及各州的管理制度相对独立等原因迟迟难以推进，简而言之，即联邦政府、州政府两级监管体系框架下，加州、德州等十个区域电力市场，约五分之三的电量通过市场机制竞争形成，其余五分之二仍垄断运营。

1996 年，联邦能源管理委员会（Federal Energy Regulatory Commission，FERC）为无歧视开放输电网络颁布了 888 号法令，法令明确指出要纠正在垄断性输电线路开放中的不正当歧视并实现输电网络的开放，包括网络输电服务和点对点输电服务，要求输电网络要开放输电服务，提供具有最少服务条款和条件的非歧视输电服务。

888 号法令规定电网的拥有者不能同时拥有发电和供电企业，鼓励建设区域电网运行中心 RTO 及独立系统运行中心 ISO 来管理整个输电系统的运行，通过将输电网络的运行控制权与其所有权以及发电、输电运行控制权分离，有效地分拆具有自然垄断性质的垂直一体化电力系统运行功能。区域电网运行中心 RTO 负责调度职责范围内的电网，有权决定调度指令。

888 号法令要求区域电网运行中心 RTO 及独立系统运行中心 ISO 必须独立于每一个电力市场参与者，应是系统所有用户的公平代表，区域电网运行中心 RTO、独立系统运行中心 ISO 以及其股权与电力市场参与者不存在利益关系。区域电网运行中心 RTO 及独立系统运行中心 ISO 必须为所有合格的用户提供开放的、非歧视的输电服务。区域电网运行中心 RTO 及独立系统运行中心 ISO 进行输电计划安排。输电服务必须按着全网统一的、费率计价的费率表收费。区域电网运行中心 RTO 及独立系统运行中心 ISO 还须负责短期方式下的电网的可靠运行。

888 号法令颁布不久，1996 年，联邦能源管理委员会 FERC 颁布了 889 号法令。为了配合输电网络开放 889 号法令对电力市场参与者提出了信息公开要求，并对信息公开做了量化规定。

1999 年，联邦能源管理委员会 FERC 颁布了建立区域电网运行中心 RTO 及独立系统运行中心 ISO 具有决定意义的 2000 号法令，明确区域电网运行中心 RTO 及独立系统运行中心 ISO 实行统一的实时运行模式，明确其应该履行价格管理与设计、并行潮流管理、阻塞管理、辅助服务、确定系统内总可用输电容量、计划与扩容及市场监管等职责。

美国电力市场中电力企业数量多但规模参差不齐，各个州的独立性较强，区域电网的调度由电力企业自发形成，不存在统一的调度管理机制，各个区域电力系统之间采用联合调度。美国电价形成机制可分为三种类型：没有建立电力市场地区，仅放开电力批发市场的地区，以及批发、零售市场全面放开的地区。没有建立电力市场地区保持着发、输、配电一体化的管理模式，公用事业公司负责调度机组为其辖区内的用户供电。

仅放开电力批发市场的地区，发电企业竞价上网且由市场形成批发电价，供电服务由区域的公用事业公司垄断经营。

批发、零售市场全面放开的地区，用户能够通过对比自主选择电价更实惠的售电商，售电商电力用户可以自主选择不同售电商，售电商为吸引电力客户购电制定各种销售电价套餐。售电商的购电成本由电力市场输电价格、配电价格批发电价和政府性基金组成，最终售电价格在成本的基础上加上一定利润。

## 3.2.2 美国最具有代性表的三种模式

（1）加州电力市场模式。分别设立电力交易中心（Power Exchange，PX）和独立系统运营机构（Independent System Operator，ISO）两个独立的实体。电力交易中心提供一个电能交易的场所进行电能拍卖，独立系统操作员提供电网控制、稳定运行以及辅助服务的功能。此外，加州率先同时开放电力批发市场和零售市场，在各环节全面引入竞争。

（2）PJM 电力市场模式。将电力交易中心 PX 和独立系统运营机构 ISO 整合为一个实体，提供优化的日前中央调度，采用著名的区域边际定价法（LMP）。

（3）Nevada 和 ERCOT 电力市场模式。建立一个独立系统管理员（Independent System Administrator，ISA），与控制区操作员（Control Area Operator，CAO）、区域调度员（ Regional Transmission Operator，RTO）和市场相互协调。

### 3.2.2.1 加州电力市场

垄断体制下的加州电力工业缺乏活力，经济下滑严重，高昂的电价引起争论，独立发电商渴望打破垄断局面，获取更高的利润。1996 年加州通过颁布 1890 号法案正式开启电力市场化的改革进程。法案颁布后，加州成立了独立系统运营机构（Independent System Operator ，ISO），预示着全面性对加州电力进行改革。1998 年，电力交易中心（Power Exchange，PX）和独立系统运营机构 ISO 成为加州电力市场的核心，并同时开始运作。

加州电力市场主要包括太平洋燃气和电力公司、南加州爱迪生公司、圣地亚哥燃气和电力公司三家私营电力公司，总发电量占加州电力市场的 75%，剩余的 25% 由西部电网供给。服务区域除了新工业用户外，其余各自独立没有重合，不存在竞争。

改革后的电力市场为了削弱三家私营电力公司的市场垄断力，提出了太平洋公司、爱迪生公司需将不少于 50% 的发电机组拆分或者出售给独立发电厂的要求；不仅如此，圣地亚哥公司被要求放弃其全部发电设施。太平洋公司出售发电容量约 7500 兆瓦，爱迪生公司 10600 兆瓦、圣地亚哥公司 2200 兆瓦约 40% 总装机容量所有权被转给独立发电公司。

加州电力系统由州、地方、联邦代理商、私营企业以及非营利机构组成。其中，私营运营商负责发电侧；加州独立系统运营商 ISO 负责输电部分；配电公司负责配电侧；加州公用事业委员会（Public Utility Commission，PUC）负责配电侧和负荷的管理；美国能源部所属的联邦能源管理委员会（Federal Energy Regulatory Commission，FERC）负责发电侧和输电侧的监管。

美国加州的电力市场是采用电力交易中心和独立系统运行机构相结合的运作模式。电力交易中心提供电能拍卖，独立系统运营机构提供电网控制、稳定运行以及辅助服务的功能。加州电力零售市场是美国唯一一个双侧同时开放的市场率先同时开放电力批发市场和零售市场，在各环节全面引入竞争。电力交易中心和独立系统运行机构模式的主要目标：

（1）厂网分开。引进竞争机制，瓦解垄断力量。

（2）网调分开。即将系统调度部门和电厂输电设备管理门分开。

（3）电能交易与调度分开。即保障经济性与安全性两个部门相互独立、互不干涉。

美国加州运营模式为零售竞争模式，如图 3-4 所示。

零售竞争运营模式是电力市场发展的最高阶段。在零售竞争运营模式下，所有用户

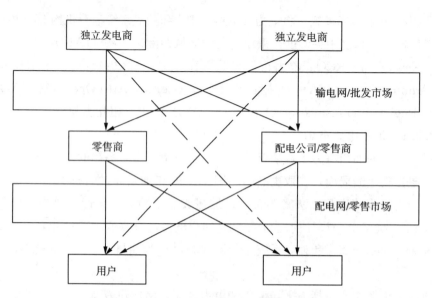

图 3-4　美国加州运营模式为零售竞争模式

都具有选择权：

（1）直接向独立发电厂购电；

（2）通过自己选择的零售公司供电；

（3）配电公司不能实施区域性垄断。

用户购电时会基于对价格的考虑，通常选择在零售商处进行交易。在零售竞争运营模式下，电力交易中心不充当电能交易的机构，而是以拍卖商的角色参与电力市场。电力交易中心不再拥有电能，需要承担的风险性大大降低。电能买卖双方的所有交易都必须通过电网输送，交易的计费由输电网独立系统运营机构 ISO 负责。

零售竞争模式从经济学的角度来看，是一个令人满意的市场模式，市场竞争更为激烈。用户拥有了更多的选择权，电价完全由市场竞争决定，用户能够通过对比各零售商选择更便宜的电能。电力企业也将对资源的配置最优化，以提高自身的竞争力和企业的效益。但零售竞争模式并不能做到尽善尽美，模式的实施需要大量的计量、通信、数据处理设施，巨大的费用成为主要问题。而这些费用无疑也增加了交易成本，对于大用户来说，交易成本与电能成本相比所占比例较小。而对小用户来说，这笔费用将导致入不敷出的情况。

### 3.2.2.2　德州 ERCOT 电力市场

德州电力可靠性委员会（Electric Reliability Council of Texas，ERCOT）成立于1970年，是北美的 10 个区域可靠性委员会之一。1995 年德州立法机构修订了公共事业管理法案（Public Utility Regulatory Act，PURA），电力批发市场解除了管制，要求德州境内各电力公司开放电网，促进电力批发市场的改革。

1996 年 8 月德州公共事业管理委员会正式指令电力可靠性委员会组建独立系统运

行。1996 年 9 月，电力可靠性委员会董事会对该组织进行重组，将电力可靠性委员会 ERCOT 作为独立系统运营机构（Independent System Operator，IOS）投入运行。电力可靠性委员会 ERCOT 作为美国第一个非营利性质的独立调度和控制中心，负责维护电力系统的可靠性，管理整个电力系统和市场运行，并保障民用市场和批发市场的定型以及电力市场的公平合理竞争。

1999 年，德州立法机构通过了参议院第 7 号法案，并于 2002 年 1 月正式运行。这一法案提出了对电力零售市场改造的要求，一是必须具有竞争性，二是将电力公司拆分为发电企业、输电配电企业、电力零售企业三个独立的企业。配电企业及规模极大的用户拥有选择发电企业的权力，并可直接在批发市场购买电能。同时法案允许授权电力可靠性委员会为德州电力市场唯一的独立管理机构。

德州与美国其他独立系统运营机构 ISO 的不同之处在于 ERCOT 不受美国联邦能源监管委员会（Federel Energy Regulatory Commission，FERC）监管，而是由 ERCOT 董事会负责管理，由德州公共事业委员会（Public Utility Commission of Texas，PUCT）和德州州议会（Texas Legislature）负责监管。电力可靠性委员会 ERCOT 按照市场协议向所有的市场参与者收取一定的管理费用以维持其正常开支。

作为美国五大电力市场之一的德州电力市场，其电力系统是北美三大独立电力系统之一，同时也是最早开放零售侧竞争。德州电力用户总计七百多万，用电量占全美 12%，是目前美国各大州中用电量最多的。德州总发电装机容量高达 7900 万千瓦，最高负荷达 6000 万千瓦，拥有总长 60338 公里的输电线。德州电力市场可分为两类：批发市场和零售市场。在批发市场中，零售商、发电商和电力买卖商可以通过签订双边合同或者通过实时能量市场进行电能的交易。电力可靠性委员会 ERCOT 以能量市场的价格作为依据，为参与实时能量市场中电能交易的市场成员进行费用结算。在零售市场中，所有的电力用户选择面更为宽广，均可在市场中根据各供应商的报价，选择更便宜的电能。

在德州电力市场中，输电系统、输电企业及配电企业的新建项目由德州公共事业管理委员会负责审批，输电、配电的定价包含成本及合理利润两部分。输配电公司拥有输配电线路且负责线路的修建、维护和具体操作，不参与，也不被允许参与电力的买卖活动。同时输配电公司也得到政府的保护，在未经允许的情况下任何其他公司不得在其领域内修建新的电网。

德州电力批发市场采用分区电价机制，报价单元可由多个机组或负荷组合而成。目前，整个系统中有 5 个阻塞区域：南区、北区、休斯敦区、西区和东北区。区与区之间设有传输界面约束，市场参与者可以购买金融输电权降低阻塞费用。德州电力批发市场的运行分四阶段：日前阶段、调整阶段、实时前阶段及实时运行阶段。日前阶段指运行前一日的 0 点到下午 6 点；调整阶段指运行前一日的下午 6 点到运行日某个运行时段的前一个小时；实时运行时段按 15 分钟计，每 15 分钟为一个运行时段；实时前阶段即实时能量市场每 15 分钟运行一次，在实时运行时段 14 分钟前开放，为该时段购买平衡能量。

德州电力市场是目前所有北美电力市场中最成功的市场之一，德州电力市场的优点如下。

（1）交易规则优化。双边交易的匹配和平衡可不必由系统的集中运行部门负责。

（2）市场监管能力增强。仅通过电厂制定日前发电计划及电力辅助服务市场，使得电力系统维持平衡。

（3）制度更加完善。减少了中央决策，同时增强了用户主动权。

（4）使用经济手段促进市场发展。通过冻结标准电价鼓励了新的零售商进入零售市场，也使电力用户从中受益。

德州电力市场也并不是完美无缺的，同样存在一些不足之处。其中，最突出的不足点体现在电网阻塞的处理问题上。德州电力市场采用的是区域型阻塞管理和结算模式。区域型阻塞管理模式使市场成员在能量计划和投标方面更具灵活性，相对来说也比较简单。但这种管理模式却使系统调度和安全控制变得复杂。其原因如下。

（1）市场成员在投标过程中只提交机组组合式的能量计划和报价，不提交单机能量计划和报价。电力可靠性委员会 ERCOT 需通过拆分各市场成员的组合式报价，对单机数据进行预测和估计。这种投标方式无疑增加了单机数据获取的复杂性，也降低了单机数据的准确性，导致 ERCOT 发出的单机调度指令与系统实际情况存在偏差，还需要通过辅助服务来保障电力系统的安全性。

（2）市场模型和实际调度使用的系统模型存在偏差。在区域型模式中，整个系统被人为地划分为几个阻塞区域，并且假定区域内所有的发电和负荷对于区域间潮流的转移因子一样，这使得市场模型中计算出来的区域间潮流和实际系统中的区域间潮流不能完全吻合。德州电力可靠性委员会 ERCOT 进行电网调度时，需根据市场模型中的潮流情况设置线路容量和界面传输容量并发出调度指令，事实上市场模型和实际系统模型中的这些容量差距还是比较悬殊。此外，德州电力可靠性委员会 ERCOT 通过一些研究分析，得到各阻塞区域对于区域间潮流的转移因子的月平均值，可想而知，这些月平均值无法正确反映时刻变化的实际系统的情况。

（3）在解决因电网输电线路发生局部阻塞而产生的费用如何分摊的问题上，德州电力市场规定产生的费用由所有负荷进行分摊，而不是由造成阻塞的市场主体进行分摊。这样的规定实际上缺乏对市场参与者的经济监管力度，在市场成员签订双边合同的时候不会担心输电线路局部阻塞影响经济效率的问题，从而会造成阻塞现象加剧，阻塞管理费用增多。综合当下德州电力市场的情况来说，德州电力可靠性委员会 ERCOT 并不具备刺激市场主体严格执行单机能量调度指令的能力。

同时在德州电力实时平衡市场中，由于少数发电企业拥有强大的市场力，势必将导致市场缺少充分竞争。电力可靠性委员会 ERCOT 在电力市场设计上一意孤行，不采纳

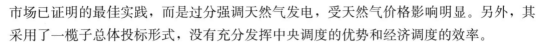

市场已证明的最佳实践，而是过分强调天然气发电，受天然气价格影响明显。另外，其采用了一揽子总体投标形式，没有充分发挥中央调度的优势和经济调度的效率。

### 3.2.2.3 美国 PJM 电力市场

美国 PJM 是宾夕法尼亚—新泽西—马里兰联合电力市场，是经美国联邦能源管制委员会（FERC）批准成立的独立系统运营商，是美国最大的电力市场之一。主要负责 13 个州以及哥伦比亚特区电力系统的运行与管理，供电区域覆盖全美总人口的 8.7%。PJM 电力市场是一个集中调度的具有竞争性的电力批发市场。

PJM 不拥有任何输电线路、变电站、发电机组或者其他电力设施，是一个独立的实体，与任何电力市场参与者没有关联。PJM 是市场的中立方，负责市场的组织和输电网络的可靠运行。本质上说，PJM 是一个不拥有电力系统资产的调度和市场运行机构。同时 PJM 是一个典型的 RTO，其职责是在安全的约束下，实施经济调度，使用成本最低的机组来满足系统负荷，致力于运行一个可靠、高效的基于报价的市场。

## 3.2.3 美国 PJM 电力辅助服务市场

现阶段美国 PJM 电力市场中包含调频、备用、黑启动、无功电压控制以及不平衡电量五大类辅助服务产品，而在 PJM 辅助服务市场中主要包含调频辅助服务、初级备用服务、无功补偿辅助服务和黑启动辅助服务四类。其中，调频辅助服务与备用辅助服务可通过竞争投标的市场化方式获取；无功补偿辅助服务和黑启动辅助服务通过签订合同或者协商的方式获取。

（1）调频辅助服务。

调频辅助服务根据响应时间的长短可分两类，一类为动态调频响应 RegD，它要求电厂能够在极端的时间内做出响应，并在两分钟以内达到指定出力，调节性能好；另一类为传统的调频响应 RegA，两者相比较而言，RegA 的要求时间会更宽裕，电厂在五分钟以内达到指定出力即可，调节性能相对较差。

（2）备用辅助服务。

备用辅助服务根据响应时间范围的不同分为计划备用、初级备用、二级备用、同步备用和非同步备用等。

备用辅助服务根据机组运行状况的不同可分为两类：一类是服从经济调度的主能量市场边际机组，只带部分负荷，能够增加出力以提供备用；另一类与电网同步、可调相运行的机组以及愿意偏离经济运行点运行的机组。

在以美国 PJM 为代表的全电量竞价现货市场中，发电企业在日前申报相关数据进行报价，ISO 通过安全约束机组组合和安全约束经济调度等形成发电计划。不同负荷率水平的发电机组的收益是通过不同时间能量市场实时电价的变化来反映调整。系统负荷较小的谷时段，电价可能较低，而在系统负荷较大的峰时段，电价可能很高，因此，调节能力强的机组可以通过在谷时段少发电而在峰时段多发电获得较高的平均电价，调节能力较差的机组如果无法在谷时段减小出力,就要接受较低的电价。实时电价的变化自然引导了发电企业主动参与调峰,也就反映在了基本的能量市场出清中,因此不需要一个额外的调峰产品。

在 PJM 市场中,PJM 将系统运行所需要的每小时辅助服务分摊给所有的供电商 LSE(Load Serving Entigy)承担,分摊比例依据对应辅助服务区域每小时供电商的实时负荷比例来确定。供电商可以通过自调度、与其他市场参与者进行双边交易、在 PJM 辅助服务市场中购买等方式来获取调频和备用辅助服务。

针对黑启动和无功支持这两种辅助服务产品,PJM 会根据不同地区的实际情况统一来调度能满足需求的提供商来提供对应的产品,而不能自身提供辅助服务的需求者需要向 PJM 提出购买需求进行购买。

## 3.3 澳大利亚电力市场分析

### 3.3.1 澳大利亚电力市场发展

20 世纪 80 年代,澳大利亚电力工业原有的管理体制使得电力行业缺乏市场竞争、效率低下。政府负责全国电力运行和管理,电力发展消耗的大量资金由联邦及州政府承担,长期下来导致政府的财力负担沉重。在这样的背景下,1991 年澳大利亚开始市场化改革。改革的目标是想通过调整能源结构、引入竞争机制的等方式,降低成本、提高效率,最终实现电价的降低。改革的成果是成立了国家电网管理委员会和国家电力市场法规行政局(National Electricity Code Administrator Limited,NECA),并由澳大利亚竞争和消费委员会( Australia Competition and Consumer Commission,ACC)实行政府的宏观指导和监督。

直到目前为止,澳大利亚全国装机 4555 万千瓦,其中火电 3217 万千瓦、占 71%,人均年用电量 7800 千瓦时/年。国家电力市场中有 200 多家大型发电企业、5 个州的输电网和 14 个主要配电网,为 900 余万用户提供电力服务,约占全国总电量的 89%。澳大利亚的负荷中心在东南部,分布于沿海的 20 千米的带状区域,包括昆上兰州电网(Queensland)、新南成尔士州电网(New South Wales)、澳大利亚首都地区电网(Australian Capital territory)、维多利亚州电网(Victoria)、塔斯马尼亚州电网(Tasmania)和南澳洲电网(South Australia)6 个行政区域。其中,具备 500 千伏交流联网的有昆上兰州电网、新南成尔士州电网、维多利亚州电网以及南澳洲电网。

澳大利亚电力市场由三个相互独立电力系统组成,分为国家电力市场(National Electricity Market,NEM)、批发电力市场(Wholesale Electricity Market,WEM)和北领地电网。其中,澳大利亚国家电力市场是世界上最大的电力系统之一。除西澳大利亚州采用批发电力市场外,其他州执行国家电力市场。

国家电力市场 NEM 包括合同市场和现货市场,整个市场流程如图 3-5 所示。根据预调度计划结果、网络实际情况、市场成员的重新报价信息，进行在线调度，事后进行市场结算。

**图 3-5　国家电力市场流程**

竞价用户和竞价机组除了向联营体进行购售电报价以外，彼此间还可签订差价合约以规避市场风险。整个交易基本模式如图 3-6 所示。

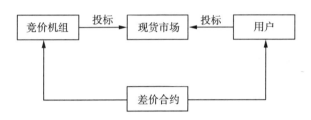

**图 3-6　电力市场交易基本模式**

由于澳大利亚实行零售竞争，因此机组和用户都参与市场竞价。澳大利亚每个区域均设立一参考节点，且仅适用于本区域市场出清。市场出清前，全国内所有的竞价机组和用户的报价通过网损因子折算到某区域参考节点进行统一排序。澳大利亚既有差价合约，又有现货市场，差价合约仅起到规避市场价格风险的作用，各竞争机组和用户在现货市场实行全电量竞价。

澳大利亚能源市场监管设立澳大利亚能源市场委员会（Australia Energy Market Commission，AEMC）以及澳大利亚能源管委会（Australia Energy Regulator，AER）两个独立的监管机构。AEMC 是根据澳大利亚能源市场委员会成立法案设立的国家级单位，并直接对澳大利亚能源部长委员会（MCE）报告。澳大利亚能源市场委员会主要负责制定国家电力条例、发展市场、向政府提供能源市场发展建议，达到国家能源发展和向消费者提供优质能源的目标。

澳大利亚能源管委会 AER 是澳大利亚电力市场和天然气市场的监管机构。澳大利亚政府在 2006 年底之前将配电和零售监管职能移交给澳大利亚能源管委会。澳大利亚能源管委会主要负责监控国家电力批发市场的运行、输电服务商的收入情况、国家电力相关规则执行情况；同时在执行的过程中进行规则完善，对于违反电力规则的市场成员通过法律途径起诉。

目前，在电力市场监管方面，澳大利亚能源管委会主要负责对能源批发市场、输配电网和零售市场进行监管。监管措施为：

（1）在批发市场中负责监管竞价、市场调度、价格、网络状态和需求，监管发电量。

（2）根据输配电企业提供的能源预计需求、基础设施年龄、营运及财务成本、可靠性和安全标准，并向输配电企业及其贷款人提供一定的回报从而设定输配电企业未来 5 年的最高收入。

（3）监管法规执行；记录市场及能源业务发展；批准零售企业申请等。

### 3.3.2 澳大利亚电力辅助服务市场

澳大利亚国家电力市场将辅助服务产品主要归结为三种：频率控制辅助服务（Frequency Control Ancillary Services，FCAS）、网络支持控制辅助服务（Network Support Control Ancillary Services，NSCAS）、黑启动辅助服务（System Restart Ancillary Services，SRAS）。

能源市场的运营由能源市场运营商（Australian Energy Market Operator，AEMO）负责，统一购买辅助服务以保证电力系统安全、可靠运行。能源市场运营商作为平台不但能够向市场参与者购买有偿辅助服务，同时也能够向市场参与者收取其购买辅助服务的费用。能源市场运营商每年编制辅助服务报告，并提交给经济管理局（Economic Regulation Authority，ERA）。

（1）频率控制辅助服务。

频率控制辅助服务是指系统通过调节调频（Regulation）和应急调频（Contingency）两种方式，能使频率维持在接近 50Hz 的范围内。调节调频通过响应负载或发电的微小偏差来维持发电和需求平衡；应急调频是指对主要应急事件（如发电机组、主要工业负载的损失）或大型输电元件引起的发电和需求偏差进行校正。

（2）网络支持控制辅助服务。

网络支持控制辅助服务可分为三个种类：电压控制辅助服务（Voltage Control Ancillary Service，VCAS）、网络负荷控制辅助服务（Network Loading Control Ancillary Service，NLCAS）、暂态和振荡稳定性辅助服务（Transient And Oscillatory Stability Ancillary Service，TOSAS）。能源市场运营商通过电压控制辅助服务将电网上的电压控制在规定的公差范围内；使用网络负荷控制辅助服务来控制短期内的连接器间的流量；当系统因短路或设备故障导致功率流中出现瞬态"尖峰"时，暂态和振荡稳定性辅助服务控制和快速调节网络电压。

在澳大利亚国家电力市场中，频率控制辅助服务在市场中主要通过招投标进行交易，网络支持控制辅助服务和黑启动辅助服务均通过签订长期协议进行交易。其报价与实时电力报价基本相同，分电价和容量两部分，并同能量市场联合出清。而系统再启动辅助服务和网络支持控制辅助服务均通过签订长期协议进行交易。

## 3.4 国内辅助服务市场发展动态

由于调峰、调频、备用等辅助服务与电能量具有一定的耦合性，电力辅助服务市场建设需考虑其与电能量市场的关系。国内虽部分地区开展辅助服务市场化探索，但大部分省份多采用统一管理方式。2014 年，我国首个电力调峰辅助服务市场正式启动，2018 年，进一步推进东北、山西、福建、山东、新疆、宁夏、广东、甘肃等 8 个省份开展电力辅助服务市场改革，推动华北、华东等地辅助服务市场建设。

### 3.4.1 东北试点

东北是我国电力辅助服务市场最先开始改革的试点，2016 年 11 月，国家能源局东北监管局连续出台《东北电力辅助服务市场专项改革试点方案》《东北电力辅助服务市场运营规则（试行）》，于 2017 年 1 月 1 日启动试点。规则规定东北电力辅助服务市场成员包括市场运营机构和市场主体。其中，市场运营机构为东北地区省级及以上电力调度、交易机构。其主要职责是：

(1) 管理、运营东北电力辅助服务市场；

(2) 建立、维护市场交易的技术支持平台；

(3) 依据市场规则组织交易，按照交易结果进行调用；

(4) 与市场主体进行结算；

(5) 发布市场信息；

(6) 评估市场运行状态，对市场规则提出修改意见；

(7) 紧急情况下中止市场运行，保障系统安全运行；

(8) 向东北能源监管局提交相关市场信息，接受监管。

东北电力辅助服务市场的市场主体为东北地区省级及以上电力调度机构调度指挥的并网发电厂（包括火电、风电、光伏、核电、抽水蓄能电厂，以下所称风电场含光伏电站），以及经市场准入的电储能和可中断负荷电力用户。新建机组试运期结束后即纳入辅助服务管理范围，火电机组参与范围为单机容量 10 万千瓦及以上的燃煤、燃气、垃圾、生物质发电机组。

东北电力调峰辅助服务分为基本义务调峰辅助服务和有偿调峰辅助服务。有偿调峰辅助服务在东北电力调峰辅助服务市场中交易，暂包含实时深度调峰、可中断负荷调峰、电储能调峰、火电停机备用调峰、火电应急启停调峰、跨省调峰等交易品种。除此之外，东北电力市场辅助服务还包括黑启动辅助服务以及抽水蓄能超额使用辅助服务。

2018 年 12 月底东北能监办，正式印发《东北电力辅助服务市场运营规则（暂行）》，文件指出：东北电力辅助服务规则的升级主要在两方面，一方面需增设旋转备用交易品种，实现辅助服务市场"压低谷、顶尖峰"全覆盖，另一方面需对原有深度调峰补偿机制进行完善。

### 3.4.2　山西试点

2017年9月，山西能监办发布《山西省电力辅助服务市场化建设试点方案》，提出两步走策略。2017年10月份，山西能监办印发《山西电力调频辅助服务市场运营细则》《山西电力风火深度调峰市场操作细则》，通过明确深度调峰交易的组织流程、价格申报机制及计量与结算等交易环节，实现深度调峰服务的市场化改革。2017年11月，山西能源监管办印发了《关于鼓励电储能参与山西省调峰调频辅助服务有关事项的通知》，文件指出：市场主体为发电企业、电力用户、售电企业、储能运营企业等，这些企业均可以联合或独立的方式参与调峰或调频，独立参与调峰的单个电储能设施额定容量应达到10兆瓦及以上，额定功率持续充电时间应在4小时及以上，独立参与调频的电储能设施额定功率应达到15兆瓦及以上，持续充放电时间达到15分钟以上。

### 3.4.3　福建试点

2017年7月26日，福建能监办印发《福建省电力辅助服务（调峰）交易规则（试行）》，文件指出：市场主体为在福建电力交易中心注册的市场成员，包括并网发电企业（火电、水电、风电、光伏、核电等）、拥有自备电厂的企业、售电企业、参与市场交易的用户、储能等辅助服务提供商。市场主体权利义务包括以下内容：

（1）按要求提供基础技术参数以确定调峰服务的能力，或提供有资质的单位出具的辅助服务能力测试报告；

（2）负责电力设备的运行与维护，确保能够根据电网调度指令提供符合规定标准的调峰等辅助服务；

（3）按规则参与调峰市场交易，根据电网调度指令提供辅助服务；

（4）按规则参与电力辅助服务市场结算；

（5）及时获取电力辅助服务交易相关信息；

（6）其他法律法规所赋予的权利和责任。

2017年9月20日福建能源监管办发布了《关于同意启动福建电力辅助服务市场交易平台试运行的通知》。2019年修订《福建省电力调频辅助服务市场交易规则（试行）》，规则指出市场成员包括参与交易的市场主体、电网企业和市场运营机构。市场运营机构包括国网福建电力调度控制中心（以下简称"电力调度机构"）和福建电力交易中心有限公司（以下简称"电力交易机构"）。

电力交易机构注册的市场主体均应按规定参加福建电力辅助服务市场交易。

市场主体权利义务如下。

（1）按要求提供基础技术参数以确定调频服务的能力，或提供有资质的单位出具的调频辅助服务能力测试报告；

（2）负责电力设备的运行与维护，确保能够根据电网指令提供符合规定标准的调频辅助服务；

（3）按规则参与调频市场交易，根据电网指令提供调频辅助服务；

（4）按规则参与电力调频辅助服务市场结算；

（5）及时获取电力调频辅助服务交易相关信息；

（6）其他法律法规所赋予的权利和责任。

电网企业权利义务如下。

（1）按规则传输和配送电能，保障软电通道等输配电设施的安全稳定运行；为市场主体提供公平的输配电服务和电网接入服务；

（2）具体管理、运营福建电力调频市场；

（3）保障电力系统统一调度，建设、运行、维护和管理电网配套电力交易平台；

（4）向市场主体提供报装、计量、抄表、维修、收费等各类供电服务；

（5）其他法律法规所赋予的权利和责任。

市场运营机构权利义务如下。

（1）电力调度机构主要职责包含：

①建立、维护调频市场的技术支持平台，拟定相关技术服务标准；

②依据市场规则组织交易，按照交易结果进行调用；向电力交易机构提供调频市场出清结果；

③发布、报送市场信息；

④评估市场运行状态，对市场规则提出修改意见；

⑤紧急情况下中止市场运行，保障系统安全运行。

（2）电力交易机构主要职责包含：

①负责市场交易主体的注册管理，负责提供电力交易结算依据及相关服务；

②发布、报送有关市场信息等；

### 3.4.4  山东试点

2017年5月31日，山东省能监办官网发布了《山东电力辅助服务市场运营规则（试行）》的文件，规则规定市场成员包括市场运营机构和市场主体。其中，市场主体为山东省级电力调度机构调度指挥的并网发电厂（包括火电、风电、光伏、核电等），以及送入山东的跨省区联络线。新建机组满负荷试运结束后次日零点开始即纳入辅助服务管理范围，火电机组参与范围为单机容量10万千瓦及以上的燃煤、燃气、垃圾、生物质发电机组。

山东电力辅助服务市场运营机构为山东电力调度机构。其主要职责是：

（1）按照规则管理、运营山东电力辅助服务市场；

（2）建立、维护辅助服务市场的技术支持平台；

（3）依据市场规则组织辅助服务市场交易，按照交易结果进行调用；

（4）将辅助服务市场交易执行结果送达电力交易机构；

（5）对市场交易执行结果进行统计考核；

（6）发布市场信息；

（7）评估市场运行状态，对市场规则提出修改意见；

（8）紧急情况下中止市场运行，保障系统安全运行；

（9）向山东能源监管办提交相关市场信息，接受监管。

### 3.4.5 新疆试点

2017 年 9 月 25 日，新疆能监办印发《新疆电力辅助服务市场运营规则（试行）》，规则规定市场包括市场运营机构和市场主体。其中，市场主体为新疆省级及以上电力调度机构直接调管的，参与新疆区域内电力电量平衡的并网发电厂（包括公用火电、风电、光伏、装机容量 50 兆瓦及以上的水电站和自备电厂），以及经市场准入的可中断负荷电力用户（不包括风电电采暖试点期间的企业）或独立辅助服务提供商等。另外，水电站暂时仅参与调停备用交易，后续根据市场条件逐步参与其他交易品种；公用火电机组的参与范围为单机容量 100 兆瓦及以上的燃煤、燃气、垃圾、生物质发电机组。因实际需求申报解除 ACC 能力管理系统控制的火电机组、新疆区域内特许权新能源项目和特高压直流配套外送机组暂不参与。

新疆电力辅助服务市场包括市场运营机构和市场主体。新疆电力辅助服务市场运营机构为新疆省级电力调度机构和电力交易机构。电力调度机构主要职责为：

（1）按照规则管理、运营新疆电力辅助服务市场；

（2）负责市场交易主体注册管理；

（3）建立、维护市场交易的技术支持平台；

（4）拟定平台相关技术服务标准；

（5）依据市场规则组织交易、按照交易结果进行调用；

（6）对市场交易执行结果进行统计考核；

（7）依据市场规则定期向交易机构提供市场出清结果；

（8）发布实时市场信息；

（9）评估市场运行状态，对市场规则提出修改意见；

（10）紧急情况下中止市场运行，保障系统安全运行；

（11）向新疆能源监管办提交相关市场信息和调用结果。

电力交易机构主要职责为：

（1）出具结算凭证，与市场主体进行结算；

（2）发布月度结算信息。

### 3.4.6 宁夏试点

2018 年 3 月 22 日，西北能监局、宁夏回族自治区经信委联合下发了《宁夏电力辅助服务市场运营规则（试行）的通知》，文件指出：市场主体为宁夏电网统调并网发电厂（火电、风电、光伏），以及经市场准入的电储能和可调节负荷电力用户。新建机组满负荷试运结束后即纳入辅助服务管理范围，火电机组参与范围为单机容量 100 兆瓦及以上的燃煤发电机组。

### 3.4.7 广东试点

2018 年 9 月 1 日国家能源局南方监管局发布了《广东调频辅助服务市场交易规则（试行）》文件。文件中明确了参与市场的成员资格和条件，规定了各市场主体的权利和义务，包括市场主体、电力调度机构、电力交易机构、电网企业等。其中，市场主体包括调频服务提供者和调频服务补偿费用缴纳者。

电力调度机构包括南方电网电力调度控制中心、广东电网电力调度控制中心、广州电网电力调度控制中心、深圳电网电力调度控制中心。由能源监管机构指定的电力调度机构负责广东调频市场运营，其他电力调度机构按调管范围配合开展调频市场相关工作。

电力交易机构负责调频市场报价发电单元和独立第三方辅助服务提供者的注册管理。条件成熟后，由广东电力交易中心负责出具调频等辅助服务结算依据。

电网企业包括中国南方电网有限责任公司及超高压输电公司、广东电网有限责任公司、广州供电局有限公司、深圳供电局有限公司。

市场主体权责——市场主体的权利和义务：

（1）按细则参与调频市场，提供调频服务并获得补偿收益；

（2）服从电力调度机构调度指令，确保电网运行安全；

（3）按规定缴纳调频服务补偿费用；

（4）按规定发布和提供信息，获得市场交易和输配电服务等相关信息；

（5）法律法规规定的其他权利和义务。

市场运营机构权责——市场运营机构的权利和义务：

（1）组织和管理调频市场交易；

（2）进行日前和日内安全校核，按交易结果调用调频资源；

（3）建设和维护调频市场交易技术支持系统；

（4）紧急情况下中止市场运行，保障系统安全运行；

（5）按规定发布电网运行和市场运营的相关信息；

（6）提供调频市场运营数据，由交易机构出具结算依据；

（7）法律法规规定的其他权利和义务。

### 3.4.8　甘肃试点

2017 年 9 月 12 日，甘肃能监办印发《甘肃电力辅助服务市场运营规则（试行）》，文件指出：市场的主体为已取得发电业务许可证的省内发电企业（包括火电、水电、风电、光伏），以及经市场准入的电储能和可中断负荷电力用户。自备电厂可自愿参与电力辅助服务市场。网留非独立电厂暂不参与电力辅助服务市场。自发自用式分布式光伏、扶贫光伏暂不参与电力辅助服务市场。2020 年甘肃能监办为进一步推动辅助服务市场化进程，推进大规模电池储能项目尽快发挥作用，对《甘肃省电力辅助服务市场运行规则（暂行）》进行修订，并形成《甘肃省电力辅助服务市场运营暂行规则》。

## 3.5　国内外服务模式对比分析

目前，国外的市场模式主要分为电力辅助服务独立交易和联合优化等两种方式。统一管理方式为电网调度机构根据"两个细则"统一协调安排，并根据各参与者对辅助服务命令执行情况进行奖惩的管理方式。独立交易方式常见于欧洲市场的分散式电力市场，指电力辅助服务市场与电能量市场相互独立运行。以调频为例，调频市场的出清与电能量市场解耦，系统先进行调频服务的公开招标，中标后，需预留出相应的容量，剩余容量参与电能量市场交易。这种方式规则简单易懂，操作方便，便于快速开展，能够预留出机组辅助服务的能力，保障电力系统安全稳定运行。

联合优化方式常见于美国、澳大利亚等集中式电力市场，辅助服务市场与电能量市场联合出清。这种方式的核心思想是考虑辅助服务和电能量之间存在部分可替代关系，在充分考虑两者的可替代性的前提下，将辅助服务产品和电能量市场产品进行联合出清，将两者进行统一管理，确保电力市场综合购买辅助服务与电能量的费用最小。这种方式理论经济性更高，但设计较为复杂，需要统筹考虑的因素较多，对市场主体素质要求较高，适用于较为成熟的电力市场。

随着电力体制改革的逐步推进，我国电力辅助服务的发展基本上经历了 2002 年以前无偿提供、2006—2014 年计划补偿和之后的市场化探索三个主要阶段。2014 年，我国首个电力调峰辅助服务市场正式启动，标志着市场化补偿电力调峰辅助服务尝试的开始。

2015 年 3 月，《中共中央、国务院关于进一步深化电力体制改革的若干意见》（"9号文"）提出以市场化原则建立辅助服务分担共享新机制以及完善并网发电企业辅助服务考核机制和补偿机制。2019 年初，东北电力辅助服务市场升级，首次增设旋转备用交易品种，实现辅助服务市场"压低谷、顶尖峰"全覆盖。浙江、华中等省区也在积极探索增设备用辅助服务交易品种。到 2019 年，电力辅助服务市场机制已在东北、华北、华东、西北、福建、山西、山东、新疆、宁夏、广东、甘肃、重庆、江苏、蒙西共 14个地区启动。

# 4 湖南辅助服务市场送审稿规则研究

## 4.1 湖南辅助服务市场的定位与目标

随着世界经济的蓬勃发展和科学技术日新月异的进步，电力工业正经历着一场重大的变革。电力工业是有着悠久历史的传统工业，它对国民经济的发展有着十分重要的作用。但是由于电力的生产、销售和使用的特殊性，长期以来电力工业一直垄断经营，实行发电、输电、配电一体化的体制。这种体制在电力工业发展的初期有效地促进了电力工业的发展，但是随着电力工业规模的不断扩大，特别是现代社会市场经济的发展，传统电力体制越来越不适应经济的发展，迫切需要实行电力市场，引入竞争机制。

湖南省电力辅助服务市场是电力市场化改革的重要组成部分，是指并网发电机组、可调节负荷或电储能装置，按照电网调峰需求，平滑、稳定调整机组出力或改变机组运行状态或调节负荷所提供的服务。根据电力辅助服务分期建设的总体安排，建立电力辅助服务市场机制，其目的是促进清洁能源消纳，保障湖南电力系统安全、稳定、经济运行，保证电能质量。

## 4.2 市场结构与成员组成

市场成员分为市场主体和运营机构。

湖南电力辅助服务市场实行入市注册管理。市场主体包括省内火电（含生物质等，下同）、水电、风电、光伏、抽水蓄能等发电企业，参与市场交易用电企业，储能、调相等辅助服务提供商，电网企业（供电企业）等；

运营机构包括国网湖南省电力有限公司电力调度控制中心（以下简称"调控中心"）和湖南电力交易中心有限公司（以下简称"交易中心"）。

湖南电力辅助服务市场实行市场主体入市注册管理制度，交易中心负责入市注册管理。湖南电网内符合相关技术条件的火电、水电、风电、光伏等发电企业、抽水蓄能电站均应进入市场。鼓励符合相关技术标准的储能服务提供商、调相服务提供商和用电企业进入市场交易，相关标准规范另行制定。

应逐步扩大市场主体，条件成熟时，省外输入电能主体、辅助服务提供商和用电企业均应进入市场交易。

## 4.3　市场控制力

湖南能源监管办会同省发改委、省能源局负责监管湖南电力辅助服务市场。

调控中心、交易中心根据有关规定，履行市场运营、市场监控和风险防控等职责。加强对市场运营情况的监控分析，采取积极有效措施，防控市场风险。交易平台应链接电力监管信息系统，并定期向湖南能源监管办报送市场运营监控分析报告。

湖南能源监管办依法开展市场监管检查，市场成员应予以配合。发现市场主体和市场运营机构有违规行为的，依法依规予以处理。

市场主体对辅助服务调用、费用结算和考核等情况如有异议，经与市场运营机构复核后仍存在争议的，可以向湖南能源监管办投诉或举报，提请湖南能源监管办依法依规予以处理。

市场运营机构应严格按照本规则组织开展湖南电力辅助服务市场交易，不得擅自违规调整程序和参数，确保数据真实、准确、及时和完整。辅助服务市场交易信息数据应保存两年以上。

发生以下情形之一，湖南能源监管办会同省发改委、省能源局可对市场进行干预，也可授权调控中心进行临时干预，并事后向市场成员公布原因：

（1）电力系统发生重大事故危及电网安全稳定运行的；

（2）市场主体违规、滥用市场力等情况，严重影响交易公平的；

（3）交易平台发生重大故障，导致交易无法正常进行的；

（4）因恶劣天气及其他不可抗力等原因，造成用电负荷发生突变、电网运行方式发生重大变化，导致交易无法正常开展的；

（5）市场发生其他严重异常情况的。

市场干预的主要措施：

（1）调整市场准入和退出条件；

（2）调整市场报价限额；

（3）调整有偿调峰基值及调节系数；

（4）暂停市场交易，处理和解决问题后重新启动。

市场运营机构应当详细记录市场干预的原因、起止时间、对象、措施和结果等有关情况，并向湖南能源监管办、省发改委、省能源局及时报告。

市场主体也需要进行违约考核。对于深度调峰交易，因自身原因导致调峰实际电量小于调峰中标电量的，10%以内免考核；超出10%的部分，按正常履约可得调峰费用与实际可得调峰费用差值的20%考核；调峰实际电量大于调峰中标电量的，免于考核。

对于启停调峰辅助服务交易，因自身原因导致无法履行启停调峰服务的，按正常履约可得启停调峰费用的10%考核，延迟停机（或并网）30分钟以内（含30分钟）的，免于考核。

对于旋转备用交易，因自身原因导致实际旋转备用电量小于稳定规定或调度指令的旋转备用电量的，5%以内免考核；超出5%的部分，按正常履约可得费用与实际可得费用差值的20%考核；如因自身原因停机导致无法提供祁韶直流正常运行所需旋转备用的，按正常履约可得费用的20%考核；实际旋转备用电量大于稳定规定或调度指令的旋转备用电量的，免于考核。

对于紧急短时调峰交易，除调控中心按需调度外，未达到增供或减用申报功率和保证时长的，予以考核。

考核费用＝$K_8$×（申报增供或减用功率×申报保证时长－实际增供或减用功率×实际时长）×申报价格 (4-1)

$K_8$值取值范围为0.5～2，在市场初期间$K_8$暂取1。调节系数可根据市场运行实际情况调整，经湖南能源监管办会同省发改委、省能源局批准后发布实施。

因非自身原因导致无法提供调峰辅助服务的或产生偏差的，免于考核。

考核费用用于紧急短时调峰等辅助服务费用支出或账户平衡。

## 4.4　四个调峰交易品种申报出清与费用分摊

### 4.4.1　深度调峰辅助服务申报出清

深度调峰交易采用"日前报价，按需调用，按序调用"的交易方式。

深度调峰交易以15分钟为一个交易时段，每日第一个时段为0：00～0：15，最后一个时段为23：45～24：00，全天共计96个交易时段。

卖方应在日前通过交易平台提交申报信息。

（1）火电机组按减发电量报价。以火电机组有偿调峰基准值为基点，负荷率每下调5%为一个报价区间，申报减发电量补偿价格。随调峰深度增加按照非递减原则报价，同时应申报最小可调出力。

如被按序调用，中标价格为该交易时段调度指令下达的机组最低负荷率所对应的报价。

在各报价区间分别设置报价限额。火电分档报价表见表4-1。

机组如被实际调用，中标价格为该交易时段机组调度指令最低负荷率所对应报价。

（2）抽水蓄能电站按抽水电量报价。申报抽水电量补偿价格，同时应申报最大连续抽水时间。

抽水蓄能机组设置报价限额。报价限额见表4-1。

如被按序调用，中标价格为该交易时段抽水蓄能机组的报价。

如被优先调用，中标价格为该交易时段实际被调用的各类市场主体的最低报价。

没有调用其他类别市场主体时，该抽水蓄能机组的报价为中标价格。

如未报价，其申报价格视为0。

（3）储能电站按充电电量报价。申报充电电量补偿价格，同时申报最大可充功率、最大可连续充电时间、充放电时间间隔。申报价格为充电电量的补偿价格。

储能电站设置报价限额。报价限额见表4-1。

储能电站如按序被调用，中标价格为该交易时段该储能电站报价。

储能电站如被优先调用，中标价格为该交易时段实际被调用的各类市场主体的最低价。

没有调用其他类别市场主体时，该储能电站报价为中标价格。

如未报价，其申报价格视为0。

表4-1　深度调峰报价限额

| | | 下调负荷率区间 | 申报价格 P 限额（元/MWH） | 最小可调出力（MW） |
|---|---|---|---|---|
| 火电报价限额 | 第一档 | 45%≤负荷率<50% | 100≤P≤200 | |
| | 第二档 | 40%≤负荷率<45% | 100≤P≤250 | |
| | 第三档 | 35%≤负荷率<40% | 100≤P≤350 | |
| | 第四档 | 30%≤负荷率<35% | 100≤P≤450 | |
| | 第五档 | 负荷率<30% | 100≤P≤550 | |
| 抽水蓄能报价限额 | | | 0≤P≤120 | — |
| 储能电站报价限额 | | | 0≤P≤200 | — |

注：报价最小单位均为1元/MWH，抽水蓄能抽水时间、储能电站充电时间单位均为分钟。

各类别辅助服务市场主体的报价排序和调用顺序如下。

（1）根据卖方申报信息，按报价从低到高排序。

（2）当火电机组、抽水蓄能机组与储能电站等不同类别卖方市场主体报价相同时，或同类别卖方市场主体报价相同时，按报价时间先后排序。

（3）经安全校核后，形成交易排序，按深度调峰实际需求调用。深度调峰需求减少时，按相反顺序减少或停止调用。

（4）若单台抽水蓄能机组报价按序中标，但待安排的电网调峰需求容量低于该台机组抽水额定功率时，该台机组不参与排序。

（5）抽水蓄能机组连续抽水时间达到其申报的最大连续抽水时间，视为其深度调峰能力用尽，此时机组停止抽水并退出该时段的深度调峰交易。待其恢复抽水能力后再参与交易。

当储能电站充电能力用尽时，储能电站停止充电并退出该时段的深度调峰交易。待其恢复充电能力后再参与交易。

（6）确因系统运行需要，符合启动条件时，调控中心可优先调用抽水蓄能机组（原则上用电高峰时段不启用抽水）或符合条件的储能电站；或根据负荷预测曲线、调峰需求、安全约束及抽水蓄能机组抽水能力、储能电站充放电能力等调整其调用时间，并做好相关记录，说明调整原因。抽水蓄能机组以实际调用的有效容量和申报信息参与交易。

### 4.4.2 深度调峰辅助服务费用分摊

为有效、合理调控深度调峰服务总费用，设置调节系数 $K$，取值范围 $0\sim2$，市场运行初期 $K$ 值暂取 1。调节系数 $K$ 可根据市场运行实际情况调整，经湖南能源监管办会同省发改委、省能源局批准后发布实施。

（1）火电机组深度调峰服务费的计算公式如下：

$$H_f = K \sum_{i=1}^{96} L_i Z_i \tag{4-2}$$

其中，$H_f$ 表示为火电机组深度调峰服务费，$L_i$ 表示为某交易时段火电机组按调度指令深度调峰的减发电量，$Z_i$ 表示为某交易时段火电机组中标价格与实际调节档位价格中最低者。另外，深度调峰电量为火电机组按调度指令深度调峰时相较于有偿调峰基准值形成的减发电量。

（2）储能电站深度调峰服务费的计算公式如下：

$$C_f = K \sum_{j=1}^{96} N_j Z_j \tag{4-3}$$

其中，$C_f$ 表示为储能电站深度调峰服务费，$N_j$ 表示为某交易时段储能电站深度调峰电量，$Z_j$ 表示为某交易时段储能电站中标价格。此外，深度调峰电量为储能电站按调度指令充电时实际发生的充电电量。

（3）抽水蓄能机组深度调峰服务费的计算公式如下：

$$S_f = K \sum_{n=1}^{96} F_n Z_n \tag{4-4}$$

其中，$S_f$ 表示为抽水蓄能机组深度调峰服务费，$F_n$ 表示为某交易时段抽水蓄能机组深度调峰贡献电量，$Z_n$ 表示为某交易时段抽水蓄能机组中标价格。同时，深度调峰电量为抽水蓄能机组按调度指令抽水时实际发生的抽水电量。

调用抽水蓄能电站时，若存在火电机组出力高于有偿调峰基准值的情况（受电网安全约束影响或因自身原因，无法调至有偿调峰基准值及以下的机组除外），抽水蓄能机组实际深度调峰电量应剔除火电机组有偿调峰基准值以上的发电量。（暂定）

深度调峰服务费由深度调峰交易时段有上网电量的买方按其上网电量占比予以分摊。

考虑不同市场主体在深度调峰服务市场中的受益差异，设置分摊调节系数 $K_i$。调整 $K_i$ 值数，需经湖南能源监管办会同省发改委、省能源局批准。

（1）祁韶直流转送外省的分摊系数为 $K_1$，根据祁韶直流送电期间与停运时满足电网安全运行需求的火电最少开机台数比值 $R$ 确定。$R$ 保留两位小数。

（2）不完全季调节性能及以上水电厂的分摊系数为 $K_2$，$K_2$ 取 0.5。

（3）风电分摊系数为 $K_3$。$K_3$ 值一般情况下取 1.5，参与风电减弃扩需交易时，$K_3$ 值取 1.2。

（4）其他主体分摊系数为 $K_4$，$K_4$ 取 1。

交易时段的上网电量公式如下：

$$D_\lambda = \sum_{i=1}^{15} L_i / 60 \tag{4-5}$$

其中 $D_\lambda$ 表示为一个交易时段的上网电量，$L_i$ 表示为该交易时段内每一分钟机组的实际出力。

深度调峰成本分摊计算公式为：

$$T_\omega = ((D_\omega \times K_\omega) / \sum_{\lambda=1}^{96} D_\lambda K_\lambda) \times M \quad (\beta \text{ 为正整数}) \tag{4-6}$$

其中，$T_\omega$ 表示为某一主体深度调峰成本分摊费，$D_\omega$ 表示为交易时段内该主体上网电量，$K_\omega$ 表示为该主体分摊调节系数；$\sum_{\lambda=1}^{96} D_\lambda K_\lambda$ 表示为交易时段内各主体上网电量乘以各主体分摊调节系数的总和，$M$ 表示为交易时段内全网深度调峰服务费。

参与深度调峰交易的卖方机组，同时执行中长期交易月度上下调偏差考核，不视为自身原因超发或少发。

因卖方机组开机、停机或非停等自身原因，导致出力降至有偿调峰基准值以下的，不视为提供深度调峰服务。有关发电企业应及时向调控中心报告，调控中心应做好相关记录备查。

具有水库最小生态下泄流量的水电厂，其参与分摊的电量为其装机容量 10% 及以上出力所发电量。

以下情形不参与深度调峰服务费分摊：

（1）根据电网安全稳定运行需要投入 AGC 跟踪联络线功率的机组或调频机组，调控中心予以公告；

（2）参与应急交易等售外省的上网电量；

（3）抽水蓄能电站、储能电站。

### 4.4.3 启停调峰服务申报出清

启停调峰交易采用"日前报价，按需调用，按序调用"的交易方式。

卖方在日前通过交易平台提交申报信息，包括启停一次的费用、停机解列至启动并网最小间隔时间、从接到调度指令至机组解列的最小时间、从接到调度指令至机组并网的最小时间等。

如被按需调用，中标价格为其报价。

卖方按照机组额定容量（以初始批复容量为准）对应启停调峰服务报价区间报价。各级别机组的报价上限参见表 4-2。

表 4-2  各容量等级机组启停调峰报价限额

| 机组额定容量等级 | 报价限额（万元/台次） |
| --- | --- |
| 1000MW 级 | $0 \leqslant P \leqslant 140$ |
| 600MW 级 | $0 \leqslant P \leqslant 110$ |
| 300MW 级 | $0 \leqslant P \leqslant 80$ |
| 200MW 级 | $0 \leqslant P \leqslant 40$ |
| 125MW 级 | $0 \leqslant P \leqslant 10$ |
| 20—50MW（含） | $0 \leqslant P \leqslant 5$ |

注：机组最小报价单位为 1 万元/次。

调控中心依据负荷预测、开机方式、可再生能源消纳等电网运行情况，确定所需的火电启停调峰容量和最小间隔时间要求。并在满足最小间隔时间要求的机组中，按照报价从低到高进行排序。报价相同时，申报时间在前者优先。经安全校核后，形成排序结果并以调峰总服务费最低为原则按需调用，被调用机组的中标价格为其报价。

### 4.4.4  启停调峰服务费用分摊

每日 2：00 前，省调公布上日已执行的机组启停调峰情况，计算并公布服务费和分摊明细。市场主体如对交易结果有异议，应于 10：00 前向省调提出申诉。省调应于 18：00 前予以处理并答复。

启停调峰交易以日内实际执行结果为各机组结算依据，汇总至其所属市场主体。

卖方启停调峰服务费为机组中标价格与启停调峰台次乘积的总额。

启停调峰服务费计算公式：

$$Q_f = \sum_{\tau=1}^{n} F_\tau T_\tau \quad (n \text{ 为正整数}) \tag{4-7}$$

其中，$Q_f$ 表示为启停调峰服务费，$F_\tau$ 表示为中标价格，$T_\tau$ 表示为启停调峰台次。

根据不同主体在调峰服务市场的贡献和受益程度，在深度调峰成本分摊计算中设置分摊调节系数 $K_i$。调节系数可根据市场运行实际情况调整，经湖南能源监管办会同省发改委、省能源局批准后进行发布实施。

（1）祁韶直流转送外省的分摊系数为 $K_1$，根据祁韶直流送电期间与停运时满足电网安全运行需求的火电最少开机台数比值 $R$ 确定。$R$ 保留两位小数。

（2）调节性能为不完全季调节性能及以上水电厂的分摊系数为 $K_2$，$K_2$ 取 0.5。

（3）风电的分摊系数为 $K_3$，$K_3$ 取 1.5；风电参与省内减弃扩需交易的时段 $K_3$ 取 1.2。

（4）其他主体分摊系数为 $K_4$，$K_4$ 取 1。

启停调峰服务费由各买方按其在启停调峰对应时段的实际上网电量占比分摊。启停调峰服务费分摊计算公式：

$$Q_\eta = \frac{N \times K_i}{\sum M \times K_i} \times W \tag{4-8}$$

其中，$Q_\eta$ 表示为各主体启停调峰成本分摊金额，$N$ 表示为启停时间对应时段内该主体上网电量，$M$ 表示为启停时间对应时段内所有参与分摊主体上网电量，$W$ 表示为启停时间对应时段内全网启停调峰服务费。

有水库最小生态下泄流量要求的水电厂，启停调峰服务费分摊电量为其装机容量 10％ 及以上出力所发电量。

以下情形不参与启停调峰服务费分摊：

（1）根据电网安全稳定运行需要投入 AGC 跟踪联络线功率的机组或调频机组，调控中心予以公告；

（2）参与应急交易等售外省的上网电量；

（3）抽水蓄能电站、储能电站。

### 4.4.5 旋转备用服务申报出清

旋转备用交易采用"日前报价，按需调用"的方式，按实际调用的最后一台火电机组报价统一出清结算。

全天共设置 96 个交易时段，以每 15 分钟为一个交易周期计算旋转备用服务费及成本分摊费，第一个时段为 0：00～0：15，最后一个时段为 23：45～24：00，全天共计 96 个交易时段。

卖方在日前通过交易平台提交申报信息，其中火电申报单位旋转备用电量价格、机组最大可调出力等；水电只申报机组最大可调出力；现阶段调相机只申报可否调用。

旋转备用电量为机组备用容量（最大可调出力与实际出力之差）与交易时间的乘积。

调控中心依据负荷预测、开机方式、祁韶直流运行功率等电网运行情况，根据电网相关稳定运行规定，确定所需的旋转备用容量和时间要求，按照报价从低到高进行排序，同类型设备报价相同时，申报时间在前者优先，形成相关时段的旋转备用曲线及价格曲线，按需调用。

（1）现阶段调相机优先调用，不参与排序。

（2）稳定规定有开机要求及旋转备用容量要求的机组，按报价排序从低到高进行调用，直至满足稳定规定的开机台数要求。所调用机组旋转备用容量为稳定规定中要求的容量。

（3）当调用机组旋转备用容量之和未满足稳定规定中总旋转备用容量要求时，在所有报价火电机组中按报价排序从低到高进行调用（含以上调用机组剩余旋转备用容量），直至满足稳定规定的总旋转备用容量要求。

（4）如所有报价火电机组均已调用，仍未满足稳定规定中总旋转备用容量要求时，不足部分由符合稳定规定且已提交申报的并网水电机组分担。

（5）调控中心可根据电网运行需要，综合考虑月度交易计划等因素，调整以上排序，并做好相关记录，说明原因。

### 4.4.6　旋转备用服务费用分摊

调控中心计算并公布每个交易时段内卖方各机组全额旋转备用服务费，累加得到机组每日全额旋转备用服务费，汇总至其所属市场主体。

全额旋转备用服务费是指交易时段内，祁韶直流输送的全部电量（包括落地湖南和转送其他省电量）所对应的旋转备用服务费，仅用于计算，不实际结算。

卖方应得结算服务费、买方应支付结算服务费按交易时段内买方电量占祁韶直流总输送电量的比例计算，即：

$$\Sigma F_s = \Sigma F_b = \frac{M_f \times \Sigma M_d}{S_z} \tag{4-9}$$

其中，$F_s$ 表示为卖方应得结算服务费，$F_b$ 表示为买方应支付结算服务费，$M_f$ 表示为卖方全额旋转备用服务费，$M_d$ 表示为买方电量，$S_z$ 表示为祁韶直流全部电量。

$$F_d = \frac{M_c \times M_d}{S_z} \tag{4-10}$$

其中，$F_d$ 表示为单个卖方应得结算服务费，$M_c$ 表示为单个卖方全额旋转备用服务费。

为有效、合理调控旋转备用服务总费用，对火电设置调节系数 $K_5$，水电、调相机等设置调节系数 $K_6$，取值范围 0～2。

$K_5$ 暂取 1，$K_6$ 暂取 0.5。调节系数可根据市场运行实际情况调整，经湖南能源监管办会同省发改委、省能源局批准后发布实施。

全额旋转备用服务费的计算公式如下。

（1）计算全额旋转备用电量。

①祁韶直流运行所需全网旋转备用电量：

$$Q_b = N_L \times T_j \tag{4-11}$$

其中，$Q_b$ 表示为祁韶直流运行所需全网旋转备用电量，$N_L$ 表示为交易时段内对应电网负荷水平、祁韶直流运行功率等所需的旋转备用容量，$T_j$ 表示为交易时长。

②实际调用的在稳定规定中有开机要求及旋转备用容量要求的且其剩余备用容量亦被调用的机组、实际调用的为满足稳定规定中总旋转备用容量要求的机组：

$$X_b = L_{max} \times T_j - T_d \tag{4-12}$$

其中，$X_b$ 表示为运行机组实际旋转备用电量，$L_{max}$ 表示为交易时段内机组最大可调出力，$T_j$ 表示为交易时长，$T_d$ 表示为交易时段内实际发电量。

如实际调用所有机组的旋转备用之和大于稳定规定中总旋转备用容量时，实际调用的最后一台机组旋转备用容量按稳定规定所需备用容量计算。

（2）计算全额旋转备用服务费。

①按交易排序结果，依次调用火电运行机组直至达到稳定规定的开机台数要求，且满足交易时段内所需总旋转备用容量，以实际调用的最后一台火电机组报价作为统一出清价。

火电全额旋转备用服务费公式如下：

$$H_b = K_5 \times (H_1 \times T_c) \tag{4-13}$$

其中，$H_b$ 表示为火电全额旋转备用服务费，$H_1$ 表示为火电运行机组实际旋转备用电量，$T_c$ 表示为统一出清价。

②调相机全额旋转备用服务费：

$$T_b = \frac{K_6 \times (W_f + D_f) \times T_r}{H_r} \tag{4-14}$$

其中，$T_b$ 表示为调相机全额旋转备用服务费，$W_f$ 表示为按稳定规定中开机台数产生的旋转备用服务费，$D_f$ 表示为旋转备用要求调用的火电机组所产生的旋转备用服务费（不含满足总旋转备用要求所产生的旋转备用服务费），$T_r$ 表示为调相机容量，$H_r$ 表示为按上述方式被调用的火电机组容量。

③当调用火电运行机组无法满足交易时段内全网所需旋转备用电量时，调用水电运行机组以满足交易时段内全网所需旋转备用电量。

水电全额旋转备用服务费由满足祁韶直流稳定规定条件的在运水电机组按提供的实际旋转备用电量比例分配。

水电全额旋转备用总服务费公式如下：

$$S_{zb} = K_6 \times (S_d \times T_c) \tag{4-15}$$

其中，$S_{zb}$ 表示为水电全额旋转备用总服务费，$S_d$ 表示为水电运行机组实际被调用总旋转备用电量，$T_c$ 表示为统一出清价。

某水电机组全额旋转备用服务费公式如下：

$$S_b = S_{zb} \times \frac{X_d}{X_{zd}} \tag{4-16}$$

其中，$S_b$ 表示为某水电机组全额旋转备用服务费，$S_{zb}$ 表示为水电全额旋转备用总服务费，$X_d$ 表示为该机组实际旋转备用电量，$X_{zd}$ 表示为水电运行机组实际被调用总旋转备用电量。

## 4.4.7 短时紧急调峰服务申报出清

紧急短时调峰交易采用"日前报价，按需调用，按序调用"的交易方式。

卖方日前通过交易平台提交申报信息。其中，储能电站按交易时段申报可增供有功功率和价格及保证持续时长；电力用户按交易时段申报切减有功功率和价格及保证时长。

卖方申报增减有功功率分档设区间，各功率区间在不同的保证时间段内分别设价格上限。

（1）储能电站的报价上限参见表4-3。

表4-3　短时紧急调峰储能电站报价限额

| 增供有功（MW） | 15min<持续时间≤60min（元/MWH） | 持续时间>60min（元/MWH） |
|---|---|---|
| 10≤有功功率<20 | 0≤P≤450 | 0≤P≤500 |
| 20≤有功功率<30 | 0≤P≤500 | 0≤P≤550 |
| 30≤有功功率 | 0≤P≤550 | 0≤P≤600 |

（2）可中断负荷用户的报价上限参见表4-4。

表4-4　短时紧急调峰可中断负荷用户报价限额

| 用户切除有功功率（MW） | 60min<持续时间≤120min（元/MWH） | 持续时间>120min（元/MWH） |
|---|---|---|
| 10≤有功功率<30 | 0≤P≤100 | 0≤P≤110 |
| 30≤有功功率<50 | 0≤P≤110 | 0≤P≤120 |
| 50≤有功功率 | 0≤P≤140 | 0≤P≤160 |

注：最小报价单位为1元/MWH。

调控中心依据负荷预测、开机方式等电网运行情况确定所需的紧急短时调峰容量和时间要求，分别对储能电站、可中断用户按照报价从低到高进行排序，形成相关时段的有功曲线及价格曲线。经安全校核后，形成各交易时段的排序结果。

同类型设备报价相同时，申报时间在前者优先。

实际调用时，储能电站优先调用，在储能调峰资源基本用尽后再调用可中断负荷用户。

调控中心可根据系统运行需要分区排序调用。

## 4.4.8　短时紧急调峰服务费用分摊

为有效、合理调控服务总费用，设置调节系数 $K_7$，取值范围0～2，在市场初期间 $K_7$ 暂取1。调节系数可根据市场运行实际情况调整，经湖南能源监管办会同省发改委、省能源局批准后发布实施。

交易时段内，卖方产生的增供或减需的紧急短时调峰电量按其对应时段的报价结算紧急短时调峰服务费。

紧急短时调峰服务费的计算公式如下。

（1）储能电站紧急短时调峰服务费：

$$C_d = K_7 \sum_{\xi=1}^{n} D_\xi Z_\xi \qquad (4\text{-}17)$$

其中，$C_d$ 表示为储能电站紧急短时调峰服务费，$D_\xi$ 表示为交易时段储能电站调峰电量，$Z_\xi$ 表示为交易时段储能电站中标价格。另外，紧急短时调峰电量为储能电站受调度指令调增出力至中标功率及以上时形成的电量。

（2）可中断负荷用户紧急短时调峰服务费：

$$W_d = K_7 \sum_{\varepsilon=1}^{n} H_\varepsilon Z_\varepsilon \qquad (4\text{-}18)$$

其中，$W_d$ 表示为可中断负荷用户紧急短时调峰服务费，$H_\varepsilon$ 表示为交易时段可中断负荷用户调峰电量，$Z_\varepsilon$ 表示为中标价格。此外，紧急短时调峰电量为可中断负荷用户受调度指令调减出力至中标功率及以上时形成的电量。

短时紧急调峰服务费从抽水蓄能辅助服务超额部分、违约考核费用或其他资金来源支付。

## 4.5　抽水蓄能电站辅助服务及价格补偿机制

受能源资源的条件限制，风电、太阳能等新能源发电的大规模发展给我国电力系统的安全稳定运行带来较大的压力，电力系统急需配置大容量的储能装置，优化电源结构，改变运行方式，适应风电等新能源的大规模发展。直至目前为止，抽水蓄能电站已是最经济、最成熟的储能装置。其储存成本极低，使用寿命长，正常情况下抽水蓄能电站使用寿命能长达 80 年甚至 100 年，对比其他储能技术，抽水蓄能技术成熟度高、负荷响应快、自放电量低、整体效率高。在电力系统中配置适当规模的抽水蓄能，是解决当前风电等新能源大规模发展影响电网安全稳定问题的最佳选择。

抽水蓄能电站凭借其灵活调节特性成了保障风电、太阳能等新能源发电的重要手段。抽水蓄能电站顶峰发电的能力可以减少常规机组开机方式，降低系统中常规机组的最低技术出力，为消纳清洁能源腾出空间。同时抽水蓄能电站能够在弃电时段，通过吸取电网中的电能将水抽至上库将弃电量存储起来，提升清洁能源利用水平。

据统计，目前我国在运行抽水蓄能电站 32 座、总装机容量 3059 万千瓦，在建 34 座、总装机容量 4605 万千瓦，在运抽水蓄能电站每年可助力多消纳清洁能源电力约 300 亿千瓦。西方发达国家普遍重视抽蓄电站建设，装机容量占的比重在 5%～10% 之间，日本占比高达 14%。与发达国家抽蓄电站占总电源装机的比重相比，即使在我国新能源装机快速发展的情况下，抽蓄电站装机占比仅为 1.6%。

结合湖南省情分析，湖南电网用电负荷峰谷差较大，最大峰谷差率接近 59%。省内水电装机占比 37%，不具备调节能力的水电超过六成，整体调节性能较差。抽水蓄能作为解决电网调峰最成熟的工具，其平抑风光电波动性、反调峰特性的优势在高比例可再生能源的电力系统中格外凸显。利用抽水蓄能电站调峰，能够减轻其他电源的调峰压力，提升系统效率。火电、抽水蓄能电站共同承担调峰任务可以减少煤电机组参与深度调峰及启停调峰的次数，还能提高煤电带基荷、腰荷的时间及负荷率，两者均可提升煤电机组效率，降低煤耗。

当前，我国抽水蓄能电站发展仍存在一些突出问题。

抽水蓄能电站站址资源分布不均，部分地区调峰需求与抽水蓄能电站站址资源供需不平衡（需求大但站址资源少）。随着调峰手段的多元化发展，抽水蓄能电站的选址，可进一步研究具有投资小、建设周期短、节省站址资源等优点的混合抽水蓄能电站；此外，可研究废弃露天矿坑、矿洞新型抽水蓄能电站，实现废弃资源利用，达到社会、环境和经济综合效益最大化。

缺乏完善的抽水蓄能电价机制，建设投资成本高、投资回报周期长、成本回收难。成本无法通过输配电价向市场客户回收，且难以通过目录销售电价向非市场客户回收，抽水蓄能电站参与电力市场机制尚不完善。近年来国家有关机构部门正在进行两部制电价细则的研究，这也可从一定程度上降低非电网企业建设运营蓄能电站风险。从抽水蓄能电站长远发展来看，随着蓄能市场体制不断完善，电力市场化逐步实现，蓄能电站生存能力将不断加强。

## 4.6　电力辅助服务市场储能发展及应用

近年来，我国新能源发电设备的装机容量呈井喷式高速增长。据国家能源局统计：2011 年我国火电装机容量为 7.655 亿千瓦，占总装机容量的 72.5%；新能源发电装机容量为 5159 万千瓦，仅占总装机容量的 4.89%。2019 年我国火电装机容量达 11.91 亿千瓦，占比下降到 59.2%；新能源累计装机容量达 4.1 亿千瓦，占全国总装机容量的 20.6%。

随着新能源的大规模并网，风电、光伏等新能源发电因具有间歇性、波动性的特点，自身不具备调峰能力，导致系统调峰需求逐渐扩大、能源消纳困难。调峰任务全由火电承担，无疑增加了电力系统安全隐患，降低了发电设备运行效率。电网为了保持稳定性和实时平衡性，在调峰和调频需求激增以及电力用户的电能质量和供电可靠性要求日趋提升的背景下，辅助服务市场必然需要更多、更优质的辅助服务提供主体。在新政逐步解决辅助服务补偿资金来源的根本问题，突破原有辅助服务补偿和分摊都在发电企业内部流通的局限性，构建公平交易平台后，势必会有更多元、更先进的辅助服务技术进入市场，进而在提升市场运行效率的同时，有效保障电网的安全运行。

从近几年各省发布实施电力辅助服务市场运营规则来看，各省的新政中多次出现储能，作为"充电宝"的储能电站参与调峰辅助服务市场，可减少并优化火电机组的频繁增减出力，缓解高峰供电压力，有效实现电网削峰填谷，提高新能源消纳能力，为电网安全稳定运行提供了新的途径。相对于传统火电厂而言，储能系统在调峰等辅助服务方面具有更明显的优势，火电机组的调频响应速度较慢，而储能调频技术无论在响应速度还是在调节精度上均远超过火电机组的调节装置，表现出极佳的调频性能。10 兆瓦的储能系统可以在 1 秒钟内精确调节最多达 20 兆瓦的调频任务，而传统火电机组则需几分钟。二者相比，精度和响应时间相差 50～100 倍。据测算，储能调频效果是水电机组的 1.7 倍，燃气机组的 2.5 倍，燃煤机组的 20 倍以上。

目前，市场对储能关注度与日俱增，但国内电力辅助服务市场还难以对电储能等新型灵活性资源形成有效激励，电储能参与电力辅助服务面临机制、成本等方面问题。在定价机制方面，虽然我国已明确储能参与辅助服务的市场定位和按效果付费的基本原则，但就全国而言仍然缺少储能参与辅助服务的并网管理规范，现有交易、调度平台以及计量、结算体系也尚未与之充分匹配，且现行电价机制下，电储能收益也存在较大不确定性。针对定价机制的问题，应加快电力现货市场建设，给予各类灵活性资源种类更丰富的市场参与方式和更稳定的价格信号。

在成本分摊方面，我国现行电力辅助服务补偿机制本质上是发电企业电能量收益的二次分配。《并网发电厂辅助服务管理暂行办法》明确"辅助服务是指并网发电厂所提供的辅助服务"，即辅助服务提供主体是并网发电机组。尽管近年来部分地区的电力辅助服务市场建设过程中逐步将辅助服务主体从火电机组扩展至新能源发电机组、电力用户、电储能及独立辅助服务提供商，但辅助服务费用的分摊仍在发电侧，相关成本实际上还是由发电企业通过上网电价内部消化，其中提供辅助服务的传统火电企业既出钱又出力，补贴退坡压力下的新能源企业面对高额分摊费用捉襟见肘，现行辅助服务成本的疏导方式已不适应发展需要。

考虑到新能源发电规模不断提升加大辅助服务需求，未来发电企业承担辅助服务成本的压力还将持续提升，将电力用户纳入分摊机制已是势在必行，分期分批逐步将辅助服务费用分摊扩展至用户侧，近中期参与市场化交易的用户应合理承担辅助服务费用，未来竞争性市场下过渡至全部用户承担，并通过输配电价、目录电价或分时电价等进行传导，形成"谁受益即谁付费"的市场基本逻辑。用户侧参与辅助服务成本分摊一方面可填补辅助服务资金不足的缺口，更多用户侧灵活性资源纳入辅助服务市场也可增大灵活性资源供给，降低上游发电企业灵活性改造成本。

# 5 辅助服务市场主体策略研究

## 5.1 极端博弈下的辅助服务市场风险分析

电力商品与一般商品的不同之处在于其具有特殊性。在电力市场中电力商品不存在任何固定形态，电能也无法进行储存，其生产、输送、使用都是在瞬间完成，且依赖于由发电设施、传输网络、用电设备组成的电力系统才能实现。另外，电能的供应和需求必须时刻保持平衡，这就要求在交易双方之外，还需建立一个独立的系统调度机构进行协调。电力商品与一般商品的相同之处在于，交易市场都存在着风险。电力市场参与者要承担因市场竞争导致的价格波动风险，电力企业也承受着电力系统的技术风险和市场金融风险双重压力。同时这些风险交织影响，使得预测和控制风险变得极为困难。

电力市场的风险具有客观性和必然性、偶然性和不确定性、可变性的特点。电力市场风险的客观性是指不受市场成员的意识的支配发生的电能供应和需求矛盾的改变、电价的起伏波动、市场成员的破产倒闭事件等。电力市场的必然性是指通过长时间对电价涨跌和市场成员经营情况的观察分析，得出关于电力市场风险客观性的结论。

电力市场的偶然性和不确定性是指对风险产生的时间和危害程度无法提前进行准确的预判，风险造成的损失以偶然和不确定的形式表现出来的。在市场环境中，风险发生的概率并不是绝对的，运用统计技术对大量数据的分析可得到，风险发生的可能性也存在着规律可循，这就意味着在某种程度上可以对风险进行预测。

电力市场风险的可变性包括可控风险和新增风险两个方面。可控风险是指随着未来统计技术的成熟，市场中存在的风险能够在一定的范围内被监控和识别，从而使风险造成的损失最小化。新增风险是指电力系统随着科技的进步日渐完善，电力市场发展日新月异，与此同时也给市场带来了新的风险。例如，现代化通讯系统的建立使信息的传播速度和效率得到提高，但也增加了系统突然间停电或失灵的可能性。此外，电力市场中的风险具有双重性的特征，它能带来无限的发展机会，也可能带来巨大的损失，影响范围广泛。

近年来中国电网的规模逐渐扩大、系统容量飞速增长，全国联网已经成为电网的发展趋势。电力辅助服务市场作为电力市场体系的重要组成部分，是维护电力系统安全稳定运行和电力系统瞬时平衡性必不可少的重要保证，也是目前电力市场领域的研究热点。

辅助服务市场的风险主要为价格风险，由于辅助服务提供商生产、交易、消费方式随着电力市场化的改革发生了根本性的转变，导致了成本核算方法、燃料价格波动等因素的不确定性，从而造成服务报价的不稳定。交易价格的波动使得电网公司运营的风险增大，对社会经济和生活产生极大影响，同时电力系统的安全性也受到了威胁。根据当前发展形势来看，电网公司的当务之急就是要对电网建设和运营风险进行分析及管理。

目前，国内外辅助服务市场按交易机制可以分为现货市场和合约市场，两种交易机制下存在的风险也会截然不同，通过签订电力期货合同或期权合同等方式能够有效避免和降低风险。两种交易机制相比较而言，辅助服务提供商和电网公司采用合约市场模式面临的经营风险会更低，其原因在于，签订合约能够避免辅助服务提供商因市场供需情况的变化，导致价格波动造成严重的损失。且对于电网公司来说，签订合约也会使其购电费用的波动性明显降低。

（1）辅助服务市场的 VaR 分析法。

1994 年在险价值（Value at Risk，VaR）由 J. P Morgan 投资银行在 Risk Metrics 系统中提出，VaR 作为一种市场风险测定和管理的工具，其含义指：在一定概率水平（置信度）下，由于市场波动而导致整个资产组合在未来某个时期内可能出现的最大损失值。VaR 起初只用于金融公司计算市场风险，直到现在 VaR 分析方法已开始广泛运用于其他领域。

VaR 分析法只需要通过简单的数字就能表明公司所面临的风险，在电力行业中可以用来描述电网公司参与辅助服务市场时的收益风险。通常情况下，VaR 可以从电网公司在辅助服务市场中收益率的概率分布中求取。

（2）VaR 的计算方法。

研究表明，辅助服务市场价格符合正态分布，有文献采用参数分布法计算。VaR 参数分步法根据历史价格的参数分布类型，模拟市场交易价格和辅助服务的购买费用，得到电网公司收益的分布，从而计算出 VaR 的数值。应用参数法计算电网公司辅助服务交易中的 VaR 必须先将电网公司收益率的一般分布 $F(r)$ 转化为标准正态分布 $\Phi(\xi)$，其中，$r \sim N(\delta, \gamma^2)$，$\omega \sim N(0, 1)$，电网公司收益率 $\tau$ 可表示为：

$$\tau = \sigma + \omega\gamma \tag{5-1}$$

电网公司最低收益率 $Y'$ 与标准正态偏离 $\lambda$ 在置信水平 $\eta$ 下的转换关系为：

$$\lambda = \frac{Y' - \sigma}{\gamma} \tag{5-2}$$

根据电网公司收益率的分布，可得：

$$1 - \eta = \int_{-\infty}^{Y'} F(r)\mathrm{d}r = \int_{-\infty}^{-\lambda} \Phi(\xi)\mathrm{d}\xi \tag{5-3}$$

若收益率的概率密度函数或相应的离散分布已知，则由式（5-3）可以得到置信水平 $\eta$ 下的偏离值 $\lambda$，进而计算出相应的最低收益率 $Y'$，若辅助服务的购买费用为 M，则相对于期望收益的 VaR 为：

$$VaR = M(\sigma - Y') = -M\lambda\gamma \qquad (5\text{-}4)$$

设在基准时期（每小时或每天、每周、每月、每年）内电网公司收益率 $y_\theta$ 的标准差为 $\gamma_b$，则在时段 $T$（小时或天、周、月、年等）范围内电网公司收益率 $y$ 的标准差为：

$$\gamma = \gamma_b \times \sqrt{T} \qquad (5\text{-}5)$$

式（5-4）可改写为：

$$VaR = M\lambda\gamma_b\sqrt{T} \qquad (5\text{-}6)$$

## 5.2 火电机组灵活性深度调峰改造

当前，我国的能源体系已经开始从传统的煤炭能源逐步向低碳能源发展，随着发电行业战略转型和电源结构的调整，新能源的装机容量增长势头迅猛。2016 年 11 月 7 日，国家发改委、国家能源局正式发布《电力发展"十三五"规划（2016—2020 年）》，规划提出 2020 年实现全国风电装机将达到 2.3 亿千瓦以上，太阳能发电装机将达到 1.1 亿千瓦以上。2019 年全国电力工业统计结果如表 5-1 所示。

表 5-1　2019 年全国电力工业统计结果

| 发电类型 | 发电量（亿千瓦） | 同比增长％ | 发电装机容量（万千瓦） | 同比增长％ |
|---|---|---|---|---|
| 火电 | 45538 | 1.6 | 119055 | 3.9 |
| 水电 | 13021 | 5.7 | 35640 | 1.5 |
| 风电 | 4053 | 10.8 | 21005 | 13.5 |
| 核电 | 3487 | 18.2 | 4874 | 9.1 |
| 太阳能 | 2237 | 26.4 | 20468 | 17.1 |

由表 5-1 可见，截至 2019 年末，我国风电、太阳能发电装机容量已经达到的 4.1 亿千瓦，占全国总装机容量的 20.6％，其中，光电装机容量为 2.04 亿千瓦，同比增长 17.1％，其总量已远远超过国家能源发展"十三五"规划中的任务。2019 年全国电力构成情况如图 5-1 所示。

由图 5-2 可以看出：2019 年风电发电量增长 10.8％，装机容量增长 13.5％；光电发电量增长 26.4％，装机容量增长 17.1％。相比传统火电，风电和光电各项增长率都十分明显。

然而大力推进能源结构清洁化改革，使得风电、太阳能发电装机容量迅速增长。但新能源具有随机性、间歇性、不稳定性的特点，其比重增加到一定程度时，将导致电网调峰困难。火电机组灵活性改造、燃气发电、抽水蓄能，以及其他新型储能方式都是提高电力系统调峰能力的有效手段。但是受建设条件、建设运行成本、建设周期、技术成

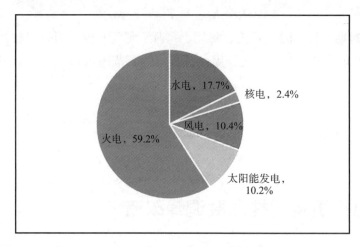

图 5-1  2019 年全国电力构成情况

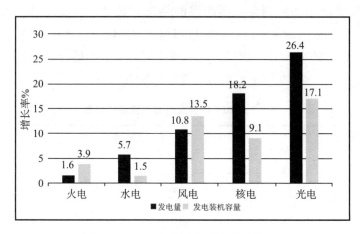

图 5-2  2019 年全国电力增长率情况

熟度等多方面因素的制约，燃气发电、抽水蓄能以及其他新型储能的比例合计不超过5％，而且在未来一定时间内很难提升。根据我国电力结构，此时则需要火电来消纳日益增长的风电、太阳能发电的份额。传统的煤电产能过剩，这就要求现役的火电机组改造提高灵活性及深度调峰能力，以维持电网的稳定运行。

机组灵活性改造主要包括两个方面的含义，一是增加机组运行灵活性，即要求机组具有更快的变负荷速率、更高的负荷调节精度及更好的一次调频性能；二是增加锅炉燃料的灵活性，即机组在掺烧不同品质的燃料下，确保锅炉的稳定燃烧以及机组在掺烧工况下仍有良好的负荷调节性能。

火电机组分为热电联产机组和凝汽机组两大类，欧美多数广泛使用热电联产机组，但其中较大比重为大容量抽凝式机组；国内两类机组都普遍存在，热电机组装机容量大约为火电总装机容量的 32％。针对不同的火电机组类型，相应的灵活性改造技术路线有所不同。对于热电联产机组的改造，通常采用热电解耦技术，减少高峰热负荷时机组出力。目前，常用的热电解耦技术有：汽轮机旁路供热，切除低压缸供热，蓄热罐供热，电锅炉供热等。

（1）切除低压缸进汽运行。

为了避免低压转子发生鼓风而过热，国内热电联产机组中低压缸导汽管蝶阀在设计上处于"全关"状态也能够保证低压转子有足够的冷却流量，或在运行时导汽管蝶阀有最小开度限制。切除低压缸进汽运行方案即打破机组低压缸最小冷却流量的限制，通过对导汽管蝶阀、真空系统、低压转子以及控制系统进行改造，在机组深度调峰时关闭中低压缸导汽管蝶阀，大幅减少进入低压缸蒸汽量，实现背压供热方式运行。

热电联产机组采用切除低压缸进汽运行方案，在供热负荷一定的情况下，不但减少了低压缸做功而且也减少了高中压缸做功，达到机组深度调峰的目的，其调峰深度取决于外界热负荷。

（2）汽轮机组旁路供热。

汽轮机旁路分为高压旁路和低压旁路，其主要作用是在机组启停过程中，通过旁路系统建立汽水循环通道，为机组提供适宜参数的蒸汽。机组旁路供热方案即通过对机组旁路系统进行供热改造，使机组正常运行时，部分或全部主再热蒸汽能够通过旁路系统对外供热，实现机组热电解耦，降低机组的发电负荷。

受锅炉再热器冷却的限制，单独的高压旁路供热能力有限，受汽轮机轴向推力的限制，单独的低压旁路供热能力也有限，二者均无法单独实现热电解耦，达到深度调峰目的。采用高低压旁路联合供热改造方案可提高机组供热能力，但运行时需考虑机组轴向推力、高压缸末级叶片强度限制，再热蒸汽温度偏低等问题。

（3）蓄热罐供热。

热罐为独立成套设备，可通过加装升压设备、阀门和管线等，选择合适位置接入热网。蓄热罐根据水的分层原理设计和工作，当电网用电负荷高、供热负荷低时，将机组多供的热量储存起来；当电力负荷较低时，储热装置可将储存的热量释放出来满足供热需求，从而降低机组发电负荷。

采用蓄热罐方案，如在电网高峰时段机组能够利用抽汽的余量充分蓄热，而在电网低谷时段机组调峰能力取决于锅炉最低稳燃负荷；对于在电网高峰时段不能进行抽汽蓄热的机组，单纯的蓄热罐则无法实现机组深度调峰，需通过与其他方式（如机组旁路供热方式或电锅炉供热方式）结合，方能实现机组热电负荷解耦。

（4）电锅炉供热。

在发电机组计量出口内增加电加热装置，装置出口安装必要的阀门、管道连接至热网系统。在热电联产机组运行时，根据电网、热网的需求，通过调节电锅炉用电量（转化为热量）实现热电解耦，达到满足电热需求的目的。机组采取加装电锅炉改造后，电锅炉功率可以根据热网负荷需求实时连续调整，调整响应速率快，运行较为灵活，电负荷甚全可降至"0"，机组深度调峰幅度较大。

　　纯凝机组与热电联产机组的运行方式不同，灵活性改造路线也有所差异，目前，我国纯凝机组在实际运行中的调峰能力一般为额定容量的 50％左右，典型的抽凝机组在供热期的调峰能力仅为额定容量的 20％。机组在低负荷运行时面临锅炉低负荷稳定燃烧、脱硝装置低负荷投运等问题。通过灵活性改造采用等离子燃烧器技术、富氧燃烧器技术解决锅炉低负荷稳定燃烧的问题。脱硝装置低负荷运行的问题可通过分割布置省煤器、设置烟气旁路、设置省煤器给水旁路等措施解决。改造完成之后预期将使热电机组增加 20％额定容量的调峰能力，最小技术出力达到 40％～50％额定容量；纯凝机组增加 15％～20％额定容量的调峰能力，最小技术出力达到 30％～35％额定容量。

## 5.3　发电企业参与日前市场调峰竞价策略研究

　　日前交易市场是电力市场的重要组成部分，其目的是满足短期符合不平衡而在交易中心每天组织的竞争，反映短期的供需平衡关系和生产成本。日前交易市场相对于其他电力市场而言，竞争力度和市场风险都较大，参与日前交易市场的竞争需要考虑到日前市场的竞价空间，如图 5-3 所示，日前竞价负荷为短期负荷预测曲线减去合约发电计划，合约发电计划包括特殊机组的发电出力、区外合同计划出力、合约计划出力等。除此之外，还需考虑所有机组的约束条件和电网约束条件，达到在短期电量市场中的总购买电费用最低。

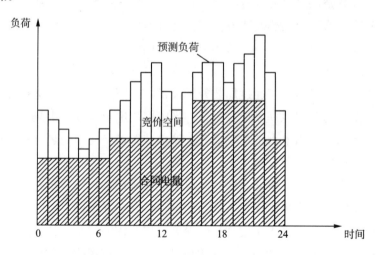

**图 5-3　日前交易市场竞价空间**

　　在日前交易市场中，发电企业共同形成了日前集中交易市场，其交易流程如图 5-4 所示。发电企业根据要求提交包含参与的深度调峰时段的报价以及数量的报价曲线，并与需求方的需求信息一起上报给 ISO 进行汇总，得到各个深度调峰时段的总需求，出清顺序根据卖方报价从低到高依次出清，直至供给与系统总调峰需求达到平衡，按排序最后入选的机组为边际机组，其报价即为市场的边际出清价格，在此之前所有的发电企业均可以以边际出清价格成交。

图 5-4 日前市场交易流程

在日前调峰市场中，发电企业在确保自身经济效益的前提下，通常会将机组边际成本作为报价，以尽量避免报价过高或者过低而导致的经济效益减少甚至亏损。考虑发电企业参与调峰辅助服务市场时采取基于边际成本的线性报价方式，在报价过程中仅考虑企业自身利润最大化。各交易主体策略性报价将直接影响到边际机组出清价格，虽然每个时段系统调峰需求的总量确定，但发电企业之间也会受到其他发电企业报价的影响而导致自身成交量的变化。

在日前市场集中竞价交易过程中，发电企业的报价信息是保密的。报价信息保密的情况下只能通过概率的方法或者模糊的方法来估计竞争对手的报价，在此基础上建立最优竞价模型。估计竞争对手报价行为的方法是根据其他发电公司的投标行为来构造自己的报价策略。接下来将利用基于边际成本的蒙特卡洛方法对发电企业的竞价过程进行估计。假设市场内参与竞价的发电集团均采用线性报价函数，则第 $n$ 家发电集团的 $T$ 时段的报价可表示为：

$$H_n(D_n) = a_n + b_n D_n \tag{5-7}$$

式中：$H_n$ 为发电集团 $n$ 的报价；$a_n$ 和 $b_n$ 为发电集团 $n$ 的报价系数；$D_n$ 为发电集团 $n$ 竞标调峰电量。

发电集团在形成报价曲线过程中除了要考虑自身的不确定性调峰需求以及供热过程中机组的相关约束外，还要考虑对手的报价情况，通过市场中公布的历史数据，发电集团可以对其他集团的报价系数进行预估。从发电集团 $n$ 的角度，竞争对手 $m$ 的报价系数符合二维正态分布，其概率密度函数如下：

$$(a_{nm}, b_{nm}) \sim N\left(\begin{bmatrix} \alpha_{a,\,nm} \\ \alpha_{b,\,nm} \end{bmatrix}, \begin{bmatrix} \varphi_{a,\,nm}^2 & \gamma_{nm}\varphi_{a,\,nm}\varphi_{b,\,nm} \\ \gamma_{nm}\varphi_{a,\,nm}\varphi_{b,\,nm} & \varphi_{b,\,nm}^2 \end{bmatrix}\right) \tag{5-8}$$

式中：下标 $nm$ 表示发电集团 $n$ 对竞争对手 $m$ 报价的估值；$\alpha_{a,\,nm}$、$\alpha_{b,\,nm}$ 分别为系数 $a$、$b$ 的均值估计；$\varphi_{a,\,nm}$、$\varphi_{b,\,nm}$ 分别为系数 $a$、$b$ 的标准差估计；$\gamma_{nm}$ 为 $a$ 与 $b$ 的相关系数，当发电集团 $n$ 作为电能供应商时 $\gamma_{nm}$ 的值为 $-1$，$\gamma_{nm}$ 取 $-1$ 是为了提高 $a$、$b$ 其中的一个系数的同时需降低另一个系数以增加中标量。在传统以机组为交易主体报价方式中，$a$ 和 $b$ 分别表示该机组的报价系数，对于任意一台发电机组来讲其系数是固定的，且每台机组的报价系数不一定相同，当以发电集团为主体参与报价时，每个集团的报价系数由其本身拥有调峰能力的机组的报价系数加权得到，机组能提供调峰容量占集团总体的比例越高，在计算报价系数时其系数的权值就越大。

发电集团 $n$ 通过蒙特卡洛抽样生成竞争对手的报价场景集，从而确定自身的最优报价策略。进一步在保障发电集团自身经济效益的前提下考虑以整个系统总煤耗成本最小为目标对发电集团的报价进行优化。

下面介绍电力调峰辅助服务市场的出清模型。

这里采用边际出清价格机制进行结算，在深度调峰时段，系统运营商对发电集团提交的报价从低到高进行排序，报价低的集团的调峰电量优先调用，直至满足系统的调峰需求，此时最后调用的集团的报价即为市场的边际出清价格，而此前所有调用的机组均按照该价格进行结算。相应的市场出清模型应以调峰成本为目标进行出清：

$$\min F_{\mathrm{d}} = \sum_{t=q}^{T} \sum_{q=1}^{K_s} (C_t Z_{n,t}) \tag{5-9}$$

$$\sum_{q=1,\, q \leqslant K_G} X_{n,t} = X_t \tag{5-10}$$

$$C_t(Z_n) = a_n + b_n Z_{n,t} \tag{5-11}$$

$$0 \leqslant Z_{n,t} \leqslant Z_{n,\max} \tag{5-12}$$

式中：$C_t$ 为发电集团 $n$ 在 $t$ 时段的边际出清价格；$Z_{n,t}$ 为发电集团 $n$ 在 $t$ 时段的中标调峰电量；$X_t$ 为系统在 $t$ 时段的调峰需求；$Z_{n,\max}$ 为发电集团 $n$ 在 $t$ 时段可提供的最大调峰电量。

将 $t$ 时段的边际出清价格、发电集团的中标电量，作为常量输入到以发电集团运行成本最小为目标的优化模型中，对发电集团的机组出力以及配置的电锅炉等调峰设施进行进一步的优化，以保证投标后仍能满足发电集团自身的热负荷需求。该模型中仅考虑对发电集团 $n$ 自身的机组出力优化，即将所有风电的出力及其他集团的所承担的电负荷等因素视为已知量，模型中的变量有发电集团 $n$ 的机组出力、调峰设施（以电锅炉为例）的出力。其具体数学模型如下。

目标函数以发电集团的总运行成本最小，可表示为：

$$\min Y_n = Y_n^{CHP} + Y_n^{CON} \tag{5-13}$$

式中：$Y_n^{CHP}$ 和 $Y_n^{CON}$ 为发电集团 $n$ 的热电机组和纯凝机组煤耗成本。

（1）电功率平衡约束：

$$\sum_{s=1}^{S} P_{t,r}^{CON} + \sum_{r=1}^{N} P_{t,r}^{CH} = P_t^n \tag{5-14}$$

$$\sum_{r=1}^{N} P_{t,r}^{CH} = (1-e) \sum_{r=1}^{N} P_{t,r}^{CHP} - \sum_{j=1}^{J} P_{t,j}^{E} \tag{5-15}$$

式中：$P_{t,r}^{CH}$ 为 $t$ 时段第 $r$ 台热电机组的上网电功率；$P_t^n$ 为 $t$ 时段调峰交易后发电集团 $n$ 承担的电负荷；$e$ 为厂用电率；$P_{t,j}^{E}$ 为 $t$ 时段第 $j$ 台电锅炉的电功率。

（2）供热平衡约束：

$$H_{t, r}^{CHP} + \lambda_j P_{t, j}^E = H_t^n \tag{5-16}$$

（3）机组出力上下限约束：

$$P_{\min, r}^{CHP}(H_{t, r}^{CHP}) \leqslant P_{t, r}^{CHP}(H_{t, r}^{CHP}) \leqslant P_{\max, r}^{CHP}(H_{t, r}^{CHP}) \tag{5-17}$$

$$P_{\min, s}^{CON} \leqslant P_{t, s}^{CON} \leqslant P_{\max, s}^{CON} \tag{5-18}$$

（4）机组电功率爬坡速率约束：

$$R_r^{CHP, D} \leqslant P_{t, r}^{CHP} - P_{t-1, r}^{CHP} \leqslant R_r^{CHP, UP} \tag{5-19}$$

$$R_s^{CON, D} \leqslant P_{t, s}^{CON} - P_{t-1, s}^{CON} \leqslant R_s^{CON, UP} \tag{5-20}$$

（5）热电机组的热出力的上下限：

$$H_{\min, r}^{CHP} \leqslant H_{t, r}^{CHP} \leqslant H_{\max, r}^{CHP} \tag{5-21}$$

## 5.4  现货市场与辅助服务市场协调与优化

近年来社会的发展和科技的进步使得新能源得到快速发展，也给电力行业的发展注入了新的生机和活力。随着可再生能源等波动性电源的大规模并网，系统需频繁调整上下出力变化以实现电力平衡，这将要求电力系统灵活性需具备更高的水准。同时，新能源发电比例的逐渐升高使电力系统调节手段不足的缺陷愈发明显，最初的辅助服务补偿机制及力度与电网运行需求不相适配，现货市场的引入则能够使辅助服务市场更具效率。

现货市场主要包括日前电能量交易、日内电能量交易、实时电能量交易和备用等辅助服务交易市场。在现货市场中，发电企业通过技术改革实现调峰能力的提升，同时用户侧储能和需求响应的加入以及辅助服务产品的价值重新定义评估，提高了电力资源的利用效率，使得电力系统的成本降低。这样，提供辅助服务能力强的发电企业可以获得更多利益，辅助服务成本的输配电价也会降低。

国外辅助服务市场的运作模式主要分为电力辅助服务独立交易方式和联合优化方式。

独立交易方式常见于英国、欧洲等分散式电力市场，是指电力辅助服务市场独立于现货电能量市场运行，以欧洲电力市场为例，日前、日内现货电能市场的运营由电力交易机构负责，辅助服务市场的运营由系统调度运行机构负责。分散式市场是以中长期实物合同为主，发用双方在日前阶段自行确定日发用电曲线，偏差电量通过日前、实时平衡交易进行调节的电力市场模式。

联合优化方式常见于美国、新西兰等集中式电力市场，是指电力辅助服务市场与现货电能量市场联合交易出清。以美国 PJM 电力市场为例，在运行前一日机组需向 PJM 提交辅助服务报价以及电能量报价信息，其中辅助服务市场中机组的报价信息可以进行修改，修改的时间范围必须早于实时运行前 1 小时。实时运行过程中每五分钟将辅助服务市场与电能量市场联合出清一次。集中式电力市场是以签订差价合同为主，配合现货交易采用全电量集中竞价的电力市场模式。

通过国内外的辅助服务市场机制的对比分析可知，电力辅助服务市场的建设依赖于电力现货市场。国外辅助服务的采购和交易组织通常由详细掌握各类辅助服务需求信息的系统调度运行机构负责。定价机制通常采用招标和双边合同，出清方式采用联合优化方式较多。电力辅助服务市场与现货电能量市场联合交易出清可以减少电力系统的总成本，激励市场主体参与到系统优化过程中，不仅可以保障系统安全稳定运行，也可以充分发挥自身机组的能力获得额外收益，对于系统中的所有主体都是有益的。

为确保市场平稳有序起步，我国电力市场开展初期采用辅助服务市场和现货电能量市场独立交易的运作模式。随着市场规则的日臻完善和市场机制的不断成熟，可逐步过渡到现货电能量市场与辅助服务市场联合优化方式。就当前我国电力现货市场发展情况来看，市场化机制还不够清晰明了，尚需更长的时间进一步完善，试点地区电力现货市场建设并未将调峰辅助服务归于市场组成部分，机组灵活性改造成本在短时间内不能通过现货市场进行反映，发电企业面临着实施改造困难的局面。因此需对不同类型机组提供辅助服务的能力做出准确判断，通过分析计算，对不同辅助服务的价值进行核算。此外增加爬坡类产品以及系统惯性等辅助服务提升交易品种的丰富度，满足电力系统对于类似抽水蓄能电站、燃气机组等具备快速爬坡功能、调节能力强的电源需求。最后可在电力现货市场试点地区采取竞价模式，以竞价交易的方式选择辅助服务承担主体，降低该项目的辅助服务费用。

现货市场的开启势必将对市场行为及市场主体产生影响，为能够更好地适应现货市场的发展，发电企业在技术储备、业务能力储备、信息化建设等方面需进行改善。在技术储备方面，发电厂可通过改善 AGC 机组性能提升机组的技术水平，使机组在更短的时间内能够响应指令，同时优化机组运行策略提升电厂辅助服务能力。此外，发电厂也需具备一定的负荷预测能力，有利于降低电厂发电成本，提升电力系统经济效益。在业务能力储备方面，发电厂需更实时精准地预测发电边际成本，且在考虑边际成本的情况下抢夺增量发电市场以争取高负荷发电。通过合理分配机组参与市场交易电量和辅助服务交易电量的比例来实现利益最大化。在信息化建设方面，现货市场交易过程中发电企业、交易中心及调度机构等市场主体面临着数据量大且种类繁多、数据处理时间短、交易实时性要求较高等难题，仅靠人工是无法完成的，所以需搭建大数据处理平台来辅助市场主体进行决策。

# 6 湖南辅助服务市场运营模式

## 6.1 深度调峰市场运营

### 6.1.1 申报与计划

工作日 10：00 前，卖方通过交易平台申报次日交易价格及相关信息。

工作日 19：00 前，调控中心公布调用排序，并根据负荷预测和电网情况、调峰市场需求等，编制并发布次日发电计划。

节假日前，调控中心可集中组织多日深度调峰申报，发布相应的调用排序，节假日期间按需调用。

### 6.1.2 偏差处理

（1）若预测出现较大偏差，调控中心可根据实际情况及时予以修正调整。

（2）日内运行中，调控中心根据最新超短期负荷预测，结合日前确定的调用排序和电网运行等情况，计算并修正电厂预计出力曲线。如日前已安排启动深度调峰市场，但日内运行中，无需启动或深度调峰幅度低于计划，应按既定停用顺序修正电厂预计出力曲线。

调控中心可以根据电网安全约束、卖方设备分布等情况，调整卖方排序，调用调峰设备，并做好相关记录，说明调整原因。

若所有报价的设备容量均已调用，仍不能满足电网调峰需求，调控中心可根据电网调峰及安全运行需要，综合考虑月度交易计划等因素，以总服务费最低为原则，按档位逐档强制调用机组未报价深度调峰能力，并做好相关记录，说明原因。

被强制调用机组按该交易时段内已报价机组同负荷率区间报价的最小值结算。如同负荷率区间没有报价，则按与之最接近的前序区间报价最小值结算。

若无机组报价，调控中心可根据电网安全运行和调峰需要，综合考虑月度交易计划等因素，无偿强制调用卖方机组，并做好相关记录，说明原因。

## 6.2 启停调峰市场运营

工作日 10：00 前，卖方通过交易平台申报次日交易价格及相关信息。

工作日 19：00 前，调控中心根据机组申报信息、负荷预测和电网运行情况等编制并发布次日启停调峰机组计划。

调控中心可在节假日前集中组织多日启停调峰申报，发布后续多日启停调峰机组排序，节假日期间按需调用。

启停调峰交易以日前计划安排为主，按日前计划运行。调控中心可根据电网安全约束、卖方机组所在位置等情况，调整卖方排序，并做好相关记录，说明调整原因。

日内运行时，调控中心可根据最新超短期负荷预测，结合机组日前计划和电网运行情况等，启动机组启停调峰交易。日内调用时，调控中心应至少提前 2 小时通知发电企业。

调控中心可根据电网实际调峰需要，在日内，按照调峰总服务费最低的原则，实行优化的启停机组组合，改变启停机组排序，调整机组启停间隔时间（不小于机组申报的最小间隔时间）。调整启停调峰计划时，调控中心应及时通知发电企业，并做好相关记录，说明调整原因。

当所有报价的机组均已调用，但仍不能满足电网需求时，调控中心可根据电网调峰需要，综合考虑电网安全运行要求、月度交易计划等因素强制调用未报价机组，并做好相关记录，说明原因。被强制调用机组按该交易时段内同一额定容量等级的火电机组报价的最低价结算辅助服务费。

若无机组报价，调控中心可根据电网安全运行和调峰需要，综合考虑月度交易计划等因素，无偿强制调用卖方机组，并做好相关记录，说明原因。

## 6.3  旋转备用市场运营

工作日 10：00 前，卖方通过交易平台申报次日交易价格及相关信息。

工作日 19：00 前，调控中心根据机组申报信息、负荷预测和电网运行情况编制并发布次日火电机组旋转备用调用顺序。

调控中心可在节假日前集中组织多日旋转备用交易申报，发布后续多日旋转备用排序，节假日期间按需调用。

日内运行过程中，调控中心根据最新超短期负荷预测，按照日前交易排序结果，结合电网运行及祁韶直流运行旋转备用需要调用。

当所有报价的机组均已调用，但仍不能满足电网需求时，调控中心可根据电网需要综合考虑电网安全运行要求、月度交易计划等因素，强制调用未报价机组，并做好相关记录，说明原因。

被强制调用机组按该交易时段内火电机组报价的最低价结算辅助服务费。

若无机组报价，调控中心可根据需要无偿调用所有机组，并做好相关记录，说明原因。

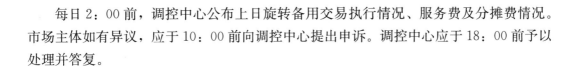

每日 2：00 前，调控中心公布上日旋转备用交易执行情况、服务费及分摊费情况。市场主体如有异议，应于 10：00 前向调控中心提出申诉。调控中心应于 18：00 前予以处理并答复。

## 6.4 紧急短时调峰市场运营

工作日 10：00 前，卖方通过交易平台申报次日交易价格及相关信息。

工作日 19：00 前，调控中心根据机组申报信息、负荷预测和电网运行情况编制并发布次日紧急短时调峰调用顺序。

调控中心可在节假日前集中组织多日紧急短时调峰申报，发布后续多日紧急短时调峰排序，节假日期间按需调用。

日内运行中，调控中心根据最新超短期负荷预测，结合日前排序结果和电网运行情况调用紧急短时调峰。日内调用时调控中心应至少提前 30 分钟通知可中断用户。

每日 2：00 前，调控中心公布上日紧急短时调峰执行情况和服务费。市场主体如对交易结果有异议，应于 10：00 前向调控中心提出申诉。调控中心应于 18：00 前予以处理并答复。

# 7  辅助服务费用分摊案例计算

## 7.1  深度调峰辅助服务费用分摊案例

为了更直观地了解湖南调峰辅助服务市场的现状，此案例将针对湖南某日电网实际深调运行情况进行分析。根据当天数据统计，该日指令深调总电力为5679.88MW，实际深调电力为6059.35MW，全天96个交易时段的深调电力曲线如图7-1所示。

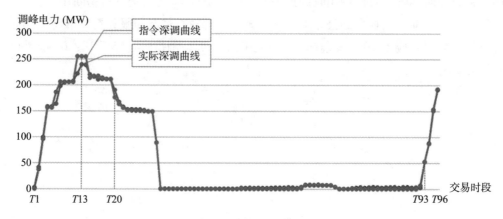

图 7-1　全天深调电力

根据图7-1中指令深调曲线分析可知，凌晨1点到上午7点间，电网的调峰需求较大，且在凌晨4点调峰需求最大为254.9873MW；上午8点到晚上11点间，电网的调峰需求较小，且调峰需求最小可达0MW；其余时间段调峰需求位于中间。为了更全面分析当日的调峰情况，案例将选取$T13$、$T20$、$T93$三个交易时段，代表对不同程度调峰需求进行分析。

### 7.1.1  深度调峰辅助服务的申报出清

该日参与调峰服务的火电机组总计30台，其中装机容量$R$，$300\text{MW} \leqslant R < 600\text{MW}$的机组为17台，$R \geqslant 600\text{MW}$的机组为13台。抽水蓄能电站2台，储能电站3台，假定机组的价格申报信息如表7-1、表7-2、表7-3所示。

表 7-1　火电机组申报信息　　　　　单位：MW，元/MWh

| 机组名称 | 装机容量 | 一档报价 | 一档调节能力 | 二挡报价 | 二挡调节能力 | 三档报价 | 三档调节能力 | 四档报价 | 四档调节能力 | 五档报价 | 五档调节能力 |
|---|---|---|---|---|---|---|---|---|---|---|---|
| A1厂♯2机 | 300 | 200 | 15 | 250 | 15 | 350 | 0 | 450 | 0 | 550 | 0 |
| A2厂♯3机 | 300 | 200 | 15 | 250 | 15 | 350 | 0 | 450 | 0 | 550 | 0 |
| A2厂♯4机 | 300 | 200 | 15 | 250 | 15 | 350 | 15 | 450 | 0 | 550 | 0 |
| A3厂♯1机 | 300 | 200 | 15 | 250 | 15 | 350 | 15 | 450 | 0 | 550 | 0 |
| A3厂♯2机 | 360 | 200 | 18 | 250 | 17 | 350 | 0 | 450 | 0 | 550 | 0 |
| A4厂♯3机 | 360 | 200 | 18 | 250 | 17 | 350 | 0 | 450 | 0 | 550 | 0 |
| A5厂♯2机 | 300 | 200 | 15 | 250 | 15 | 350 | 0 | 450 | 0 | 550 | 0 |
| A6厂♯1机 | 600 | 200 | 30 | 250 | 30 | 350 | 0 | 450 | 0 | 550 | 0 |
| A6厂♯2机 | 660 | 200 | 33 | 250 | 33 | 350 | 0 | 450 | 0 | 550 | 0 |
| A7厂♯2机 | 600 | 200 | 30 | 250 | 30 | 350 | 0 | 450 | 0 | 550 | 0 |
| A7厂♯3机 | 600 | 200 | 30 | 250 | 30 | 350 | 0 | 450 | 0 | 550 | 0 |
| A7厂♯4机 | 300 | 200 | 15 | 250 | 15 | 350 | 0 | 450 | 0 | 550 | 0 |
| A9厂♯3机 | 300 | 200 | 15 | 250 | 15 | 350 | 0 | 450 | 0 | 550 | 0 |
| A9厂♯4机 | 300 | 200 | 15 | 250 | 15 | 350 | 0 | 450 | 0 | 550 | 0 |
| A10厂♯1机 | 300 | 200 | 15 | 250 | 15 | 350 | 0 | 450 | 0 | 550 | 0 |
| A10厂♯2机 | 600 | 200 | 30 | 250 | 30 | 350 | 0 | 450 | 0 | 550 | 0 |
| A11厂♯3机 | 600 | 200 | 30 | 250 | 30 | 350 | 0 | 450 | 0 | 550 | 0 |
| A11厂♯4机 | 600 | 200 | 30 | 250 | 10 | 350 | 0 | 450 | 0 | 550 | 0 |
| A12厂♯1机 | 600 | 200 | 30 | 250 | 30 | 350 | 0 | 450 | 0 | 550 | 0 |
| A12厂♯2机 | 600 | 200 | 30 | 250 | 30 | 350 | 0 | 450 | 0 | 550 | 0 |
| A13厂♯3机 | 300 | 200 | 15 | 250 | 15 | 350 | 0 | 450 | 0 | 550 | 0 |
| A13厂♯4机 | 300 | 200 | 15 | 250 | 15 | 350 | 0 | 450 | 0 | 550 | 0 |
| A14厂♯3机 | 300 | 200 | 15 | 250 | 15 | 350 | 0 | 450 | 0 | 550 | 0 |
| A15厂♯5机 | 300 | 200 | 15 | 250 | 15 | 350 | 0 | 450 | 0 | 550 | 0 |
| A16厂♯1机 | 600 | 200 | 30 | 250 | 30 | 350 | 0 | 450 | 0 | 550 | 0 |
| A17厂♯1机 | 600 | 200 | 30 | 250 | 30 | 350 | 0 | 450 | 0 | 550 | 0 |
| A18厂♯2机 | 310 | 200 | 15.5 | 250 | 15.5 | 350 | 14 | 450 | 0 | 550 | 0 |
| A19厂♯1机 | 310 | 200 | 15.5 | 250 | 15.5 | 350 | 14 | 450 | 0 | 550 | 0 |
| A19厂♯2机 | 660 | 190 | 33 | 240 | 33 | 350 | 0 | 450 | 0 | 550 | 0 |
| A20厂♯2机 | 660 | 190 | 33 | 240 | 33 | 350 | 0 | 450 | 0 | 550 | 0 |

火电厂

表 7-2 抽水蓄能电站申报信息      单位：MW，元/MWh，分钟

| | 机组名称 | 装机容量 | 最大连续抽水时间 | 报价 | 调节能力 |
|---|---|---|---|---|---|
| 抽水蓄能 | B1 厂#2 机 | 300 | 700 | 120 | 300 |
| | B1 厂#3 机 | 300 | 700 | 120 | 300 |
| | B1 厂#4 机 | 300 | 700 | 120 | 300 |
| | B1 厂#5 机 | 300 | 700 | 120 | 300 |

表 7-3 储能电站申报信息      单位：MW，元/MWh，分钟

| | 机组名称 | 最大可充功率 | 最大连续充电时间 | 充放电时间间隔 | 报价 | 调节能力 |
|---|---|---|---|---|---|---|
| 储能电站 | C1 储能电站 | 24 | 180 | 188 | 200 | 24 |
| | C2 储能电站 | 9 | 180 | 188 | 200 | 9 |
| | C3 储能电站 | 26 | 180 | 188 | 200 | 26 |

交易以"日前报价，按需调用，按序调用"为规则，为满足该交易时段的偏差需求，选择需调用的机组及调峰档位。$T13$、$T20$、$T93$ 三个交易时段偏差需求分别为 254.37MW、176.12MW、52.29MW，表 7-4、表 7-5 为 $T13$、$T20$、$T93$ 三个交易时段的各电厂实际出清情况。

表 7-4 $T13$、$T20$、$T93$ 三个交易时段火电厂的出清情况      单位：元/MWh

| 机组名称 | T13/档位报价 | | 机组名称 | T20/档位报价 | | 机组名称 | T93/档位报价 | |
|---|---|---|---|---|---|---|---|---|
| A19 厂#2 机 | 1 | 190 | A19 厂#2 机 | 1 | 190 | A19 厂#2 机 | 1 | 190 |
| A6 厂#2 机 | 1 | 200 | A6 厂#2 机 | 1 | 200 | A6 厂#2 机 | 1 | 200 |
| A7 厂#4 机 | 1 | 200 | A3 厂#2 机 | 1 | 200 | A3 厂#2 机 | 1 | 200 |
| A9 厂#3 机 | 1 | 200 | A4 厂#3 机 | 1 | 200 | A4 厂#3 机 | 1 | 200 |
| A3 厂#1 机 | 1 | 200 | A1 厂#2 机 | 1 | 200 | A5 厂#2 机 | 1 | 200 |
| A2 厂#4 机 | 1 | 200 | A2 厂#3 机 | 1 | 200 | A6 厂#1 机 | 1 | 200 |
| A5 厂#2 机 | 1 | 200 | A5 厂#2 机 | 1 | 200 | A12 厂#2 机 | 1 | 200 |
| A6 厂#1 机 | 1 | 200 | A6 厂#1 机 | 1 | 200 | A14 厂#3 机 | 1 | 200 |
| A11 厂#4 机 | 1 | 200 | A20 厂#2 机 | — | — | A15 厂#5 机 | 1 | 200 |
| A12 厂#1 机 | 1 | 200 | A7 厂#4 机 | — | — | A18 厂#2 机 | 1 | 200 |
| A14 厂#3 机 | 1 | 200 | A9 厂#3 机 | — | — | A19 厂#1 机 | 1 | 200 |
| A15 厂#5 机 | 1 | 200 | A3 厂#1 机 | — | — | A10 厂#1 机 | 1 | 200 |
| A1 厂#2 机 | 1 | 200 | A2 厂#4 机 | — | — | A20 厂#2 机 | — | — |
| A2 厂#3 机 | 1 | 200 | A11 厂#4 机 | | | A7 厂#4 机 | — | — |

续表

| 机组名称 | T13/档位报价 | | 机组名称 | T20/档位报价 | | 机组名称 | T93/档位报价 | |
|---|---|---|---|---|---|---|---|---|
| A18 厂♯2 机 | 1 | 200 | A12 厂♯1 机 | — | — | A9 厂♯3 机 | — | — |
| A19 厂♯1 机 | 1 | 200 | A12 厂♯2 机 | — | — | A3 厂♯1 机 | — | — |
| A3 厂♯2 机 | 2 | 250 | A14 厂♯3 机 | — | — | A2 厂♯4 机 | — | — |
| A4 厂♯3 机 | 2 | 250 | A15 厂♯5 机 | — | — | A11 厂♯4 机 | — | — |
| A20 厂♯2 机 | — | — | A7 厂♯2 机 | — | — | A12 厂♯1 机 | — | — |
| A12 厂♯2 机 | — | — | A7 厂♯3 机 | — | — | A1 厂♯2 机 | — | — |
| A7 厂♯2 机 | — | — | A13 厂♯3 机 | — | — | A2 厂♯3 机 | — | — |
| A7 厂♯3 机 | — | — | A13 厂♯4 机 | — | — | A7 厂♯2 机 | — | — |
| A13 厂♯3 机 | — | — | A16 厂♯1 机 | — | — | A7 厂♯3 机 | — | — |
| A13 厂♯4 机 | — | — | A17 厂♯1 机 | — | — | A13 厂♯3 机 | — | — |
| A16 厂♯1 机 | — | — | A9 厂♯4 机 | — | — | A13 厂♯4 机 | — | — |
| A17 厂♯1 机 | — | — | A10 厂♯1 机 | — | — | A16 厂♯1 机 | — | — |
| A9 厂♯4 机 | — | — | A10 厂♯2 机 | — | — | A17 厂♯1 机 | — | — |
| A10 厂♯1 机 | — | — | A11 厂♯3 机 | — | — | A9 厂♯4 机 | — | — |
| A10 厂♯2 机 | — | — | A18 厂♯2 机 | — | — | A10 厂♯2 机 | — | — |
| A11 厂♯3 机 | — | — | A19 厂♯1 机 | — | — | A11 厂♯3 机 | — | — |

表 7-5　T13、T20、T93 三个交易时段抽水蓄能电站及储能电站的出清情况

单位：元/MWh

| 电厂类型 | T13/档位报价 | T20/档位报价 | T93/档位报价 |
|---|---|---|---|
| 抽水蓄能电站 | 120 | 120 | — |
| 储能电站 | — | 200 | — |

（1）深度调峰电量的计算。

火电机组调峰电量计算公式如下：

$$T_d = \sum_{j=1}^{15} (1/2Z_r - C_{dj})/60 \tag{7-1}$$

其中，$T_d$ 表示为某交易时段内的调峰电量，$Z_r$ 表示为机组的装机容量，$C_{dj}$ 表示为该交易时段内机组的实际出力。需要注意的是，只有当（$1/2Z_r - C_{dj}$）＞0 时调峰电量才能进行累加，当（$1/2Z_r - C_{dj}$）＜0 时，机组不参与调峰且调峰电量记为 0。

不妨以 A6 厂♯1 机的 T13 时段为例，该时段的调峰档位为 1 档，表 7-6 为 A6 厂♯1 机的 T13 时段的实际出力。计算其调峰电量。

表 7-6    $T13$ 时段的实际出力                                              单位：MW

| 机组名称 | 装机容量 | 机组 $T13$ 时段的实际出力 | | | | | | | |
|---|---|---|---|---|---|---|---|---|---|
| A6 厂♯1 机 | 600 | 299.644 | 305.196 | 298.539 | 298.772 | 292.841 | 288.306 | 284.585 | 284.352 |
| | | 286.562 | 286.329 | 286.329 | 286.678 | 286.881 | 282.055 | 276.445 | |

根据公式 $T13$ 时段第一分钟调峰电量为 0.0592MWh，第二分钟由于该点的实际出力大于机组容量的 50％，所以该点不进行调峰，调峰电量为 0。以此类推得到 $T13$ 时刻总调峰电量为 2.6946MWh。

通过公式（7-1）计算可知该日全天的调峰电量为 1419.97MWh。其中，火电厂调峰电量 354.99MWh，占总调峰电量的 25％；抽水蓄能电厂调峰电量为 1008.17MWh，占总调峰电量的 71％；储能电厂调峰电量为 56.81MWh，占总调峰电量的 4％。将数据统计如图 7-2。

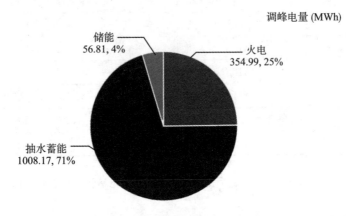

图 7-2    总调峰电量占比图

图 7-3 为全天火电厂、抽水蓄能电厂、储能电厂调峰电量的分布。

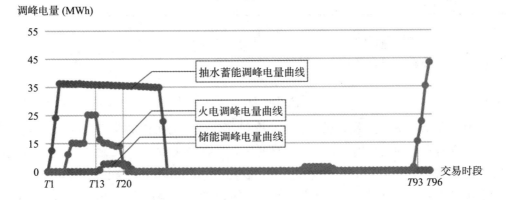

图 7-3    各电厂全天调峰电量分布图

图 7-3 反映了全天火电、抽水蓄能、储能的调峰情况，分析曲线可知，该日调峰时

间段主要分布在凌晨 0 点到上午 8 点以及晚上 11 点到晚上 12 点之间。凌晨 0 点到上午 8 点调峰时间段中参与调峰的主体有火电、抽水蓄能、储能，其中，抽水蓄能承担了调峰的主要任务，其次是火电，相对而言储能调峰较小。晚上 11 点到晚上 12 点调峰时间段，调峰任务全由火电承担。

图 7-4 为 $T13$、$T20$、$T93$ 三个交易时段火电厂、抽水蓄能电厂、储能电厂调峰电力的分布。

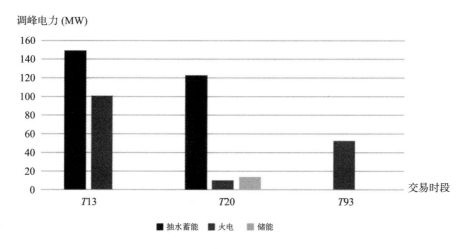

**图 7-4 $T13$、$T20$、$T93$ 三个交易时段各电厂总调峰电力分布图**

由图分析可知，$T13$ 交易时段总调峰电力为 254.37MW，调峰力度较大，该时段参与调峰的主体为火电、抽水蓄能电，其中，抽水蓄能承担主要调峰任务，调峰电力为 148.47MW，火电的调峰电力为 100.57MW；$T20$ 交易时段总调峰电力为 146.05MW，调峰力度中等，该时段参与调峰的主体为火电、抽水蓄能、储能，其中，抽水蓄能调峰电力为 122.09MW，依旧承担主要调峰任务，火电、储能辅助进行调峰，调峰电力分别为 10.35MW、14.06MW；$T93$ 交易时段总调峰电力为 52.29MW，该时段仅火电参与调峰。由此可见，抽水蓄能作为专业调峰辅助服务在低谷调峰和高峰调峰的过程中发挥了重要的作用。电储能由于规模小价格高，目前还未能发挥主力调峰作用，只处于辅助调峰位置。

为了分析调峰电量与机组装机容量 $R$ 的关系，不妨将火电装机容量分为 $R \leqslant 300\text{MW}$、$R \geqslant 600\text{MW}$ 两类，并对比机组在 $T13$、$T20$、$T93$ 三个交易时段，调峰电量的变化情况（表 7-7）。

表 7-7　不同装机容量机组 *T*13、*T*20、*T*93 三个交易时段的调峰电量　单位：MWh

| 装机容量 *R* | *T*13 交易时段 | *T*20 交易时段 | *T*93 交易时段 |
|---|---|---|---|
| *R*≤300MW | 3.75 | 0 | 0 |
| | 3.75 | 0 | 0 |
| | 3.75 | 0 | 0 |
| | 3 | 0 | 0 |
| | 3.75 | 0.5 | 2.58 |
| | 3.75 | 0 | 1.5 |
| | 3.75 | 0 | 1.5 |
| | 3.75 | 1.75 | 3.75 |
| | 3.75 | 0.66 | 3.75 |
| | 0 | 0 | 0 |
| | 0 | 0 | 0 |
| | 3.75 | 0 | 0 |
| | 0 | 0 | 1.5 |
| 装机容量 *R* | *T*13 交易时段 | *T*20 交易时段 | *T*93 交易时段 |
| *R*≥600MW | 7.5 | 1 | 5 |
| | 7.5 | 0 | 0 |
| | 7.5 | 0 | 0 |
| | 0 | 0 | 4.53 |
| | 0 | 0 | 0 |
| | 0 | 0 | 0 |
| | 7.5 | 0 | 0 |
| | 0 | 0 | 1.7 |
| | 0 | 0 | 0 |
| | 0 | 0 | 0 |
| | 0 | 0 | 0 |
| | 8.25 | 3.85 | 8.25 |
| | 8.25 | 1.1 | 5.5 |

将数据统计可得，装机容量 *R*≤300MW 的机组在 *T*13、*T*20、*T*93 调峰电量分别为 36.75MWh、2.91MWh、14.58MWh。装机容量 *R*≥600MW 的机组在 *T*13、*T*20、*T*93 调峰电量分别为 46.5MWh、5.95MWh、24.98MWh。为了进一步分析其变化，将机组装机容量细分为 300MW、360MW、600MW、660MW，再进行对比（表 7-8）。

表 7-8　300MW、360MW、600MW、660MW 机组 $T13$、$T20$、$T93$ 三个交易时段的调峰电量

单位：MWh

| 电厂类型 | 机组名称 | 装机容量 | 调峰电量 | | |
|---|---|---|---|---|---|
| | | | $T13$ | $T20$ | $T93$ |
| 火电 | A5 厂＃2 机 | 300 | 3.875 | 0.5 | 2.583 |
| | A3 厂＃2 机 | 360 | 4.812 | 0.745 | 4.812 |
| | A6 厂＃1 机 | 600 | 7.5 | 1 | 5 |
| | A6 厂＃2 机 | 660 | 8.25 | 1.1 | 5.5 |

综上分析，无论是处于调峰低谷还是高峰，装机容量更大的机组所承担的调峰任务越多。同时就目前的发展趋势来看，为了满足今后供电形式发展的需求，大容量火电机组将成为调峰主力机，在电网中所占的比重将逐渐扩大。

（2）深度调峰服务费的计算。

按照实际调度指令，通过公式（4-2）、公式（4-3）、公式（4-4）可计算出该日全天调峰辅助总服务费为 50.57 万元，其中火电电总服务费为 18.14 万元，占总服务费的 35.87%；抽水蓄能总服务费为 29.0 万元，占总服务费的 57.91%；储能电厂总服务费为 3.15 万元，占总服务费的 6.22%；将数据统计如图 7-5。

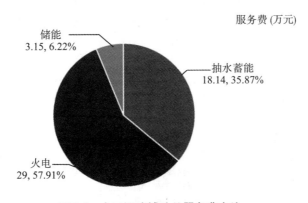

图 7-5　全天调峰辅助总服务费占比

下面以 A9 厂＃3 机机组 $T13$ 时段为例计算其服务费。A20 厂＃2 机组装机容量为 300MW，现提取出该机组在 $T13$ 交易时段内 15 分钟的指令深调及实际深调的出力数据，根据公式（7-1）计算出 15 分钟的调峰电量，统计如表 7-9、表 7-10 所示。

表 7-9　A9 厂＃3 机组 $T13$ 时段指令深调出力

| 指令深调 $T13$ | 1 | 2 | 3 | 4 | 5 | 6 | 7 | 8 | 9 | 10 | 11 | 12 | 13 | 14 | 15 |
|---|---|---|---|---|---|---|---|---|---|---|---|---|---|---|---|
| 出力/min | 142 | 142 | 142 | 142 | 142 | 142 | 142 | 142 | 142 | 142 | 142 | 142 | 142 | 142 | 142 |
| 深调电量/min | 0.13 | 0.13 | 0.13 | 0.13 | 0.13 | 0.13 | 0.13 | 0.13 | 0.13 | 0.13 | 0.13 | 0.13 | 0.13 | 0.13 | 0.13 |

表 7-10　A9 厂♯3 机组 T13 时段实际深调出力

| 实际深调 T13 | 1 | 2 | 3 | 4 | 5 | 6 | 7 | 8 |
|---|---|---|---|---|---|---|---|---|
| 出力/min | 140.96 | 141.59 | 141.59 | 140.33 | 140.96 | 142.86 | 140.96 | 140.33 |
| 深调电量/min | 0.15 | 0.14 | 0.14 | 0.16 | 0.15 | 0.12 | 0.15 | 0.16 |
| | 9 | 10 | 11 | 12 | 13 | 14 | 15 | |
| 出力/min | 141.59 | 142.86 | 142.23 | 140.96 | 142.23 | 142.23 | 141.59 | |
| 深调电量/min | 0.14 | 0.12 | 0.13 | 0.15 | 0.13 | 0.13 | 0.14 | |

从两组数据对比不难发现，机组指令深调与实际深调的电量存在偏差，不妨选取第 10 分钟与第 12 分钟为例，此时的中标档位为 1 档，中标价格为 200MW/h，第 10 分钟指令调峰电量为 0.13MWh，而实际深调电量为 0.12MWh，低于指令 0.1MWh，此时的服务费为实际深调电量乘以档位中标价格。第 12 分钟机制指令调峰电量为 0.13MWh，而实际深调电量为 0.15MWh，超出指令 0.2MWh，此时的服务费为指令深调电量乘以档位中标价格。

仔细观察数据，机组在第 6、10、11、13、14 分钟，实际深调电量均低于指令深调电量，根据规则市场主体因自身原因导致调峰实际电量小于调峰中标电量的，10% 以内免考核；超出 10% 的部分，按正常履约可得调峰费用与实际可得调峰费用差值的 20% 考核；故该机组在 T13 交易时段第 6 分钟与第 10 分钟被考核，考核费用均为 0.575 元。

T13、T20、T93 三个交易时段，按照各电厂实际出清情况计算服务费如表 7-11、表 7-12 所示。

表 7-11　T13、T20、T93 三个交易时段火电厂服务费

单位：MW，元/MWh

| 机组名称 | T13 交易时段 | | | | | | T20 交易时段 | | | | | | T93 交易时段 | | | | | |
|---|---|---|---|---|---|---|---|---|---|---|---|---|---|---|---|---|---|---|
| | 实际深调电量 | 指令深调电量 | 结算深调电量 | 档位 | 报价 | 服务费 | 实际调峰电量 | 指令深调电量 | 结算深调电量 | 档位 | 报价 | 服务费 | 实际深调电量 | 指令深调电量 | 结算深调电量 | 档位 | 报价 | 服务费 |
| A20 厂♯2 机 | 0 | 0 | 0 | — | 0 | 0 | 0 | 0 | 0 | — | 0 | 0 | 0 | 0 | 0 | — | 0 | 0 |
| A19 厂♯2 机 | 7.43 | 8.25 | 7.43 | 1 | 190 | 1411.2 | 7.01 | 3.85 | 3.52 | 1 | 190 | 669.43 | 3.90 | 8.25 | 3.90 | 1 | 190 | 741.02 |
| A6 厂♯2 机 | 7.66 | 8.25 | 7.66 | 1 | 200 | 1532.2 | 3.85 | 1.10 | 1.00 | 1 | 200 | 199.30 | 4.63 | 5.50 | 2.18 | 1 | 200 | 435.62 |
| A7 厂♯4 机 | 3.82 | 3.75 | 3.69 | 1 | 200 | 738.6 | 0 | 0 | 0 | — | 0 | 0 | 0.01 | 0 | 0 | — | 0 | 0 |
| A9 厂♯3 机 | 3.67 | 3.75 | 3.57 | 1 | 200 | 714.12 | 0 | 0 | 0 | — | 0 | 0 | 0.02 | 0 | 0 | — | 0 | 0 |
| A3 厂♯1 机 | 3.61 | 3.75 | 3.59 | 1 | 200 | 718.32 | 0 | 0 | 0 | — | 0 | 0 | 0.01 | 0 | 0 | — | 0 | 0 |
| A2 厂♯4 机 | 3.64 | 3.00 | 3.00 | 1 | 200 | 600 | 0 | 0 | 0 | — | 0 | 0 | 0.05 | 0 | 0 | — | 0 | 0 |
| A3 厂♯2 机 | 4.91 | 4.81 | 4.80 | 2 | 250 | 1199.9 | 2.39 | 0.75 | 0.75 | 1 | 200 | 150 | 2.83 | 4.81 | 2.83 | 1 | 200 | 565.12 |
| A4 厂♯3 机 | 4.82 | 4.81 | 4.79 | 2 | 250 | 1196.2 | 2.29 | 0.75 | 0.74 | 1 | 200 | 148.17 | 2.57 | 4.81 | 2.57 | 1 | 200 | 514.72 |
| A5 厂♯2 机 | 4.05 | 3.75 | 3.75 | 1 | 200 | 750 | 1.60 | 0.50 | 0.50 | 1 | 200 | 100 | 1.47 | 2.58 | 0.76 | 1 | 200 | 151.17 |
| A6 厂♯1 机 | 7.65 | 7.50 | 7.45 | 1 | 200 | 1490.8 | 3.43 | 1.00 | 1.00 | 1 | 200 | 200 | 2.32 | 5.00 | 1.27 | 1 | 200 | 254.98 |
| A11 厂♯4 机 | 7.16 | 7.50 | 7.14 | 1 | 200 | 1427.5 | 0.09 | 0 | 0 | — | 0 | 0 | 0.12 | 0 | 0 | — | 0 | 0 |

续表

| 机组名称 | T13 交易时段 | | | | | | T20 交易时段 | | | | | | T93 交易时段 | | | | | |
|---|---|---|---|---|---|---|---|---|---|---|---|---|---|---|---|---|---|---|
| | 实际深调电量 | 指令深调电量 | 结算深调电量 | 档位 | 报价 | 服务费 | 实际调峰电量 | 指令深调电量 | 结算深调电量 | 档位 | 报价 | 服务费 | 实际深调电量 | 指令深调电量 | 结算深调电量 | 档位 | 报价 | 服务费 |
| A12 厂#1 机 | 7.60 | 7.50 | 7.42 | 1 | 200 | 1483.7 | 0.02 | 0 | 0 | — | 0 | 0 | 0.02 | 0 | 0 | — | 0 | 0 |
| A12 厂#2 机 | 0 | 0 | 0 | | 0 | 0 | 0 | 0 | 0 | | 0 | 0 | 2.48 | 4.53 | 1.52 | 1 | 200 | 303.92 |
| A14 厂#3 机 | 2.47 | 3.75 | 2.47 | 1 | 200 | 494.68 | 0 | 0 | 0 | | 0 | 0 | 0.13 | 1.50 | 0.02 | 1 | 200 | 4 |
| A15 厂#5 机 | 2.21 | 3.75 | 2.21 | 1 | 200 | 441.90 | 0 | 0 | 0 | | 0 | 0 | 0.16 | 1.50 | 0.05 | 1 | 200 | 10 |
| A1 厂#2 机 | 3.78 | 3.75 | 3.71 | 1 | 200 | 741.68 | 2.36 | 1.75 | 1.73 | 1 | 200 | 346.14 | 0 | 3.75 | | | | |
| A2 厂#3 机 | 3.63 | 3.75 | 3.61 | 1 | 200 | 722.98 | 1.12 | 0.67 | 0.60 | 1 | 200 | 120.86 | 0 | 3.75 | | | | |
| A7 厂#2 机 | 0 | 0 | 0 | | 0 | 0 | 0 | 0 | 0 | | 0 | 0 | | | | | | |
| A7 厂#3 机 | 0 | 0 | 0 | | 0 | 0 | 0 | 0 | 0 | | 0 | 0 | | | | | | |
| A13 厂#3 机 | 0 | 0 | 0 | | 0 | 0 | 0 | 0 | 0 | | 0 | 0 | 0.06 | | | | | |
| A13 厂#4 机 | 0 | 0 | 0 | | 0 | 0 | 0 | 0 | 0 | | 0 | 0 | | | | | | |
| A16 厂#1 机 | 0.04 | 7.50 | 0.04 | 1 | 200 | 7.92 | 0 | 0 | 0 | | 0 | 0 | 0.45 | | | | | |
| A17 厂#1 机 | 0 | 0 | 0 | | 0 | 0 | 0 | 0 | 0 | | 0 | 0 | 0.45 | 1.70 | | | | |
| A9 厂#4 机 | 0.01 | 3.75 | 0.01 | 1 | 200 | 1.08 | 0 | 0 | 0 | | 0 | 0 | 0.01 | | | | | |
| A10 厂#1 机 | 0 | 0 | 0 | | 0 | 0 | 0 | 0 | 0 | | 0 | 0 | 0.17 | 1.50 | | | | 0.08 |
| A10 厂#2 机 | 0 | 0 | 0 | | 0 | 0 | 0 | 0 | 0 | | 0 | 0 | 0.05 | | | | | |
| A11 厂#3 机 | 0 | 0 | 0 | | 0 | 0 | 0 | 0 | 0 | | 0 | 0 | | | | | | |
| A18 厂#2 机 | 3.26 | 3.88 | 3.26 | 1 | 200 | 651.98 | 0 | 0 | 0 | | 0 | 0 | 0.32 | 1.55 | 0.13 | 1 | 200 | 26 |
| A19 厂#1 机 | 3.10 | 3.88 | 3.10 | 1 | 200 | 619.92 | 0 | 0 | 0 | | 0 | 0 | 0.37 | 1.55 | 0.15 | 1 | 200 | 30 |

表 7-12　T13、T20、T93 三个交易时段抽水蓄能电站及储能电站服务费

单位：MWh，元/MWh

| 电厂类型 | T13 交易时段 | | | T20 交易时段 | | | T93 交易时段 | | |
|---|---|---|---|---|---|---|---|---|---|
| | 调峰电量 | 报价 | 服务费 | 调峰电量 | 报价 | 服务费 | 调峰电量 | 报价 | 服务费 |
| 抽水蓄能电站 | 37.12 | 120 | 4454.1 | 30.52 | 120 | 3662.7 | 0 | — | 0 |
| 储能电站 | 0 | — | 0 | 14.06 | 200 | 2812 | 0 | — | 0 |

图 7-6 为 T13、T20、T93 三个交易时段火电厂、抽水蓄能电厂、储能电厂调峰服务费的分布的情况。

由表 7-11、表 7-12 及图 7-6 分析可知，T13 交易时段，抽水蓄能电厂调峰电量约为火电调峰电量的 1.5 倍，但其服务费价格相差甚小。T20 交易时段，抽水蓄能电厂调峰电量约为火电调峰电量的 12 倍，但服务费只高出约 7 倍。由此可见，调峰辅助服务从经济效益的角度考虑，优先选择报价更低的抽水蓄能电站进行调度，剩余的偏差需求则再根据规则按序调用火电机组。此外，从电网运行安全角度考虑，随着负荷峰谷差拉大及新能源大规模接入，系统调峰需求逐渐扩大。如全由火电承担调峰任务，会增加系统安全隐患，并降低发电设备运行效率。利用抽水蓄能电站调峰，能够减轻其他电源的

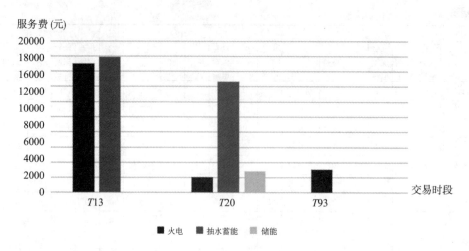

**图 7-6 $T13$、$T20$、$T93$ 三个交易时段各电厂总服务费分布情况**

调峰压力，提升系统效率。

## 7.1.2 深度调峰辅助服务费用分摊

根据公式（4-5）和公式（4-6），可得到各电厂的分摊费用。总分摊费为 50.57 万元，其中火电总分摊为 35.65 万元（占比 70.5%，度电分摊费用为 0.002 元/千瓦时），其他水电总分摊 5.97 万元（占比 11.81%，度电分摊费用为 0.002 元/千瓦时），风电分摊 3.63 万元（占比 7.18%，度电分摊费用为 0.005 元/千瓦时），不完全季节总分摊为 3.75 万元（占比 7.42%，度电分摊费用为 0.001 元/千瓦时），省调生物质总分摊为 1.56 万元（占比 3.08%，度电分摊费用为 0.002 元/千瓦时），省调光伏总分摊费 0 万元（占比 0%，度电分摊费用为 0 元/千瓦时），将数据统计如图 7-7。

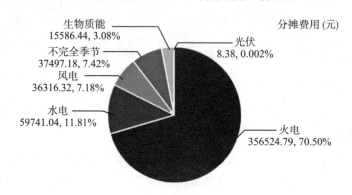

**图 7-7 总分摊服务费占比**

图 7-8、图 7-9、图 7-10 为 $T13$、$T20$、$T93$ 三个交易时段火电厂、抽水蓄能电厂、储能电厂调峰服务分摊费的分布的情况。

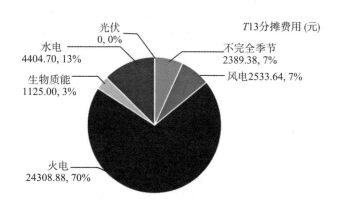

图 7-8    *T*13 分摊服务费占比

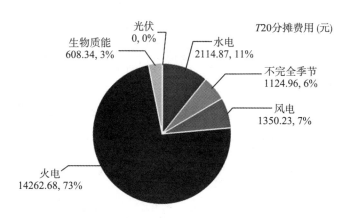

图 7-9    *T*20 分摊服务费占比

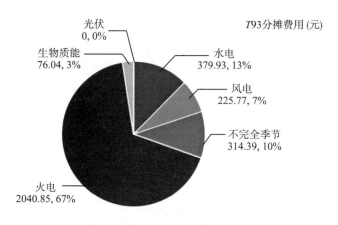

图 7-10    *T*93 分摊服务费占比

不妨在不同类型电场中选取若干个机组，计算其在 $T13$、$T20$、$T93$ 三个交易时段的分摊费。机组的名称、装机容量及该时段上网电量如表 7-13 所示。

表 7-13 *T13*、*T20*、*T93* 交易时段上网电量 单位：MWh

| 电厂类型 | 机组名称 | 装机容量 | 上网电量 | | |
|---|---|---|---|---|---|
| | | | *T13* | *T20* | *T93* |
| 火电 | A5 厂♯2 机 | 300 | 33.450 | 35.925 | 36.033 |
| | A3 厂♯2 机 | 360 | 40.407 | 42.921 | 42.487 |
| | A6 厂♯1 机 | 600 | 67.351 | 72.008 | 72.682 |
| | A6 厂♯2 机 | 660 | 74.839 | 78.648 | 77.868 |
| 水电 | D1 厂 | | 4.588 | 4.611 | 4.588 |
| | D2 厂 | | 10.934 | 10.477 | 3.887 |
| | D3 厂 | | 4.150 | 4.229 | 4.538 |
| 风电 | M1 厂 | | 0.539 | 2.288 | 1.764 |
| | M2 厂 | | 1.224 | 1.845 | 3.443 |
| | M3 厂 | | 3.057 | 1.817 | 2.337 |
| 不完全季 | F1 厂♯1 机 | | 0.494 | 0.492 | 0.807 |
| | F2 厂♯5 机 | | 6.534 | 6.568 | 6.546 |
| | F3 厂♯3 机 | | 39.047 | 44.316 | 11.267 |
| 生物质能 | K1 厂 | | 6.424 | 6.310 | 5.782 |
| | K2 厂 | | 3.745 | 2.400 | 2.590 |
| | K3 厂 | | 6.573 | 6.420 | 6.628 |

根据公式可计算出各电厂不同时段的分摊费如表 7-14 所示。

表 7-14 *T13*、*T20*、*T93* 交易时段部分机组分摊费用 单位：元

| 电厂类型 | 机组名称 | 分摊费 | | |
|---|---|---|---|---|
| | | *T13* | *T20* | *T93* |
| 火电 | A5 厂♯2 机 | 554.461 | 329.066 | 41.573 |
| | A3 厂♯2 机 | 669.767 | 393.272 | 48.677 |
| | A6 厂♯1 机 | 116.391 | 659.185 | 83.804 |
| | A6 厂♯2 机 | 1240.536 | 721.354 | 89.609 |
| 水电 | D1 厂 | 76.054 | 42.501 | 5.315 |
| | D2 厂 | 181.242 | 96.963 | 4.501 |
| | D3 厂 | 68.801 | 38.966 | 5.255 |

续表

| 电厂类型 | 机组名称 | 分摊费 | | |
|---|---|---|---|---|
| | | $T13$ | $T20$ | $T93$ |
| 风电 | M1 厂 | 13.416 | 31.614 | 3.006 |
| | M2 厂 | 30.447 | 25.588 | 6.068 |
| | M3 厂 | 76.020 | 25.178 | 4.067 |
| 不完全季 | F1 厂#1 机 | 4.096 | 2.265 | 0.467 |
| | F2 厂#5 机 | 54.156 | 30.278 | 3.785 |
| | F3 厂#3 机 | 323.654 | 204.124 | 6.519 |
| 生物质能 | K1 厂 | 106.493 | 58.264 | 6.633 |
| | K2 厂 | 62.070 | 22.207 | 3.000 |
| | K3 厂 | 108.957 | 59.033 | 7.662 |

通过数据分析可知，装机容量大的机组上网电量会高于装机容量小的机组，且分摊的服务费更多。在深度调峰时，火电机组仍然承担了大部分的发电任务，其次是不完全季和风电。同时火电机组在调峰力度不同时，其上网电量变化不大，原因在于调峰力度较大时，会先调用抽水蓄能进行调峰，其次才调用火电。

## 7.2 启停调峰辅助服务费用分摊案例

省调在日前或者日内进行负荷预测和计算负备用，当预计湖南电网负备用不足，且深度调峰市场无法满足电网调峰需求，此时则需要启停调峰服务来满足剩余的偏差需求。图 7-11 为某日启动启停调峰交易时总调峰电力曲线变化。

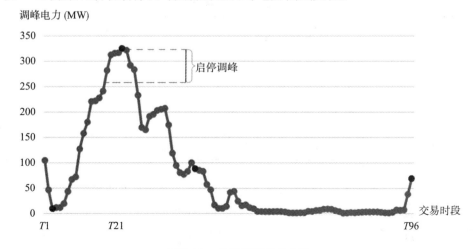

图 7-11  启停调峰需求曲线

从图分析得知在该日 $T21$ 交易时段，调峰力度较大，此时深度调峰已经无法满足电网调峰需求，电厂进行启停调峰服务，该日参与的启停调峰服务的火电机组总计 7 台，机组的名称及装机容量如表 7-15 所示。

表 7-15　启停机组装机容量　　　　　　　　单位：MW

| 电厂名称 | D1厂#2机 | D2厂#1机 | D3厂#4机 | D4厂#2机 | D5厂#3机 | D6厂#4机 | D7厂#1机 |
|---|---|---|---|---|---|---|---|
| 装机容量 | 300 | 300 | 300 | 360 | 600 | 630 | 660 |

## 7.2.1　启停调峰服务的申报出清

参与启停调峰服务的机组在日前的报价按价格从低到高排序如表 7-16 所示：

表 7-16　启停机组申报价格排序　单位：MW，万元/台次，小时

| 电厂名称 | 负荷率 | 报价 | 启停最小间隔时间 | 停机最小时间 | 开机最小时间 |
|---|---|---|---|---|---|
| D1厂#2机 | 0.72 | 70 | 7 | 1 | 2 |
| D4厂#2机 | 0.62 | 70 | 7 | 2 | 2 |
| D3厂#4机 | 0.6 | 70 | 9 | 4 | 5 |
| D2厂#1机 | 0.6 | 80 | 7 | 2 | 6 |
| D5厂#3机 | 0.53 | 100 | 8 | 2 | 2 |
| D6厂#4机 | 0.52 | 110 | 8 | 3 | 7 |
| D7厂#1机 | 0.61 | 110 | 16 | 4 | 14 |

假设实际调用需要在 8 小时之内完成启停容量 600MW，那么实际调用顺序如表 7-17所示。

表 7-17　启停机组调用顺序　　单位：MW，万元/台次，小时

| 电厂名称 | 负荷率 | 报价 | 启停最小间隔时间 | 停机最小时间 | 开机最小时间 |
|---|---|---|---|---|---|
| D1厂#2机 | 0.72 | 70 | 7 | 1 | 2 |
| D4厂#2机 | 0.62 | 70 | 7 | 2 | 2 |
| D2厂#1机 | 0.6 | 85 | 7 | 2 | 6 |
| D5厂#3机 | 0.53 | 100 | 8 | 2 | 2 |
| D6厂#4机 | 0.52 | 110 | 8 | 3 | 7 |

现按照价格排序表 7-16 和偏差需求，选择调用机组 D1厂#2机、D4厂#2机、和 D2厂#1机，根据公式 4-7 计算得出其总服务费为 225 万元。同时调用机组 D5厂#3机、D6厂#4机也能够满足需求，且总服务费为 210 万元。与深度调峰辅助服务不同的是，启停调峰不需要按序调用，而是在满足偏差需求时的基础上，以总服务费最低为

原则按需调用。因此 D5 厂 ♯3 机、D6 厂 ♯4 为最优出清队列。

### 7.2.2 启停调峰服务费用分摊

该日启停时间对应时段内所有参与分摊主体上网电量为 476723MWh，总服务费为 210 万元。根据公式 4-8 计算分析，可得到各电厂的分摊费用。其中，火电分摊费用为 143.43 万元，占总分摊费的 68.3％；不完全季分摊费用为 16.485 万元，占总分摊费的 7.85％；风电分摊费用为 15.582 万元，占总分摊费的 7.42％；水电分摊费用为 28.434 万元，占总分摊费的 13.54％，生物质能分摊费用为 6.069 万元，占总分摊费的 2.89％。图 7-12 为启停调峰分摊费占比。

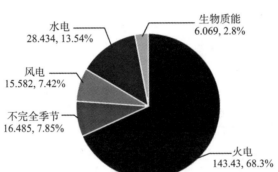

图 7-12　启停调峰分摊费占比

## 7.3　旋转备用服务费用分摊案例

### 7.3.1　旋转备用服务的申报出清

假设某日祁韶直流腰荷为 3875MW，湖南省腰荷约为 20769MW。直流约占 18.66％。祁韶直流所需旋转备用为 1328.35MW，全网所需旋转备用为 7119.6132MW，机组参与申报数据如表 7-18 所示。

表 7-18  旋转备用机组申报数据  单位：MW，Mvar，元/MWh

| 机组类型 | 电厂名称 | 机组容量 | 火电报价 | 最大可调出力 | 是否规定机组 |
|---|---|---|---|---|---|
| 火电 | E1 厂#5 机 | 600 | 40 | 600 | 是 |
| | E2 厂#2 机 | 300 | 38 | 300 | 是 |
| | E3 厂#2 机 | 360 | 36 | 360 | |
| | E4 厂#2 机 | 300 | 35 | 300 | 是 |
| | E5 厂#3 机 | 300 | 39 | 300 | 是 |
| | E6 厂#4 机 | 300 | 39 | 300 | |
| | E7 厂#3 机 | 310 | 37 | 310 | 是 |
| | E8 厂#4 机 | 310 | 37 | 310 | |
| 调相机 | T1 厂#1 机 | 300 | | 可调 | |
| | T2 厂#2 机 | | | 可调 | |
| 水电 | S1 厂 | 300 | | 270 | 是 |
| | S2 厂 | | | 545 | |
| | S3 厂 | | | 515 | |

表 7-19 按照价格从低到高排序进行出清。按照规则调相机优先调用，不参与排序。

表 7-19  旋转备用机组申报价格排序

单位：MW，Mvar，元/MWh，小时

| 电厂名称 | 机组类型 | 最大可调出力 | 实际出力 | 贡献量 | 报价 | 服务时间 |
|---|---|---|---|---|---|---|
| T1 厂#1 机 | 调相机 | 可调 | | | | 24 |
| T2 厂#2 机 | 调相机 | 可调 | | | | 24 |
| E4 厂#2 机 | 火电 | 300 | 168 | 132 | 35 | 24 |
| E3 厂#2 机 | 火电 | 360 | 216 | 144 | 36 | 24 |
| E7 厂#3 机 | 火电 | 310 | 125.27 | 184.73 | 37 | 24 |
| E8 厂#4 机 | 火电 | 310 | 79.03 | 230.97 | 37 | 24 |
| E2 厂#2 机 | 火电 | 300 | 168 | 132 | 38 | 24 |
| E5 厂#3 机 | 火电 | 300 | 189 | 111 | 39 | 24 |
| E6 厂#4 机 | 火电 | 300 | 261 | 39 | 39 | 24 |
| E1 厂#5 机 | 火电 | 600 | 420 | 180 | 40 | 24 |
| S1 厂 | 水电 | 270 | | 270 | | 24 |
| S2 厂 | 水电 | 545 | | 545 | | 24 |
| S3 厂 | 水电 | 515 | | 515 | | 24 |

### 7.3.2 旋转备用服务的服务费计算

案例一，假设祁韶直流所需旋转备用为 1000MW。

此时省调要求机组满足祁韶直流所需旋备，无须其他火电报价机组参与。按价格从小到大排序，取满足祁韶直流所需旋备的最后一个机组报价为出清价。实际电厂调用情况如表 7-20 所示。

表 7-20 电厂实际调用情况

单位：MW，Mvar，元/MWh，小时

| 电厂名称 | 机组类型 | 最大可调出力 | 实际出力 | 贡献量 | 报价 | 服务时间 | 说明 |
|---|---|---|---|---|---|---|---|
| T1 厂♯1 机 | 调相机 | 可调 | | | | 24 | |
| T2 厂♯2 机 | 调相机 | 可调 | | | | 24 | |
| E4 厂♯2 机 | 火电 | 300 | 168 | 132 | 35 | 24 | 要求 |
| E7 厂♯3 机 | 火电 | 310 | 125.27 | 184.73 | 37 | 24 | 要求 |
| E2 厂♯2 机 | 火电 | 300 | 168 | 132 | 38 | 24 | 要求 |
| E5 厂♯3 机 | 火电 | 300 | 189 | 111 | 39 | 24 | 要求 |
| E1 厂♯5 机 | 火电 | 600 | 420 | 180 | 40 | 24 | 要求 |
| S1 厂 | 水电 | 270 | | 270 | | 24 | 要求 |
| 合计 | | 2080 | 1070.27 | 1009.73 | | | 满足 |

根据表格中的统计数据和公式 4-11 计算得出，出清调用的总旋转电量为 24233.52MW，且此次交易的出清价为 40 元/MWh。假设规定机组的规定容量与实际容量相同，则根据公式（4-13）、（4-14）、（4-15）计算可得，该日旋转备用总服务费为 85.852 万元。其中，火电总服务费用为 71.014 万元，占总服务费的 83%；调相机总服务费为 7.062 万元，占总服务费的 %；水电总费用 7.776 万元，占总服务费的 9%。将数据统计为图 7-13。

案例二，假设祁韶直流所需旋转备用为 1328.35MW。

此时省调要求机组不满足祁韶直流所需旋备，在其他火电报价机组参与后能够满足祁韶直流所需旋备。先将要求机组进行调用，剩余部分从其他火电报价机组申报的价格从小到大排序，取满足祁韶直流所需旋备的最后一个机组报价为出清价。实际电厂调用情况如表 7-21 所示。

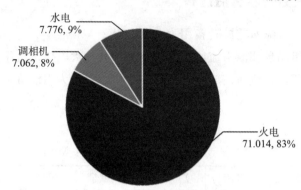

图 7-13　旋转备用服务费占比

表 7-21　机组实际调用情况

单位：MW，Mvar，元/MWh，小时

| 电厂名称 | 机组类型 | 最大可调出力 | 实际出力 | 贡献量 | 报价 | 服务时间 | 说明 |
|---|---|---|---|---|---|---|---|
| T1 厂♯1 机 | 调相机 | 可调 | | | | 24 | |
| T2 厂♯2 机 | 调相机 | 可调 | | | | 24 | |
| E4 厂♯2 机 | 火电 | 300 | 168 | 132 | 35 | 24 | 要求 |
| E7 厂♯3 机 | 火电 | 310 | 125.27 | 184.73 | 37 | 24 | 要求 |
| E2 厂♯2 机 | 火电 | 300 | 168 | 132 | 38 | 24 | 要求 |
| E5 厂♯3 机 | 火电 | 300 | 189 | 111 | 39 | 24 | 要求 |
| E1 厂♯5 机 | 火电 | 600 | 420 | 180 | 40 | 24 | 要求 |
| S1 厂 | 水电 | 270 | | 270 | | 24 | 要求 |
| | | 2080 | | 1009.73 | | | 不足 |
| E8 厂♯2 机 | 火电 | 360 | 216 | 144 | 36 | 24 | |
| E9 厂♯4 机 | 火电 | 310 | 79.03 | 230.97 | 37 | 24 | |
| 合计 | | 2750 | 1365.3 | 1384.7 | | | 满足 |

　　根据表格中的统计数据和公式 4-11 计算得出，出清调用的总旋转电量为 33232.8MW，且此次交易的出清价为 37 元/MWh。假设规定机组的规定容量与实际容量相同，则根据公式（4-13）、公式（4-14）、公式（4-15）计算可得，该日旋转备用总服务费为 113.358 万元。其中，火电总服务费用为 98.985 万元，占总服务费的 87%；调相机总服务费为 7.181 万元，占总服务费的 6%；水电总费用 7.192 万元，占总服务费的 7%。将数据统计为图 7-14。

　　案例三，假设祁韶直流所需旋转备用为 1928.35MW。

　　此时省调要求机组和其他火电报价机组不满足祁韶直流所需旋备，在水电报价机组

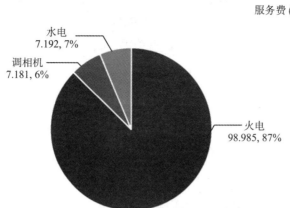

服务费 (万元)

水电
7.192, 7%

调相机
7.181, 6%

火电
98.985, 87%

图 7-14 旋转备用服务费占比

参与后能够满足祁韶直流所需旋备。先将要求机组和其他火电报价机组进行调用，剩余部分从水电报价机组中调用，取排序后的最后一个火电机组报价为出清价。实际电厂调用情况如表 7-22 所示。

表 7-22 机组实际调用情况

单位：MW，Mvar，元/MWh，小时

| 电厂名称 | 机组类型 | 最大可调出力 | 实际出力 | 贡献量 | 报价 | 服务时间 | 说明 |
|---|---|---|---|---|---|---|---|
| T1 厂♯1 机 | 调相机 | 可调 | | | | 24 | |
| T2 厂♯2 机 | 调相机 | 可调 | | | | 24 | |
| E4 厂♯2 机 | 火电 | 300 | 168 | 132 | 35 | 24 | 要求 |
| E7 厂♯3 机 | 火电 | 310 | 125.27 | 184.73 | 37 | 24 | 要求 |
| E2 厂♯2 机 | 火电 | 300 | 168 | 132 | 38 | 24 | 要求 |
| E5 厂♯3 机 | 火电 | 300 | 189 | 111 | 39 | 24 | 要求 |
| E1 厂♯5 机 | 火电 | 600 | 420 | 180 | 40 | 24 | 要求 |
| S1 厂 | 水电 | 270 | | 270 | | 24 | 要求 |
| | | 2080 | | 1009.73 | | | 不足 |
| E8 厂♯2 机 | 火电 | 360 | 216 | 144 | 36 | 24 | |
| E9 厂♯4 机 | 火电 | 310 | 79.03 | 230.97 | 37 | 24 | |
| E9 厂♯6 机 | 火电 | 300 | 261 | 39 | 39 | 24 | |
| S5 厂 | 水电 | 545 | | 545 | | 24 | |
| 合计 | | 2750 | | 1968.7 | | | 满足 |

根据表格中的统计数据和公式 4-11 计算得出，出清调用的总旋转电量为 47248.8MW，且此次交易的出清价为 39 元/MWh。假设规定机组的规定容量与实际容

量相同，则根据公式（4-13）、公式（4-14）、公式（4-15）计算可得，该日旋转备用总服务费为 141.165 万元。其中，火电总服务费用为 107.986 万元，占总服务费的 82.71％；调相机总服务费为 10.294 万元，占总服务费的 8.2％；水电总费用 22.885 万元，占总服务费的 9.09％。将数据统计为图 7-15。

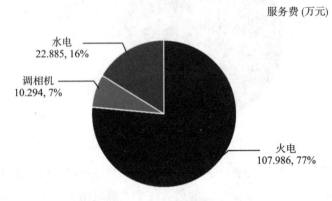

图 7-15　旋转备用服务费占比

# 7.4　短时紧急调峰辅助服务费用分摊案例

## 7.4.1　短时紧急服务的申报出清

假设省调依据负荷预测、开机方式等电网运行情况确定当日所需的紧急短时调峰容量和时间要求如表 7-23。

表 7-23　短时紧急调峰需求　　　　　　　　　　　　单位：MW

| 时刻 | 00：15 | 00：30 | 00：45 | 01：00 | 01：15 | 01：30 | 01：45 | 02：00 | 02：15 | 02：30 | 02：45 | 03：00 | 03：15 | 03：30 | 03：45 | 04：00 |
|---|---|---|---|---|---|---|---|---|---|---|---|---|---|---|---|---|
| 容量需求 | 0 | 0 | 0 | 0 | 0 | 0 | 0 | 0 | 0 | 0 | 0 | 0 | 0 | 0 | 0 | 0 |
| 时刻 | 04：15 | 04：30 | 04：45 | 05：00 | 05：15 | 05：30 | 05：45 | 06：00 | 06：15 | 06：30 | 06：45 | 07：00 | 07：15 | 07：30 | 07：45 | 08：00 |
| 容量需求 | 0 | 0 | 0 | 0 | 0 | 0 | 0 | 0 | 0 | 0 | 0 | 0 | 0 | 0 | 0 | 0 |
| 时刻 | 08：15 | 08：30 | 08：45 | 09：00 | 09：15 | 09：30 | 09：45 | 10：00 | 10：15 | 10：30 | 10：45 | 11：00 | 11：15 | 11：30 | 11：45 | 12：00 |
| 容量需求 | 0 | 0 | 0 | 0 | 0 | 0 | 0 | 150 | 150 | 150 | 120 | 120 | 120 | 100 | 100 |
| 时刻 | 12：15 | 12：30 | 12：45 | 13：00 | 13：15 | 13：30 | 13：45 | 14：00 | 14：15 | 14：30 | 14：45 | 15：00 | 15：15 | 15：30 | 15：45 | 16：00 |
| 容量需求 | 0 | 0 | 0 | 0 | 0 | 0 | 0 | 0 | 0 | 0 | 0 | 0 | 0 | 0 | 0 | 0 |
| 时刻 | 16：15 | 16：30 | 16：45 | 17：00 | 17：15 | 17：30 | 17：45 | 18：00 | 18：15 | 18：30 | 18：45 | 19：00 | 19：15 | 19：30 | 19：45 | 20：00 |
| 容量需求 | 0 | 0 | 0 | 0 | 0 | 0 | 0 | 0 | 0 | 0 | 0 | 0 | 0 | 0 | 0 | 100 |
| 时刻 | 20：15 | 20：30 | 20：45 | 21：00 | 21：15 | 21：30 | 21：45 | 22：00 | 22：15 | 22：30 | 22：45 | 23：00 | 23：15 | 23：30 | 23：45 | 24：00 |
| 容量需求 | 100 | 110 | 110 | 120 | 120 | 110 | 110 | 100 | 0 | 0 | 0 | 0 | 0 | 0 | 0 | 0 |

由表可见，交易当天会有两个高峰时段，第一高峰从 10：00 开始，到 12：00 结束（需调用时长为 120min），第二高峰时段从 19：45 开始，至 22：00 结束（需调用时长

为135min）。在这两个时段内预计湖南电网系统备用容量小于3%，需要启动紧急调峰市场。

申报数据如表7-24所示，考虑到储能电站的放电不稳定性，特设置一个最大可供功率和一个最小可供功率，调用时的增供有功功率使用平均值作为可供功率；而可中断负荷用户则视为与最大、最小、切除有功功率一致。

表 7-24　短时紧急服务机组申报数据

单位：MW，元/MWh，分钟

| 厂站名称/<br>用户名称 | 功率类型 | 最大功率 | 最小功率 | 有功功率 | 持续时间<br>（min） | 价格上限 | 申报价格 |
|---|---|---|---|---|---|---|---|
| 榔梨 | 增供功率 | 24 | 20 | 22 | 120 | 550 | 540 |
| 延农 | 增供功率 | 10 | 10 | 10 | 60 | 450 | 430 |
| 芙蓉 | 增供功率 | 26 | 24 | 25 | 120 | 550 | 540 |
| 储能Ⅰ | 增供功率 | 20 | 18 | 19 | 75 | 550 | 530 |
| 储能Ⅱ | 增供功率 | 35 | 33 | 34 | 150 | 600 | 590 |
| 储能Ⅲ | 增供功率 | 22 | 20 | 21 | 45 | 500 | 480 |
| 用户 A | 切除功率 | 65 | 65 | 65 | 120 | 160 | 158 |
| 用户 B | 切除功率 | 32 | 32 | 32 | 135 | 120 | 116 |
| 用户 C | 切除功率 | 20 | 20 | 20 | 90 | 100 | 95 |
| 用户 D | 切除功率 | 50 | 50 | 50 | 75 | 140 | 130 |

其中，用户 B 考虑到自身生产的需要，在注册时签署可停电协议，规定可调用时间段为 00：00～21：00，其余时段不许调用。将价格从低到高排序后的顺序如表7-25所示。

表 7-25　机组申报价格排序

单位：MW，分钟，MWH，元/MWh

| 厂站名称/<br>用户名称 | 功率类型 | 最大功率 | 最小功率 | 有功功率 | 持续时间<br>（min） | 申报电量 | 价格上限 | 申报价格 |
|---|---|---|---|---|---|---|---|---|
| 延农 | 增供功率 | 10 | 10 | 10 | 60 | 10 | 450 | 430 |
| 储能Ⅲ | 增供功率 | 22 | 20 | 21 | 45 | 15.75 | 500 | 480 |
| 储能Ⅰ | 增供功率 | 20 | 18 | 19 | 75 | 23.75 | 550 | 530 |
| 榔梨 | 增供功率 | 24 | 20 | 22 | 120 | 44 | 550 | 540 |
| 芙蓉 | 增供功率 | 26 | 24 | 25 | 120 | 50 | 550 | 540 |
| 储能Ⅱ | 增供功率 | 35 | 33 | 34 | 150 | 85 | 600 | 590 |

续表

| 厂站名称/<br>用户名称 | 功率类型 | 最大功率 | 最小功率 | 有功功率 | 持续时间<br>（min） | 申报电量 | 价格上限 | 申报价格 |
|---|---|---|---|---|---|---|---|---|
| 用户 C | 切除功率 | 20 | 20 | 20 | 90 | 30 | 100 | 95 |
| 用户 B | 切除功率 | 32 | 32 | 32 | 135 | 72 | 120 | 116 |
| 用户 D | 切除功率 | 50 | 50 | 50 | 75 | 62.5 | 140 | 130 |
| 用户 A | 切除功率 | 65 | 65 | 65 | 120 | 130 | 160 | 158 |

第一调用时段为 10：00～12：00，各时段调用情况如表 7-26。

表 7-26　机组第一次实际调用情况

单位：MW，元/MWh，min，MWH

| 市场主体 | 时刻 | 10：15 | 10：30 | 10：45 | 11：00 | 11：15 | 11：30 | 11：45 | 12：00 | 申报功率 | 申报价格 | 持续时长 | 申报电量 | 已用电量 | 剩余电量 |
|---|---|---|---|---|---|---|---|---|---|---|---|---|---|---|---|
| | 容量需求 | 150 | 150 | 150 | 120 | 120 | 120 | 100 | 100 | | | | | | |
| 延农 | | 10 | 10 | 10 | 10 | | | | | 10 | 430 | 60 | 10 | 10 | 0 |
| 储能Ⅲ | | 21 | 21 | 21 | | | | | | 21 | 480 | 45 | 15.75 | 15.75 | 0 |
| 储能Ⅰ | | 19 | 19 | 19 | 19 | 19 | | | | 19 | 530 | 75 | 23.75 | 23.75 | 0 |
| 椰梨 | | 22 | 22 | 22 | 22 | 22 | 22 | 22 | 22 | 22 | 540 | 120 | 44 | 44 | 0 |
| 芙蓉 | | 25 | 25 | 25 | 25 | 25 | 25 | 25 | 25 | 25 | 540 | 120 | 50 | 50 | 0 |
| 储能Ⅱ | | 34 | 34 | 34 | 34 | 34 | 34 | 34 | 34 | 34 | 590 | 150 | 85 | 68 | 17 |
| 用户 C | | 20 | 20 | 20 | 20 | 20 | 20 | | | 20 | 95 | 90 | 30 | 30 | 0 |
| 用户 B | | | | | | 20 | 20 | 20 | | 32 | 116 | 135 | 72 | 15 | 57 |
| 调用区间<br>（±10MW） | 最大值 | 160 | 160 | 160 | 130 | 130 | 130 | 110 | 110 | | | | | | |
| | 最小值 | 140 | 140 | 140 | 110 | 110 | 110 | 90 | 90 | | | | | | |
| 实际调用功率 | | 151 | 151 | 151 | 130 | 120 | 121 | 101 | 101 | | | | | | |

前一时段未中标或中标未调用完的，自动滚动进入下一时段竞标，可用电量为上一时段剩余，价格沿用上一时段申报价格。第一轮调用中储能Ⅱ、用户 B 均未全部调用完，滚动进入第二次高峰，和其他未调用的市场主体一起重新排序调用。表 7-27 为整理第二轮实际可调用机组情况。

表 7-27　第二轮可调用机组情况

单位：MW，分钟，MWH，元/MWh

| 厂站名称/<br>用户名称 | 功率类型 | 最大<br>功率 | 最小<br>功率 | 有功<br>功率 | 持续<br>时间 | 可用<br>电量 | 价格<br>上限 | 申报<br>价格 |
|---|---|---|---|---|---|---|---|---|
| 储能Ⅱ | 增供功率 | 35 | 33 | 34 | 150 | 17 | 600 | 590 |

续表

| 厂站名称/用户名称 | 功率类型 | 最大功率 | 最小功率 | 有功功率 | 持续时间 | 可用电量 | 价格上限 | 申报价格 |
|---|---|---|---|---|---|---|---|---|
| 用户 B | 切除功率 | 32 | 32 | 32 | 135 | 57 | 100 | 95 |
| 用户 D | 切除功率 | 50 | 50 | 50 | 75 | 62.5 | 140 | 130 |
| 用户 A | 切除功率 | 65 | 65 | 65 | 120 | 130 | 160 | 158 |

第二调用时段为 19：45～22：00，用户 B 在注册时签署可停电协议，规定可调用时间段为 00：00～21：00，所以需要将 21：00 及之后的其余调用时段的值进行校正调整，各时段调用情况如表 7-28。

表 7-28　机组第二次实际调用情况

单位：MW，元/MWh，分钟

| 市场主体 | 时刻 | 20：00 | 20：15 | 20：30 | 20：45 | 21：00 | 21：15 | 21：30 | 21：45 | 22：00 | 申报功率 | 申报价格 | 持续时长 | 可用电量 | 已用电量 | 剩余电量 |
|---|---|---|---|---|---|---|---|---|---|---|---|---|---|---|---|---|
| | 容量需求 | 100 | 100 | 110 | 110 | 120 | 120 | 110 | 110 | 100 | | | | | | |
| 储能Ⅱ | | 34 | 34 | | | | | | | | 34 | 590 | 150 | 85 | 85 | 0 |
| 用户 B | | 32 | 32 | 32 | 32 | 0 | 0 | 0 | | | 32 | 95 | 135 | 72 | .47 | 25 |
| 用户 D | | 40 | 40 | 50 | 50 | 50 | 20 | | | | 50 | 130 | 75 | 62.5 | 62.5 | 0 |
| 用户 A | | | | 30 | 30 | 65 | 65 | 65 | 65 | 65 | 65 | 158 | 120 | 130 | 96.25 | 33.75 |
| 调用区间(±10MW) | 最大值 | 110 | 110 | 120 | 120 | 130 | 130 | 120 | 120 | 110 | | | | | | |
| | 最小值 | 90 | 90 | 100 | 100 | 110 | 110 | 100 | 100 | 90 | | | | | | |
| 实际调用功率 | | 106 | 106 | 112 | 112 | 115 | 85 | 65 | 65 | 65 | | | | | | |

由出清结果可知，每一个时段的实际调用和容量需求并不一定完全相等，有可能溢出，有可能短缺，但需确保实际调用功率在可调用区间之内。在可调用资源不足时，可能需要启动有序用电或购买外省电力。表 7-29 为机组实际调用情况汇总。

表 7-29　机组实际调用情况汇总　单位：MW，元/MWh，分钟

| 厂站名称/用户名称 | 功率类型 | 有功功率 | 持续时间 | 申报价格 | 可供/切电量 | 实际调用电量 | 剩余电量 |
|---|---|---|---|---|---|---|---|
| 椰梨 | 增供功率 | 22 | 120 | 640 | 44 | 44 | 0 |
| 延农 | 增供功率 | 10 | 60 | 490 | 10 | 10 | 0 |
| 芙蓉 | 增供功率 | 25 | 120 | 640 | 50 | 50 | 0 |
| 储能Ⅰ | 增供功率 | 19 | 75 | 580 | 23.75 | 23.75 | 0 |
| 储能Ⅱ | 增供功率 | 34 | 150 | 690 | 85 | 85 | 0 |
| 储能Ⅲ | 增供功率 | 21 | 45 | 540 | 15.75 | 15.75 | 0 |
| 用户 A | 切除功率 | 65 | 120 | 158 | 130 | 96.25 | 33.75 |

续表

| 厂站名称/用户名称 | 功率类型 | 有功功率 | 持续时间 | 申报价格 | 可供/切电量 | 实际调用电量 | 剩余电量 |
|---|---|---|---|---|---|---|---|
| 用户 B | 切除功率 | 32 | 135 | 116 | 72 | 47 | 25 |
| 用户 C | 切除功率 | 20 | 90 | 95 | 30 | 30 | 0 |
| 用户 D | 切除功率 | 50 | 75 | 130 | 62.5 | 62.5 | 0 |
| 合计 | | 523 | 464.25 | 58.75 | | | |

根据模拟测试，本次两个高峰时段共计需求电量 497.5MWh，所有储能电站和可中断负荷申报的可用电量和为 523MWh；实际调用电量 464.25MWh，其中，溢出调用 8MWh，需求缺口 41.25MWh，剩余 61.25MWh 无法调用，总体资源利用率为 88.77%（464.25/523），需求满足率为 91.7%（1−41.25/497.5）。21：00~22：00 这几个时段需求未能满足，其他时段需求完全满足甚至溢出。

### 7.4.2 短时紧急服务的服务费计算

根据公式（4-14）和公式（4-15），可得到总服务费用为 17.762 万元，其中储能总服务为 14.599 万元，可中断负荷用户总服务费为 3.163 万元。各电厂服务费情况如表 7-30 所示。

表 7-30 各电厂短时紧急服务费 单位：元

| 类型 | 厂站名称/用户名称 | 服务费用（元） |
|---|---|---|
| 储能电站 | 榔梨 | 28160 |
| | 延农 | 4900 |
| | 芙蓉 | 32000 |
| | 储能Ⅰ | 13775 |
| | 储能Ⅱ | 58650 |
| | 储能Ⅲ | 8505 |
| | 总计 | 145990 |
| 可中断负荷用户 | 用户 A | 15207.5 |
| | 用户 B | 5452 |
| | 用户 C | 2850 |
| | 用户 D | 8125 |
| | 总计 | 31634.5 |
| 汇总 | | 177624.5 |

# 8 电力辅助服务市场技术支持系统

## 8.1 系统开发原则要求

（1）遵循国家电网公司信息安全总体策略，满足国家电网公司信息安全要求；

（2）安全防护强度达到国家电网公司信息内网安全防护标准；

（3）安全防护等级不低于安全Ⅲ区其他业务应用系统；

（4）注重运行安全，避免造成安全风险扩散；

（5）安全管理与安全防护措施并重；

（6）遵循先进性、开放性、兼容性、安全性、保密性、稳定可靠性原则进行系统开发设计；

（7）从全局的观点来设计和规划系统的建设，采用目前先进的面向对象系统开发方案，保证整个系统结构的合理性、科学性、协调一致性；

（8）要建立各子系统、子模块间的有机联系，要有标准的数据定义和完备的交换接口，建立数据交换格式，保证系统数据交换的完整性和安全性，避免数据丢失；

（9）采用先进的空间数据管理模型，实现系统数据的有效存储，减少冗余，实现共享；进行高效空间索引，减少系统的操作时间，加快效率；

（10）保证系统的开放性、可扩展性和易维护性。

## 8.2 系统架构

### 8.2.1 系统概要设计

根据国家电力改革要求与湖南电力业务发展的需要，湖南电力辅助服务市场技术支持系统的建设，包括省内辅助服务建设和省外辅助服务建设。从业务和功能上，可以划分为电力辅助服务、信息发布、数据申报以及数据交互四大部分，如图8-1所示，主要完成对市场的管理、控制、校验、接口、存储、审批、汇总、分析等功能。这四大部分是湖南电力辅助服务市场运营的核心。

数据申报部分主要完成电厂的价格申报、能力申报、相关性能申报、交易结果查询等功能，是市场交易的主要数据源头，是系统的重要组成部分。

信息发布主要是针对公众信息、公开信息、私有信息的管理与发布，为市场主体提供可视化的信息展示和分析结果。信息发布部分是市场主体了解和掌握市场交易的窗口，对各市场主体来说至关重要。为了让市场主体更加方便快捷地了解和掌握市场信息，在项目建设规划中，设计了智能

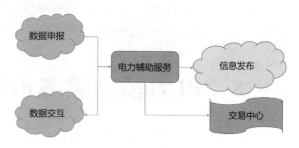

图 8-1　电力辅助服务系统功能

查询和移动查询功能。这样不管是主力火电，还是偏远小水电（或是风电等新能源电厂），都能较好地查询到市场交易和执行的情况。

湖南电力辅助服务系统涉及的业务面广，数据输入输出流复杂，而软件系统缺少了数据，就如同人体缺少了血液，无法正常运转，因此，数据交互成了项目建设的重中之重。系统数据交互涉及计划、调度、水新、设备、自动化、交易中心等各业务部门，接入输出的数据包括 AGC、OMS、EMS、负荷预测分析、发电计划、D5000、交易系统以及各地调的相关信息。

电力辅助服务部分集中管理系统的业务和数据功能，它获取生产运行、市场申报和基本数据，建立数据模型，运行规则算法，满足运行要求，及时发布市场，完成市场分析。市场主体通过交易申报模块申报深度调峰、紧急调峰、启停调峰以及旋转备用的数据，当调度实际调用形成出清结果后，将交易信息送入辅助服务系统。辅助服务系统通过管理控制和分析形成交易执行结果，并将其汇总分析形成发布信息，发布信息经审核批准后送入信息发布平台进行发布。信息发布平台通过对公众信息、公开信息以及私有信息进行大数据分析加工后，形成可视化结果展示，以供相关市场主体查看和使用，模块功能如图 8-2 所示。

| 序号 | 模块名称 | 子模块名称 |
| --- | --- | --- |
| 1 | 成员管理 | 成员管理（发电侧成员、需求侧成员、分摊成员）、信用管理、合同管理 |
| 2 | 交易申报 | 深度调峰（能力、价格）、启停调峰（能力、价格）、紧急调峰（储能申报、电力用户申报）、旋转备用（能力、价格） |
| 3 | 市场准备 | 负荷预测、电力平衡、负荷用预计、备用容量计算、能力预测、需求预测、断面管理 |
| 4 | 启动条件 | 负备用监测（深度调峰、启停调峰）、正备用监测（紧急调峰）、祁备监测（旋转备用） |
| 5 | 交易管理 | 申报审核、申报核准；功能：提供数据规范性及数据异常管理，实现提醒功能 |
| 6 | 交易出清 | 交易与运行管理（如交易出清表等）、交易量计算、服务费计算、成本分摊 |
| 7 | 交易监控 | 实际调用管理、强制调用管理、排序调整管理、参数展示（如展示出力、调峰率、可调空间等） |
| 8 | 交易结算 | 交易结算信息表可划分为年、月、日、详表等; |
| 9 | 统计分析 | 服务费用、成交电量、补偿费用、成本分摊、市场行为、违约、异议 |
| 10 | 控制管理 | 深调参数控制、启停参数控制、紧急调峰参数控制、旋转备用参数控制、行为约束 |
| 11 | 市场分析 | 市场评估、交易数据分析、市场需求分析、市场调用分析以及市场报价决策 |
| 12 | 信息审批 | 分类汇总、发布审批 |

图 8-2　系统模块功能

### 8.2.2　硬件架构设计

　　系统部署规划需要根据业务需要、用户访问分析以及数据流量等进行综合考虑。湖南电力辅助服务系统分成了多个功能部分，数据输入输出复杂，通过对业务和功能的分析，结合数据流量以及数据增长预估，考虑冗余设计。系统采用两台辅助服务应用服务器，按双机热备方式部署，用于支持系统的辅助服务主体业务运行；采用两台数据申报与出清服务器，按双机热备部署，用于支持各市场主体的业务数据申报和省调市场执行出清计算业务；采用三台信息发布服务器，做大数据架构分布式部署，用于支持湖南电力辅助服务市场运营的信息发布业务；采用服务器互为备份与热备相结合的安装部署方式，建立本系统的数据库服务器，用于支持数据的存储，并保证数据安全与系统的安全。

　　根据湖南电力调峰辅助服务系统的业务需求，系统与安全Ⅰ、安全Ⅱ有数据交互，需要物理隔离装置的正、反向开通。信息发布内容中的部分数据需向社会公布并实现移动查询，因此，为了保证网络和数据的安全，需要有物理隔断的信息发布服务器。其结构设计可采用如图 8-3 的架构模式。

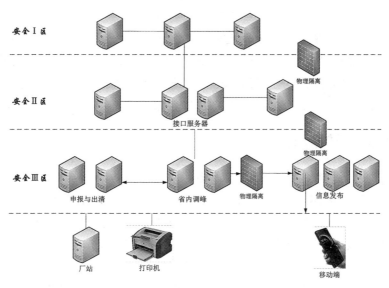

**图 8-3　系统架构模式**

## 8.3　系统开发技术

### 8.3.1　Web 中间件

　　Java 系统运行的 Web 服务器环境主要有 WebLogic、Tomcat、JBoss 等。WebLogic 在集群服务等性能上相对比较强势，而且其部署方便，且开发和使用成本较低，综合性能较优。

根据本系统的规模、业务状况及访问需求，选择 WebLogic 作为服务器平台应该是个不错的方案。WebLogic 是美国 Oracle 公司开发的一个基于 Javaee 架构的中间件，纯 Java 开发，是用于开发、集成、部署和管理大型分布式 Web 应用、网络应用和数据库应用的 Java 应用服务器。软件将 Java 的动态功能和 Java Enterprise 标准的安全性引入大型网络应用的开发、集成、部署和管理之中，完全遵循 J2EE 1.4 规范，功能强大，包括 EJB、JSP、Servlet、JMS 等等，并提供其他如 Java 编辑等工具，是一个综合的开发及运行环境。

### 8.3.2 数据软件平台

达梦数据库管理系统是达梦公司推出的具有完全自主知识产权的高性能数据库管理系统，简称 DM。达梦数据库管理系统 7.0 版本，简称 DM7。

DM7 是达梦公司在总结 DM 系列产品研发与应用经验的基础之上设计的新一代数据库产品，吸收了主流数据库产品的优点。众多的企业级特性的实现使得 DM7 完全能够满足大、中型企业以及金融、电信等核心业务系统的需要，是理想的企业级数据管理和分析平台。

2012 年，DM7 顺利通过公安部信息安全产品检测中心、公安部计算机信息系统安全产品质量监督检验中心安全四级认证。2013 年，DM7 通过国家安全测评中心 EAL4 级审核，并于 2017 年通过国家网络与信息系统安全产品质量监督检验中心的安全评估保证级 4 增强级（EAL4＋），达到了目前国产数据库最高安全级别。

### 8.3.3 前端技术的应用

（1）ExtJS 可以用来开发 RIA 也即富客户端的 AJAX 应用，是一个用 JavaScript 写的，主要用于创建前端用户界面，是一个与后台技术无关的前端 ajax 框架。因此，可以把 ExtJS 用在 .Net、Java、Php 等各种开发语言开发的应用中。ExtJS 最开始基于 YUI 技术，由开发人员 JackSlocum 开发，通过参考 JavaSwing 等机制来组织可视化组件，无论从 UI 界面上 CSS 样式的应用，到数据解析上的异常处理，都可算是一款不可多得的 JavaScript 客户端技术的精品。ExtJS 的 UI 组件模型和开发理念脱胎、成型于 Yahoo 组件库 YUI 和 Java 平台上 Swing 两者，并为开发者屏蔽了大量跨浏览器方面的处理。相对来说，ExtJS 要比开发者直接针对 DOM、W3C 对象模型开发 UI 组件轻松。

（2）Highcharts 是一个用纯 JavaScript 编写的一个图表库。能够很简单便捷地在 Web 网站或是 Web 应用程序添加有交互性的图表。支持所有主流浏览器和移动平台（android、iOS 等）；支持多种设备，如手持设备 iPhone/iPad、平板等；能从服务器载入动态数据。

（3）Echarts 是百度研发团队开发的一款报表视图 JS 插件，功能十分强大，是一个使用 JavaScript 实现的开源可视化库，可以流畅地运行在 PC 和移动设备上，兼容当前绝大部分浏览器（IE8/9/10/11，Chrome，Firefox，Safari 等），底层依赖轻量级的矢量图形库 ZRender，提供直观、交互丰富、可高度个性化定制的数据可视化图表。ECharts 提供了常规的折线图、柱状图、散点图、饼图、K 线图，用于统计的盒形图，用于地理数据可视化的地图、热力图、线图，用于关系数据可视化的关系图、旭日图，多维数据可视化的平行坐标，还有用于 BI 的漏斗图，仪表盘，并且支持图与图之间的混搭。2018 年 3 月全球著名开源社区 Apache 宣布百度 ECharts 进入 Apache 孵化器。

# 8.4 系统功能详细设计

## 8.4.1 功能架构

湖南辅助服务市场技术支持系统建设交易采用"日前报价，按需调用，按序调用"的方式。其主要功能包括市场成员管理、交易申报、交易管理、交易出清、交易监控、交易结算、信息发布、统计分析、控制管理、系统管理、移动端功能、与其他系统接口。系统功能结构如图 8-4 所示。

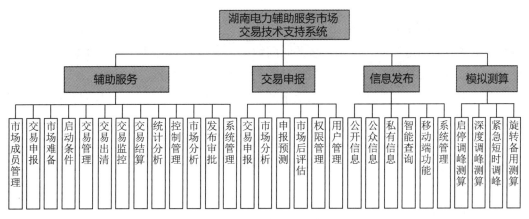

图8-4 系统功能结构

## 8.4.2 功能设计

### 8.4.2.1 市场成员

市场运营机构根据调峰辅助服务市场成员提交的信息及市场表现，如图 8-5 市场成员系统界面显示，对成员的注册信息、资格文件、信誉评价证明等方面进行分类管理，包括要求成员填写信息表格或上传相关文件，并分阶段进行审核，确保市场成员的注册信息真实，资质完善，信誉良好。对于存在资料不全或造假等现象的成员，及时向其发送警告信息。若市场成员资格无法审批通过，可暂停或停止其市场成员资格。

参与调峰辅助服务市场的成员须依照市场运营规则与市场运营机构签订参与合同，

以明确市场成员应遵守的制度以及应承担的责任义务。合同内容将根据业务类型和市场成员种类而分别制定。系统对合同的有效期等进行自动跟踪，对于即将过期的合同将予以提示。

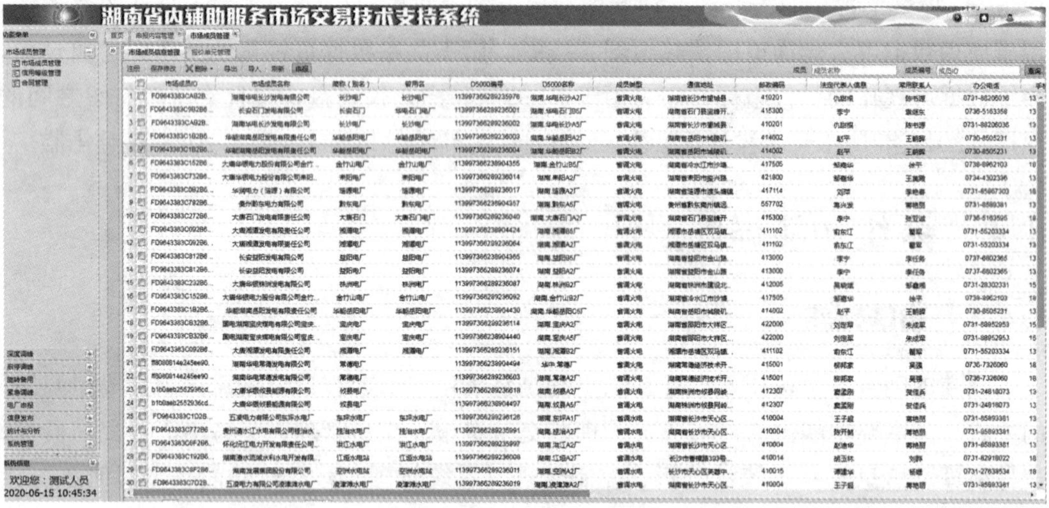

图 8-5　市场成员系统界面

### 8.4.2.2　交易申报

市场主体根据市场交易规则，按照时间约束，申报交易信息，交易信息包括但不限于价格、能力、交易量等信息，申报信息要满足市场规定要求。

本功能模块展示电厂或用户申报上来的交易数据信息，不管市场启动与否，每天都应按时上报。

如图 8-6 所示，交易申报可分为深度调峰、启停调峰、紧急调峰和旋转备用 4 个子模块进行管理。各子模块实现的功能主要有能力管理、价格管理、最小间隔时间（启停）管理、时长管理、交易量管理等。

（1）深度调峰。

能力管理：时标、序号、日期时间、交易日期、电厂名称、电厂 ID、机组名称、机组 ID、机组类型、并网点 ID、并网点名称、D5000 的 ID、最小可调出力、最大连续抽水时间、实际可调出力、$T_1$、$T_2$、…、$T_{95}$、$T_{96}$、申报人、备注、创建时间、创建者 ID、删除者 ID、删除时间、是否删除（1—逻辑删除；2—正常状态）、修改者 ID、修改时间、排序号、原因、数据状态（1—录入；2—提交；3—审核通过；31—退回；9—完成；90—停止）、备用$_1$、备用$_2$、备用$_3$。

价格管理：时标、序号、日期、电厂名称、电厂 ID、机组名称、机组 ID、机组类型、并网点 ID、并网点名称、D5000 的 ID、1 档报价、1 档上限、2 档报价、2 档上限、3 档报价、3 档上限、4 档报价、4 档上限、5 档报价、5 档上限、备注、备用$_1$、备用$_2$、备用$_3$。

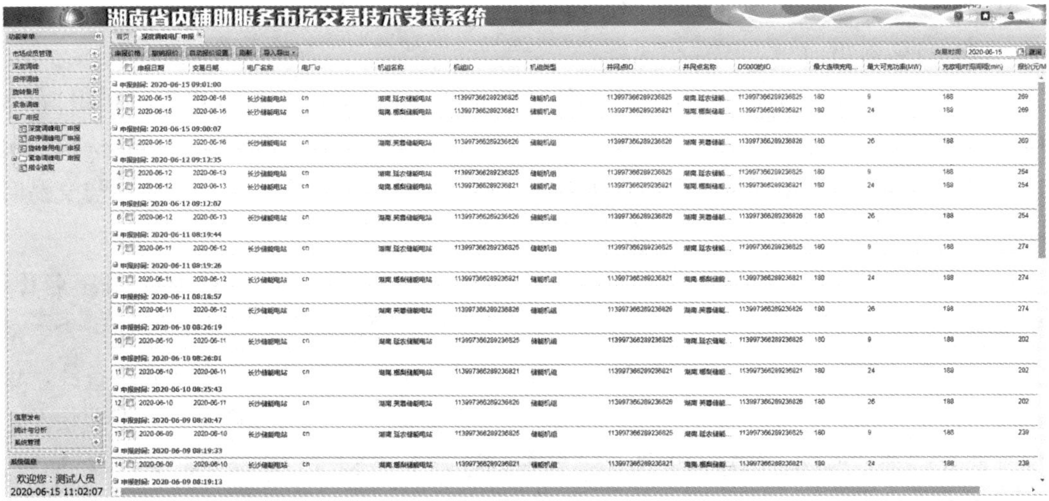

图 8-6　交易申报模块

（2）启停调峰。

价格管理：时标、序号、日期、电厂名称、电厂 ID、机组名称、机组 ID、机组类型、并网点 ID、并网点名称、D5000 的 ID、1 档报价、1 档上限、2 档报价、2 档上限、3 档报价、3 档上限、4 档报价、4 档上限、5 档报价、5 档上限、6 档报价、6 档上限、备注、备用$_1$、备用$_2$、备用$_3$。

能力管理：时标、序号、日期时间、交易日期、电厂名称、电厂 ID、机组名称、机组 ID、机组类型、并网点 ID、并网点名称、D5000 的 ID、机组额定容量、容量等级、解并最小间隔时间、指令解列最小时间、指令并网最小时间、备注、备用$_1$、备用$_2$、备用$_3$。

（3）紧急调峰。

①储能电站使用。

供电报价管理：时标、序号、日期、厂站名称、厂站 ID、并网点 ID、并网点名称、D5000 的 ID、增供功率、持续时间、申报价格上限、申报价格、备注、备用$_1$、备用$_2$、备用$_3$。

紧急调峰供电限价设置：时标、序号、日期、厂站类型、功率范围 A$_1$、功率范围 A$_2$、功率范围 B$_1$、功率范围 B$_2$、功率范围 C$_1$、功率范围 C$_2$、持续时间范围 A$_1$、持续时间范围 A$_2$、持续时间范围 B、备注、备用$_1$、备用$_2$、备用$_3$。

②电力大用户使用。

切负荷报价管理：时标、序号、日期、用户名称、用户 ID、关口 ID、关口名称、D5000 的 ID、切除功率、持续时间、申报价格上限、申报价格、备注、备用$_1$、备用$_2$、备用$_3$。

紧急调峰切负荷限价设置：时标、序号、日期、用户类型、功率范围 A$_1$、功率范围 A$_2$、功率范围 B$_1$、功率范围 B$_2$、功率范围 C$_1$、功率范围 C$_2$、持续时间范围 A$_1$、持

续时间范围 $A_2$、持续时间范围 B、备注、备用$_1$、备用$_2$、备用$_3$。

（4）旋转备用。

卖方为纳入祁韶直流稳定运行规定的省内 220 千伏及以上并网火电厂（机组）、水电厂、调相站，买方为祁韶直流送入主体。按实际调用的最后一台火电机组报价统一出清结算。旋转备用交易电量为机组备用容量（最大可调出力与实际出力之差）与交易时间的乘积。

能力管理：时标、序号、日期时间、交易日期、电厂名称、电厂 ID、机组名称、机组 ID、机组类型、设备类型、并网点 ID、并网点名称、D5000 的 ID、调用可否、最大可调出力、实际出力、备用开始时间、备用结束时间、备用时长、申报人、备注、创建时间、创建者 ID、删除者 ID、删除时间、是否删除（1—逻辑删除；2—正常状态）、修改者 ID、修改时间、排序号、原因、数据状态（1—录入；2—提交；3—审核通过；31—退回；9—完成；90—停止）、备用1、备用2、备用3。

价格管理：时标、序号、日期、火电厂名称、火电厂 ID、火机组名称、火机组 ID、并网点 ID、并网点名称、D5000 的 ID、旋备报价、报价上限、备注、备用 1、备用 2、备用 3。

### 8.4.2.3 市场准备

主要是对电网负荷、电力平衡、负备用等进行预测，对开机方式、祁韶运行、总调峰能力、备用容量等进行管理和统计。可划分为负荷预测、负备用预计、备用容量计算、能力预测、需求预测、断面管理 6 个子模块。

断面信息表：时标、序号、日期、断面 ID、断面名称、断面类型、断面描述、正向限额、反向限额、注册时间、生效日期、失效日期、断面编码、断面最大传输容量、信息更新时间、信息更新人编号、信息更新人姓名、删除标记、上级断面 ID、备用 ID、备注、备用 1、备用 2、备用 3。

断面控制区域：时标、序号、日期、断面 ID、断面名称、断面类型、控制区域 ID、控制区域名称、别名、控制区域类型、上级控制区域 ID、控制区域编码、备注、备用 1、备用 2、备用 3。

断面越限：时标、序号、日期、断面 ID、断面名称、断面类型、负载类型、是否越限、T1、T2、T3、…、T95、T96、备用 1、备用 2、备用 3。

断面负载：时标、序号、日期、断面 ID、断面名称、断面类型、是否越限、T1、T2、T3、…、T95、T96、备用 1、备用 2、备用 3。

母线负荷预测：时标、序号、日期、母线名称、母线 ID、T1、T2、T3、…、T95、T96、备用 1、备用 2、备用 3。

系统负荷预测：时标、序号、日期、T1、T2、T3、…、T95、T96、备用 1、备用 2、备用 3。

能力预测（同样：96 点能力改为分档报价就成了报价表；因此报价表、发电预计划、需求预测、备用能力预测等都可参考此表设计）：时标、序号、日期、电厂名称、电厂 ID、电厂描述、D5000ID、并网点名称、并网点 ID、更新日期、T1、T2、T3、…、T95、T96、备用 1、备用 2、备用 3。

#### 8.4.2.4 启动条件

此模块需提供市场启动提醒功能。

深度调峰：负备用不足，可能弃电或外送电力；

启停调峰：负备用不足，并且深调资源用尽；

紧急调峰：高峰时段电力不足，备用率低于 3%；

旋转备用：祁韶直流处于运行状态（送电入湘）。

以上 4 个子模块，每个模块都需数据验证。因此，需要接入负备用预测数据，负荷预测数据，深度调峰数据以及祁韶运行状态等数据。

市场启动：时标、序号、日期、交易品种、负备用、是否负备用不足、最大负荷、是否电力不足、祁韶运行状态（是否运行）、备用 1、备用 2、备用 3。

#### 8.4.2.5 交易管理

市场运营机构根据市场主体申报的交易信息，采用自动判别与人工确认相结合方式，在市场规则的约束下进行必要审核，并开展对申报信息核准等管理操作。及时提示不符合规则或存在异常的信息内容，确保各类申报信息的真实性和有效性。

可划分为申报审核、安全校核、报价排序、申报核准 4 个子模块。

可以设计专用模块，也可只实现功能。

#### 8.4.2.6 交易出清

市场运营机构根据辅助服务实际调用情况、报价排序情况进行市场出清，出清算法依照核准后的调峰辅助服务市场规则进行，结合实际运行情况和交易信息，实时计算交易电量和交易费用，并动态展示交易出清结果。根据湖南调峰辅助服务市场规则确定交易算法，结合实际运行情况和交易信息，实时计算交易电量和交易费用。

如图 8-7 所示，交易出清可划分为交易与运行管理、交易量计算、服务费计算、成本分摊 4 个子模块。

交易电量出清表：时标、序号、日期、电厂名称、电厂 ID、并网点名称、并网点 ID、交易品种（深调、启停、紧急或备用）、总中标量、总调用、总调用偏差、偏差原因、总费用、费用偏差、T1、T2、T3、…、T95、T96、备用 1、备用 2、备用 3。

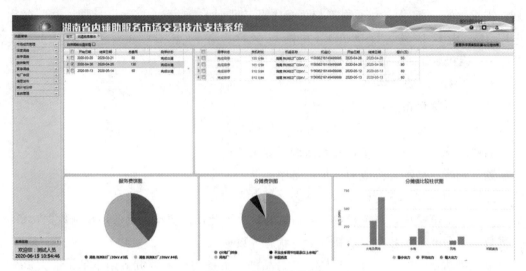

图 8-7　交易出清模块

### 8.4.2.7　交易监控

调峰辅助服务将基于"按需调用"的原则对参与市场的调峰资源进行调用。交易监控模块将对调用过程及各类参数指标进行监控。通过现场计算和预测技术，动态展示各时段调用调峰辅助调用的顺序、实际出力大小、调峰率、可调空间、剩余可调用资源等主要参数指标，为市场运营和调度人员提供充足的现场操作和后续决策支持。

如图 8-8 所示，交易监控可划分为实际调用情况管理、强制调用管理、排序调整管理、参数展示（如展示出力、调峰率、可调空间等）4 个子模块。

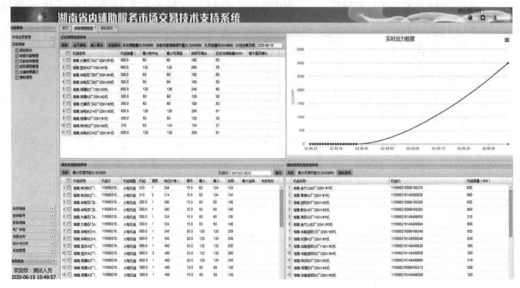

图 8-8　交易监控模块

#### 8.4.2.8 交易结算

系统根据交易出清的结果，依照调峰辅助服务市场结算规则公式，计算生成交易结算信息。交易结算信息将体现交易出清细节并实现查询功能。例如，在"日清月结"模式下，月度结算信息可按照小时、日、月等不同时间粒度，对整体结算数据进行多时间尺度的分割与查询。

如图 8-9 所示，交易结算信息按照不同时间粒度进行统计，例如小时、日、月等。可划分为出清结果年、月、日、详表 4 个子模块。

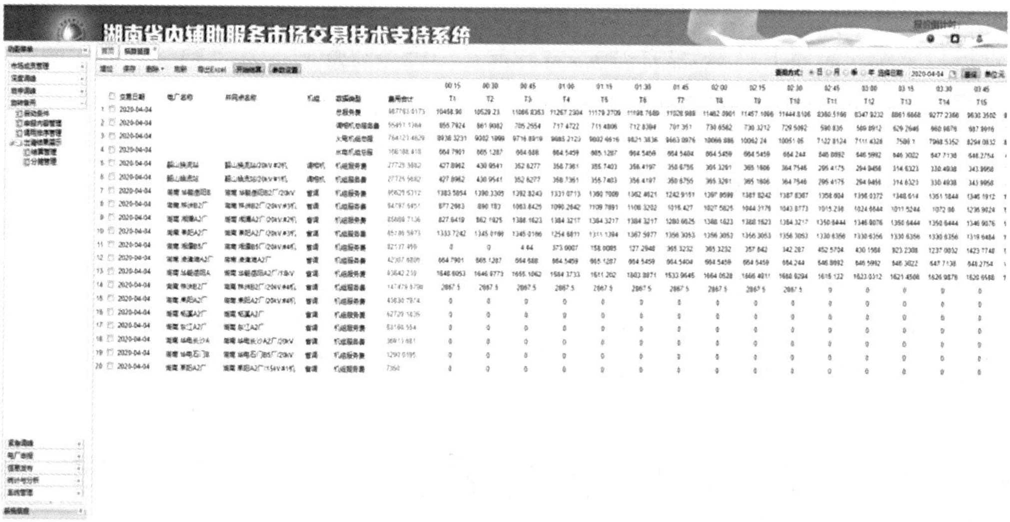

图 8-9 交易结算模块

#### 8.4.2.9 统计分析

针对一定时期内辅助服务交易市场的运行情况，进行各种业务维度的统计分析，统计内容涵盖全网电量、全网补偿金额、全网分摊金额、交易价格、交易量、区间时段等交易信息以及市场成员参与市场交易的行为信息等，并对原始统计数据进行聚合，形成复合型数据信息，包括市场各类成员的利润来源及分配情况等；采用统计检验方法对市场面临的小概率事件进行测试与推断；并通过可视化图表或曲线展示相关统计分析结果。

可划分为服务费用统计、成交电量统计、补偿费用统计、成本分摊统计、市场行为统计、违约统计、异议统计 7 个子模块。

调峰服务费用统计（日报表）：时标、序号、日期、电厂名称、电厂 ID、D5000 的 ID、年份、月度、总电量、总费用、平均价格、服务费、输电费、备用 1、备用 2、备用 3。

备用费用统计（日报表）：时标、序号、日期、电厂名称、电厂 ID、D5000 的 ID、年份、月度、总电量、总费用、平均价格、调峰费、分摊费。

异议统计：时标、序号、日期、时间、电厂名称、电厂 ID、机组名称、机组 ID、机组类型、交易品种、问题类型（如申报类问题、排序类问题、调用类问题、费用类问题、成本分摊类问题、其他问题等）、问题描述、申诉时间、处理结果、回复时间、经办人、备注、备用₁、备用₂、备用₃。

### 8.4.2.10　控制管理

根据市场规则及相关规定，为市场运营的各类参数提供设置及修改的接口。对于存在约束关系的参数或条件，将通过后台对于约束关系建立模型，在用户进行设置时自动进行校验。对不满足约束关系的设置将进行提示，并要求修改至合理范围。

运行计算时根据相关规定需要多种参数参与计算，控制管理模块负责对这些参数和条件进行管理。总体上可划分为深调参数控制、启停参数控制、紧急调峰参数控制、旋备参数控制、行为约束5个子模块，如图8-10所示。

深调参数控制：时标、序号、日期、机组类型、负荷率有偿调峰基准值（50％）、负荷区间、报价区间、报价上限、报价下限、正常最小技术出力、最小报价单位、申报时间（10：00前）、信息公布时间（19：00前）、费用公布时间（2：00前公布上日信息）、提出申诉时间（10：00前）、处理答复时间（18：00前）、服务费调节系数$H$（在市场运行初期取$H$暂取1）、分摊调节系数$K_i$（$K_1$通过计算得到；$K_2$取$K_1$值的1.25倍；$K_3$取0.5；$K_4$取1.5～2；$K_5$取1；）、生态流量电厂分摊量（容量的10％）、备用₁、备用₂、备用₃。

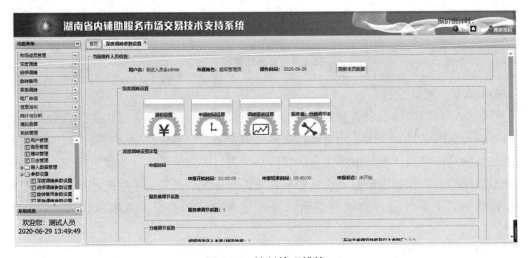

图 8-10　控制管理模块

启停参数控制：时标、序号、日期、机组类型、启停限制时间（24小时内）、最小报价单位、额定容量等级（共分6级）、报价上限、报价下限、申报时间（10：00前）、信息公布时间（19：00前）、调用通知时间（2小时）、费用公布时间（2：00前公布上日信息）、提出申诉时间（10：00前）、处理答复时间（18：00前）、服务费调节系数$H$（在市场运行初期取$H$暂取1）、分摊调节系数$K_i$（$K_1$通过计算得到；$K_2$取$K_1$值的1.25倍；$K_3$取0.5；$K_4$取1.5～2；$K_5$取1；）、生态流量电厂分摊量（容量的

10%）、备用₁、备用₂、备用₃。

紧急调峰参数控制（报价上下限详见交易申报中的报价设置表）：时标、序号、日期、机组类型、备用容量标准点（3%）、最小报价单位、申报时间（10：00 前）、信息公布时间（19：00 前）、费用公布时间（2：00 前公布上日信息）、提出申诉时间（10：00 前）、处理答复时间（18：00 前）、服务费调节系数 $H$（在市场运行初期取 $H$ 暂取 1）、备用₁、备用₂、备用₃。

旋备参数控制：时标、序号、日期、机组类型、最小报价单位（1 元/MWh）、报价上限（40 元/MWh）、申报时间（10：00 前）、信息公布时间（19：00 前）、费用公布时间（2：00 前公布上日信息）、提出申诉时间（10：00 前）、处理答复时间（18：00 前）、费用调节系数 $H_1$ 暂取 1、费用调节系数 $H_2$ 暂取 0.3、送省内电量分摊系数 $K_1$ 暂定为 1.0、转送省外电量分摊系数 $K_2$ 暂定为 1.25、备用₁、备用₂、备用₃。

行为约束：时标、序号、日期、电厂名称、电厂 ID、机组类型、行为描述、约束内容、违反等级、违反时间、非经济程度、经济影响、操作人、备用₁、备用₂、备用₃。

### 8.4.2.11　市场分析

市场运营机构需要对市场运行情况进行综合分析，一方面将直接调用统计分析数据，将交易价格、交易量、区间时段、各市场成员行为等方面的统计分析结果融入市场模型进行辅助分析；另一方面对于未来可能出现的各种情况进行评估，及时发现异常现象和不稳定信号，对市场未来发展趋势进行预测。

每次市场交易后都要形成交易日报，并对其进行分析与评估。这个部分主要的功能划分为市场评估、交易数据分析、市场需求分析、市场调用分析以及市场报价决策 5 个子模块。

### 8.4.2.12　发布信息

市场交易的相关信息需要按照市场交易规则进行发布，使各市场主体及社会公众及时准确了解市场运行情况。发布的信息既有向公众发布的信息，也有向市场成员发布的交易类信息。信息发布规则符合市场运营规则的要求，能够进行配置。发布的信息可以按照时间粒度，分为实时信息、日信息、月信息等。

为确保信息及时准确发布且满足严格的权限管理要求，将在调峰辅助服务主系统中设置信息审批模块。针对不同类型的发布信息，建立严格的信息审批通道。只有通过市场运营或监管机构相关负责人审批之后，市场相关数据才可进入信息发布模块进行发布。

信息发布在本项目的建设规划中被划分为了一个独立的子系统，因此，省调主系统中只需要设置发布信息的分类汇总、发布审批 2 个子模块。

新闻内容表（与信息发布系统对应）：时标、序号、日期时间、场景 ID、流程 ID、所在栏目编号、栏目名称、序号、新闻标题、新闻类型、内容摘要、新闻来源、发布人或作者、发布时间、有效期、点击率、热度等级、打开方式、图片布局、是否发布、操作人、操作时间、审核状态、审核信息 ID、正文内容、代表图片、附件 1ID、附件 2ID、附件 3ID、年度、月度、季度、日期、备用 1、备用 2、备用 3。

新闻审批意见：时标、序号、日期时间、场景 ID、审核信息 ID、审核人、审核时间、审核内容、审核结论。

### 8.4.2.13 移动功能设计

通过系统移动端功能（即手机客服端 app），普通用户可以查询公开发布的辅助服务市场相关信息，市场主体可以查询发布的交易结算相关数据。

根据以上用户需求，移动 App 主要实现的功能是数据查询。为了大众化和系统成熟性的需要，本技术文件设计采用安桌环境。安卓开发环境搭建配置为：Eclipse＋ADT＋Android SDK。Eclipse 版本设计采用 2014 版；ADT 版本设计采用 ADT-23.0.7；配置适应 64 位运行环境，虚拟机采用 Android SDK。

功能实现方面，遵循用户核心需求，开发属于信息发布功能部分的快照功能，为用户提供一种随时随地查询与关注市场运行和交易的手段。

### 8.4.2.14 系统管理

用于对系统自身一些设置的管理维护功能。包括系统中的角色配置，各角色功能权限的维护管理，各用户的添加以及对应角色的配置，数据范围的配置等，如图 8-11 所示。

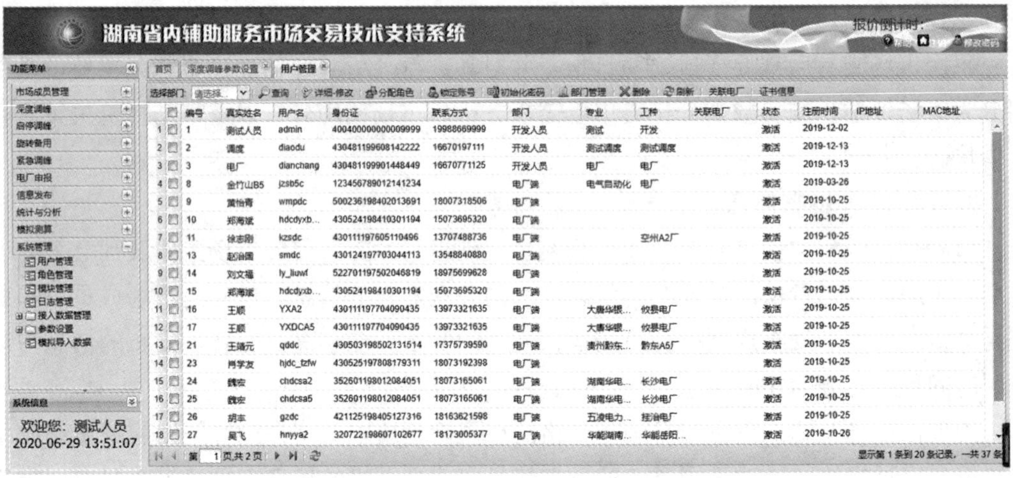

图 8-11 系统管理模块

## 8.4.3 数据接口

### 8.4.3.1 数据接口总体描述

系统的数据接口设计需要紧贴业务需求，根据市场运营规则及交易品种设计分析，湖南电力辅助服务系统接口数据信息如图 8-12，总体来源与设计情况如下。

（1）技术支持系统从 D5000 获取电网模型数据与调度运行数据，从发电计划应用系统或 D5000 系统获取日发电计划。经安全校核与报价排序后，按照实际调用完成交易出清，出清过程中程序的主要工作包括服务费用计算和成本分摊计算，在省内辅助服务系统中形成交易结算信息，通过内部邮件或者其他通信通道发送给交易中心执行结算。

（2）根据湖南的实际情况，可从调度或其他相应软件平台中获取发电计划、调峰、启停、应急调峰、备用等相关信息。

（3）从交易中心系统获取市场成员信息和结算与分摊结果信息；向交易中心系统发送市场出清结果等市场结算与分摊所需信息。

（4）由于华中区域调峰市场技术支持系统和本系统的数据需求具有较多重复性，在条件允许的情况下建立统一的数据通道。

（5）为使本系统的交易不与两个细则、华中省间调峰等系统重复以及实现数据共享，省内调峰辅助服务系统与这个两个系统进行数据无缝连接。

（6）数据接方式，接入方式分为后台自动读取和前台手工录入两种，前台手工录入的主要是市场成员基本信息及相关的基础数据，其他数据基本由后台自动读取。采用文本文件转换的方式进行数据预处理入库，所有的文本数据满足 E 语言规范。

数据接口设计如图 8-12 所示。

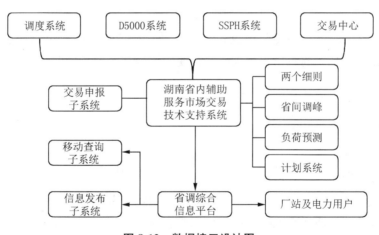

**图 8-12　数据接口设计图**

### 8.4.3.2　数据接口模块功能

系统设计采用自行开发的数据后台程序作为技术支持系统的对外实时接口。数据后台程序是一个能够支持各种标准的统一接口程序，它能够连接不同标准或非标准的系统接口组件，将各种系统的数据及时地进行转换并导入到本地关系数据库。该接口设计原则为：

（1）原始数据文件必须在足够短的时间内，以足够快的速度接受并保存下来。

（2）接口设备设计冗余和备份机制，以确保数据能够长期保存和数据安全。

（3）开发方便、性能稳定，尽可能实现可视化操作，软件包尽可能通用。

（4）程序支持的接口协议包括 TCP/IP、FTP、HTTP 等主流通信协议。

接口速度与数采系统提供数据的速度、数据传递方法、网络带宽、服务器 I/O 速度等因素有关。对于独占的 100M 网络带宽来说理论上能够每秒钟传递至少 1.56 兆个实数，所以不管是双向传递还是单向传递，瓶颈一般不在网络层。

#### 8.4.3.3 数据转换方式设计

系统与外部关系型数据库的数据接口，我们可采用以下方法加以实现。

（1）数据转换工具。

随着计算机技术和软件行业的发展，各种数据转换工具也层出不穷，可以通过专用的数据转换工具实现与外部数据库的数据交换。

（2）数据驱动器。

对于开放型的关系数据库来说可以利用 ODBC 和 JDBC 的解决方案，来完成对外的数据接口。对于大部分开放型关系数据库来说，都提供了 ODBC 或 JDBC 的接口。可以将连接信息存储在文件中或者直接写入程序中，由于 Java 的强大功能，我们可以很轻松地实现数据库信息的更改，对于外部数据的连接来说也是非常方便灵活的。

（3）文本数据转换。

①文本文件一般具有较好的跨平台性，因而在异构数据库平台之间可以解决数据传输的问题。

②文本文件编写简单，易于规范化处理，易于读取和解析，可以用 Java 程序将其转换为规范化、结构化的数据进行入库，方便向大数据系统扩展升级。

### 8.4.4 技术支持系统的安全性

#### 8.4.4.1 系统安全管理措施

（1）行政管理措施。

①形成定期现场巡视维护机制。

②定期向公司备份，公司实行技术部检查和行政部考核机制。

③由主管领导定期或不定期地进行现场检查与考核。

④对风险比较大的操作，应编写实施方案，方案中尽量把风险预估充分。

⑤除了测试之外，坚决不做无法预料后果的操作，不执行自己未清楚的程序。

（2）系统持久运行预案。

为了技术支持系统的运行和数据安全，在实施方案中必须考虑实际应用和实际数据安全备份机制，必须进行数据量的核算和数据增速的预估，必须考虑各种看似不可能发生的情况。以下几种情况可供参考：

①发生停电现象，数据从哪里可以恢复数据。

②交换机损坏后，数据访问通道有没有备用的。

③应用服务异常、文件损坏、文件丢失以及服务器硬件崩溃后，系统能怎么运行，

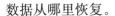

数据从哪里恢复。

④硬盘突然损坏、出现坏道或误格式化后，系统怎么维护，怎么在最短的时间内恢复运行。

⑤持续运行多年后，服务器会产生哪些问题（如软件落后怎么维护，数据量增大怎么管理，怎么备份，备份到哪里，需要多长的 copy 时间）。

⑥持续运行的服务器，不允许随意重启机器，如果必须启动，那么必须做好备份并取得公司同意。

因为持续运行的服务器硬件可能已经存在损坏，一旦出现重开机就可能带来灾难性问题。即使没有灾难性问题发生，也有可能出现软件运行异常（甚至无法运行），因为一些进程长期存在于机器的内存当中，容易丢失数据碎片，从而产生文件损坏。

（3）应急处理措施。

系统维护或开发过程中，工程师应具备基本的风险意识和防风险能力。一旦风险发生，工程师应该立即做好防护工作并保护好现场，形成实施方案后再进行工作。根据实际情况汇报给公司。

（4）系统安全意识培养。

①定期或不定期组织技术学习，提升团体技术能力和工作经验。

②对新进员工进行正式培训后方能上岗。

③开设专门的系统安全、数据安全、网络安全培训。

④尽可能地学习公司外的先进技术和工作经验。

⑤常态化地对公司人员进行安全意识讨论和培养。

### 8.4.4.2　业务数据安全管理

数据是系统正常运行的基础，必须确保业务数据在传输、处理、存储过程中的机密性、完整性和可用性。

（1）关键敏感数据应该做到：登录认证、严格授权、传输加密、数据实时备份。

（2）采用严格授权管理，使数据和程序免受无权用户的恣意篡改。

（3）数据不再需要时要安全地删除、销毁或处置，不能因为数据过时就随意放置。

（4）对重点用户的信息和业务机密信息禁止从 Internet 直接访问。

（5）核心数据在传输时需要加密，加密算法要选择具有一定强度的。

（6）对项目单位的业务数据需严格按照项目单位相关保密要求，不得外泄。

（7）数据用户身份鉴别。系统将数据划分为不同的安全级别，当用户对数据进行删除、插入或编辑等操作时，将检查数据用户的操作权限，无相应的操作权限将无法修改数据。

（8）数据加密。采用非对称型加密技术（也称为密钥算法或不对称加密）对传输数据进行加密，其特点是有两个密钥（即共有密钥和私有密钥），只有二者搭配使用才能完成解密和加密的全过程。由于非对称加密拥有两个密钥，特别适用于分布式系统中的数据加密。不对称加密的另一用法称为数字签名,即数据源使用其私有密钥对数据的校验或其他与数据内容有关的变量进行加密,而数据接收方则用相应的公用密钥解读数字签名,并将解读结果用于对数据完整性的验证。

(9)数据库的备份。按照冷备份和热备份机制实现。热备方面,除了定期双机热备之外,还需采用人工移动备份。

(10)原始数据的备份。人工备份一个月数据(需要行政管理监督),磁盘阵列存储一年以上的数据。

(11)源程序代码的备份。运维工程师定期向公司服务器提供最新备份,备份以压缩文件方式存储,以备份日期为压缩文件名称。

### 8.4.4.3 运行环境与网络安全

在统一的网络平台中,在安全标准的前提下,与现有及将来的 LAN、WAN 网络系统、服务器及存储系统无缝地集成。系统的软硬件平台采用分布式结构,遵循国家电网公司信息安全总体策略,满足国家电网公司信息安全要求,安全防护强度达到国家电网公司信息内网安全防护标准。

(1)网络设计标准与规范。

①硬件配置满足系统功能和性能的要求,必须保证系统运行的实时性、可靠性、稳定性和安全性,安全防护等级不低于安全Ⅲ区其他业务应用系统。

②计算机和网络设备采用标准化设备,开放性能好,满足不断优化、平滑升级和投资保护的需要。

③系统设计满足冗余配置要求,安全管理与安全防护措施并重,注重运行安全,避免造成安全风险扩散。

(2)安全控制和物理保护。

系统与外部网络物理隔绝,不与 Internet 有直接连接,只在电力系统内部网上运行。不同的安全分区之间通过专用安全隔离装置连接。

统一的病毒特征码自动升级体系及病毒应急响应(包括服务器、工作站,病毒检测库的升级),在减少维护代价的同时,加强抵御病毒的入侵。

统一的防病毒中心,定时集中的病毒代码分发。

(3)用户对系统的访问权限和范围。

通过设立不同角色来控制用户对系统的访问权限和访问范围。不同角色的用户在系统中具有不同的操作权限和访问权限。

### 8.4.4.4 操作系统安全

操作系统部分通过专用恢复软件,来简化服务器的恢复过程,以完成系统的快速灾难恢复。这样,当系统数据完全丢失时,系统管理员仅仅通过一个启动命令就可以进行系统数据的完整恢复,不必通过光盘进行操作系统重新安装,硬盘重新分区,IP 地址重新设置,以及备份软件重新安装等复杂的步骤。

当系统发生故障时，恢复过程最好在分析出系统问题的基础上，判断对系统的影响程度之后，按照既定方案进行。采用高可用性设计和容灾设计，在尽可能短的时间内恢复系统的正常状态。

## 8.4.5 非功能性设计

非功能性是指软件产品为满足用户业务需求而必须具有的除功能需求以外的特性。软件产品的非功能性需求包括系统的性能、可靠性、可维护性、可扩充性和对技术和对业务的适应性等。

### 8.4.5.1 易用性

易用性见表 8-1。

表 8-1 易用性

| 编号 | 易用性 |
| --- | --- |
| 1 | 系统支持 B/S 架构 |
| 2 | 支持 IE＞＝8，Chrome＞＝32，FireFox＞＝31 版本浏览器 |
| 3 | 界面友好、查询方便、风格统一 |
| 4 | 不同用户角色展示不同功能页面 |

### 8.4.5.2 性能需求

性能需求见表 8-2。

表 8-2 性能需求

| 编号 | 性能 |
| --- | --- |
| 1 | 前台事务操作的系统相应时间不超过 3 秒、查询操作响应时间不超过 5 秒 |
| 2 | 并发访问量：在满足响应时间的前提下，同一业务支持 50 用户的并发访问量；整个系统支持 200 用户同时并发访问 |
| 3 | 数据存储时间：交易相关数据在数据库中至少存储六个月。对于已发布的历史结算账单数据、清算账单数据、争议处理记录、数据修正记录、特殊事件记录及操作日志等数据须永久保留 |

### 8.4.5.3 安全性需求

安全性需求见表 8-3。

表 8-3 安全性需求

| 编号 | 安全性 |
| --- | --- |
| 1 | 系统对用户密码进行加密，以保证各级用户对系统访问的安全性。生成的口令不可逆转，输入的口令不应显示在显示终端上 |

续表

| 编号 | 安全性 |
|---|---|
| 2 | 系统与外部网络物理隔绝，不与 Internet 有直接连接，只在电力系统内部网上运行。不同的安全分区之间通过专用安全隔离装置连接 |
| 3 | 系统记录操作日志，提供用户在系统中增加、修改系统数据信息时记录日志。用于跟踪用户的操作，了解信息的变更，在需要时作为调查依据 |
| 4 | 系统开发框架不能存在严重安全漏洞，若发现漏洞需及时修复 |

#### 8.4.5.4 可靠性需求

可靠性需求见表 8-4。

**表 8-4 可靠性需求**

| 编号 | 可靠性 |
|---|---|
| 1 | 平均无故障稳定运行时间超过 30 天；应用服务器 CPU 利用率峰值不超过 70%；当数据量增长后，应用系统性能应无明显下降 |
| 2 | 系统要保证 24×7×365 可用。但是可以允许每月系统停机 1 小时，进行系统服务，系统服务的时间要安排在企业非工作时间进行 |

#### 8.4.5.5 数据备份需求

（1）应用数据备份。

应用数据备份包括应用程序的安装包和用户业务办理中上传的附件。应用数据备份可存储在应用服务器上，备份方式如表 8-5。

**表 8-5 应用数据备份**

| 备份方式 | 备份周期 |
|---|---|
| 增量 | 每天 |
| 全量 | 每周 |

（2）数据库数据备份。

数据库采用热备份的方式进行备份，备份文件可存储在数据库服务器上，具体备份方式如表 8-6。

**表 8-6 数据库数据备份**

| 备份方式 | 备份周期 |
|---|---|
| 增量 | 每天 |
| 全量 | 每周 |

### 8.4.5.6 环境需求

（1）软件环境。

软件环境需求见表 8-7。

表 8-7 软件环境需求

| 类型 | 环境及工具 |
| --- | --- |
| JDK 版本 | JDK1.8.0 |
| 应用服务中间件 | weblogic12C |
| 数据库 | DM7 |
| 操作系统 | Win10-x64 |
| 浏览器 | IE8 及以上，Chrome32 及以上，Firefox31 及以上 |

（2）硬件环境。

硬件环境包括开发环境、测试环境、生产环境。其需求见表 8-8、表 8-9、表 8-10。

表 8-8 开发环境需求

| 设备名称 | 配置 |
| --- | --- |
| 应用服务器 | Win10-x64  1C  8G 千兆网卡  240G  SSD |
| 数据库服务器 | Win10-x64  1C  8G 千兆网卡  240G  SSD |

表 8-9 测试环境需求

| 设备名称 | 配置 |
| --- | --- |
| 应用服务器 | Win10-x64  1C  8G 千兆网卡  240G  SSD |
| 数据库服务器 | Win10-x64  1C  8G 千兆网卡  240G  SSD |

表 8-10 生产环境需求

| 设备名称 | 配置 | 数量 |
| --- | --- | --- |
| 应用服务器 | RHEL7.5-x64  2C  16G 千兆网卡  1T  HDD | 2 |
| 数据库服务器 | RHEL7.5-x64  4C  16G 千兆网卡  1T  HDD | 1 |

说明：生产环境应用服务器通过双机热备提高系统稳定性，因此需两台应用服务器。

### 8.4.5.7 部署架构

为确保系统可靠性，系统需集群部署，系统部署两台应用服务器，一台数据库服务器，部署架构如图 8-13 所示。

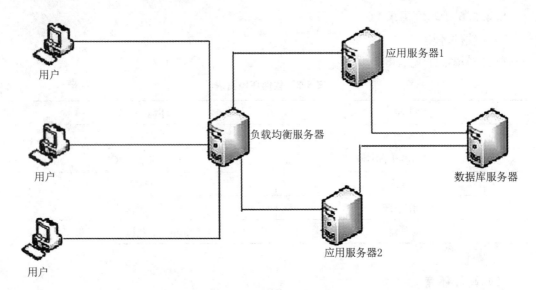

图 8-13　系统部署架构

（1）内网用户的所有请求都提交到负载均衡服务器上。

（2）负载均衡服务器负载分发用户请求到应用服务器。

（3）两台应用服务器同时访问数据库服务器。

（4）负载均衡服务器有应用中间件提供，于应用服务器 1 部署在同一台服务器上。

# 8.5　系统测试与运行分析

## 8.5.1　系统测试

在软件交付使用之后，用户将如何实际使用程序，对于开发者来说是无法预测的，因此系统在正式发布前，通常需要执行 Alpha 和 Beta 测试，目的是从实际终端用户的使用角度，对软件的功能和性能进行测试，以发现可能只有最终用户才能发现的错误。

### 8.5.1.1　功能测试

系统经过湖南省电子信息产业研究院/湖南省软件评测中心的测评测试，测评结果对于系统各模块功能都得以实现，缺陷率控制在可控范围以内。

### 8.5.1.2　非功能测试

（1）界面测试用例。

界面测试是性能测试最主要的部分，主要是通过增加用户数量来加重系统负担，以检验测试对象能接收的最大用户数来确定功能是否达到要求。见表 8-11。

表8-11 界面测试用例

| 测试需求 | 输入<br>（并发用户数） | 用户通过率 | 期望的性能<br>（平均值） | 实际性能<br>（平均值） |
|---|---|---|---|---|
| 数据交互 | 50 | 100％ | 1 秒 | 1 秒 |
| | 100 | 100％ | 1 秒 | 1 秒 |
| | 200 | 100％ | 2 秒 | 2 秒 |
| 市场成员管理 | 50 | 100％ | 1 秒 | 1 秒 |
| | 100 | 100％ | 1 秒 | 1 秒 |
| | 200 | 100％ | 2 秒 | 2 秒 |
| 市场准备 | 50 | 100％ | 1 秒 | 1 秒 |
| | 100 | 100％ | 1 秒 | 1 秒 |
| | 200 | 100％ | 2 秒 | 2 秒 |
| 数据申报 | 50 | 100％ | 1 秒 | 1 秒 |
| | 100 | 100％ | 1 秒 | 1 秒 |
| | 200 | 100％ | 2 秒 | 2 秒 |
| 交易执行 | 50 | 100％ | 1 秒 | 1 秒 |
| | 100 | 100％ | 1 秒 | 1 秒 |
| | 200 | 100％ | 2 秒 | 2 秒 |
| 交易信息发布 | 50 | 100％ | 1 秒 | 1 秒 |
| | 100 | 100％ | 1 秒 | 1 秒 |
| | 200 | 100％ | 2 秒 | 2 秒 |
| 统计与报表 | 50 | 100％ | 1 秒 | 1 秒 |
| | 100 | 100％ | 1 秒 | 1 秒 |
| | 200 | 100％ | 2 秒 | 2 秒 |
| 市场评估与展示 | 50 | 100％ | 1 秒 | 1 秒 |
| | 100 | 100％ | 1 秒 | 1 秒 |
| | 200 | 100％ | 2 秒 | 2 秒 |
| 费用分摊 | 50 | 100％ | 1 秒 | 1 秒 |
| | 100 | 100％ | 1 秒 | 1 秒 |
| | 200 | 100％ | 2 秒 | 2 秒 |
| 省内出清 | 50 | 100％ | 1 秒 | 1 秒 |
| | 100 | 100％ | 1 秒 | 1 秒 |
| | 200 | 100％ | 2 秒 | 2 秒 |

续表

| 测试需求 | 输入<br>（并发用户数） | 用户通过率 | 期望的性能<br>（平均值） | 实际性能<br>（平均值） |
|---|---|---|---|---|
| 市场分析与预测 | 50 | 100% | 1秒 | 1秒 |
| | 100 | 100% | 1秒 | 1秒 |
| | 200 | 100% | 2秒 | 2秒 |
| 系统管理 | 50 | 100% | 1秒 | 1秒 |
| | 100 | 100% | 1秒 | 1秒 |
| | 200 | 100% | 2秒 | 2秒 |
| 厂站功能 | 50 | 100% | 1秒 | 1秒 |
| | 100 | 100% | 1秒 | 1秒 |
| | 200 | 100% | 2秒 | 2秒 |

（2）安全性测试用例。

大数据量测试使测试对象处理大量的数据，以确定是否达到了将使软件发生故障的极限。大数据量测试还将确定测试对象在给定时间内能够持续处理的最大负载或工作量。见表 8-12。

表 8-12　安全性测试用例

| 测试需求 | 输入<br>（并发用户数） | 事务成功率 | 期望的性能<br>（平均值） | 实际性能<br>（平均值） |
|---|---|---|---|---|
| 数据交互 | 10000 条记录 | 100% | 1秒 | 1秒 |
| | 15000 条记录 | 100% | 1秒 | 1秒 |
| | 20000 条记录 | 100% | 2秒 | 2秒 |
| 市场成员管理 | 10000 条记录 | 100% | 1秒 | 1秒 |
| | 15000 条记录 | 100% | 1秒 | 1秒 |
| | 20000 条记录 | 100% | 2秒 | 2秒 |
| 市场准备 | 10000 条记录 | 100% | 1秒 | 1秒 |
| | 15000 条记录 | 100% | 1秒 | 1秒 |
| | 20000 条记录 | 100% | 2秒 | 2秒 |
| 数据申报 | 10000 条记录 | 100% | 1秒 | 1秒 |
| | 15000 条记录 | 100% | 1秒 | 1秒 |
| | 20000 条记录 | 100% | 2秒 | 2秒 |

续表

| 测试需求 | 输入<br>（并发用户数） | 事务成功率 | 期望的性能<br>（平均值） | 实际性能<br>（平均值） |
|---|---|---|---|---|
| 交易执行 | 10000 条记录 | 100％ | 1 秒 | 1 秒 |
| | 15000 条记录 | 100％ | 1 秒 | 1 秒 |
| | 20000 条记录 | 100％ | 2 秒 | 2 秒 |
| 交易信息发布 | 10000 条记录 | 100％ | 1 秒 | 1 秒 |
| | 15000 条记录 | 100％ | 1 秒 | 1 秒 |
| | 20000 条记录 | 100％ | 2 秒 | 2 秒 |
| 统计与报表 | 10000 条记录 | 100％ | 1 秒 | 1 秒 |
| | 15000 条记录 | 100％ | 1 秒 | 1 秒 |
| | 20000 条记录 | 100％ | 2 秒 | 2 秒 |
| 市场评估与展示 | 10000 条记录 | 100％ | 1 秒 | 1 秒 |
| | 15000 条记录 | 100％ | 1 秒 | 1 秒 |
| | 20000 条记录 | 100％ | 2 秒 | 2 秒 |
| 费用分摊 | 10000 条记录 | 100％ | 1 秒 | 1 秒 |
| | 15000 条记录 | 100％ | 1 秒 | 1 秒 |
| | 20000 条记录 | 100％ | 2 秒 | 2 秒 |
| 省内出清 | 10000 条记录 | 100％ | 1 秒 | 1 秒 |
| | 15000 条记录 | 100％ | 1 秒 | 1 秒 |
| | 20000 条记录 | 100％ | 2 秒 | 2 秒 |
| 市场分析与预测 | 10000 条记录 | 100％ | 1 秒 | 1 秒 |
| | 15000 条记录 | 100％ | 1 秒 | 1 秒 |
| | 20000 条记录 | 100％ | 2 秒 | 2 秒 |
| 系统管理 | 10000 条记录 | 100％ | 1 秒 | 1 秒 |
| | 15000 条记录 | 100％ | 1 秒 | 1 秒 |
| | 20000 条记录 | 100％ | 2 秒 | 2 秒 |
| 厂站功能 | 10000 条记录 | 100％ | 1 秒 | 1 秒 |
| | 15000 条记录 | 100％ | 1 秒 | 1 秒 |
| | 20000 条记录 | 100％ | 2 秒 | 2 秒 |

（3）容错性测试用例。

容错性测试也是性能测试中的一种。在这种测试中，将使测试对象承担不同的工作量，以评测和评估测试对象在不同工作量条件下的性能行为，以及持续正常运行的能力。负载测试的目标是确定并确保系统在超出最大预期工作量的情况下仍能正常运行。此外，负载测试还要评估性能特征，例如，响应时间、事务处理速率和其他与时间相关的方面。见表 8-13。

表 8-13　容错性测试用例

| 测试需求 | 输入 | 期望输出 | 是否正常运行 |
| --- | --- | --- | --- |
| 数据交互 | 10000 条记录 | 2 秒 | 是 |
| 市场成员管理 | 10000 条记录 | 1 秒 | 是 |
| 市场准备 | 10000 条记录 | 1 秒 | 是 |
| 数据申报 | 10000 条记录 | 1 秒 | 是 |
| 交易执行 | 10000 条记录 | 1 秒 | 是 |
| 交易信息发布 | 10000 条记录 | 1 秒 | 是 |
| 统计与报表 | 10000 条记录 | 1 秒 | 是 |
| 市场评估与展示 | 10000 条记录 | 1 秒 | 是 |
| 费用分摊 | 10000 条记录 | 3 秒 | 是 |
| 省内出清 | 10000 条记录 | 1 秒 | 是 |
| 市场分析与预测 | 10000 条记录 | 2 秒 | 是 |
| 系统管理 | 10000 条记录 | 1 秒 | 是 |
| 厂站功能 | 10000 条记录 | 1 秒 | 是 |

（4）整体性能测试用例。

通常系统在设计前会提出一些性能指标，这些指标是性能测试要完成的首要工作，针对每个指标都要编写多个测试用例来验证是否达到要求，根据测试结果来改进系统的性能。预期性能指标通常以单用户为主。见表 8-14。

表 8-14　整体性能测试用例

| 测试需求 | 测试过程说明 | 期望的性能（平均值） | 实际性能（平均值） |
| --- | --- | --- | --- |
| 数据交互 | 新增 | 1 秒 | 1 秒 |
| | 修改 | 1 秒 | 1 秒 |
| | 删除 | 1 秒 | 1 秒 |

续表1

| 测试需求 | 测试过程说明 | 期望的性能（平均值） | 实际性能（平均值） |
|---|---|---|---|
| 市场成员管理 | 新增 | 1秒 | 1秒 |
| | 修改 | 1秒 | 1秒 |
| | 删除 | 1秒 | 1秒 |
| 市场准备 | 新增 | 1秒 | 1秒 |
| | 修改 | 1秒 | 1秒 |
| | 删除 | 1秒 | 1秒 |
| 数据申报 | 新增 | 1秒 | 1秒 |
| | 修改 | 1秒 | 1秒 |
| | 删除 | 1秒 | 1秒 |
| 交易执行 | 新增 | 1秒 | 1秒 |
| | 修改 | 1秒 | 1秒 |
| | 删除 | 1秒 | 1秒 |
| 交易信息发布 | 新增 | 1秒 | 1秒 |
| | 修改 | 1秒 | 1秒 |
| | 删除 | 1秒 | 1秒 |
| 统计与报表 | 新增 | 1秒 | 1秒 |
| | 修改 | 1秒 | 1秒 |
| | 删除 | 1秒 | 1秒 |
| 市场评估与展示 | 新增 | 1秒 | 1秒 |
| | 修改 | 1秒 | 1秒 |
| | 删除 | 1秒 | 1秒 |
| 费用分摊 | 新增 | 1秒 | 1秒 |
| | 修改 | 1秒 | 1秒 |
| | 删除 | 1秒 | 1秒 |
| 省内出清 | 新增 | 1秒 | 1秒 |
| | 修改 | 1秒 | 1秒 |
| | 删除 | 1秒 | 1秒 |
| 市场分析与预测 | 新增 | 1秒 | 1秒 |
| | 修改 | 1秒 | 1秒 |
| | 删除 | 1秒 | 1秒 |

续表2

| 测试需求 | 测试过程说明 | 期望的性能（平均值） | 实际性能（平均值） |
|---|---|---|---|
| 系统管理 | 新增 | 1秒 | 1秒 |
| | 修改 | 1秒 | 1秒 |
| | 删除 | 1秒 | 1秒 |
| 厂站功能 | 新增 | 1秒 | 1秒 |
| | 修改 | 1秒 | 1秒 |
| | 删除 | 1秒 | 1秒 |

### 8.5.2　市场运行

截至2020年6月18日，市场共注册了14家火电站、31家风电站、24家水电站、1家抽水蓄能电站、1家储能电站、5家其他类型电站（垃圾电厂2家、生物质电厂1家、光伏电站2家）。完善了用户注册、系统登录、权限分配等功能。各市场主体积极响应，参与主体数量不断增长。

完成与OMS、D5000系统的数据接口，实现日前出清排序与发电计划系统的数据交互。完成深度调峰日内的调度指令下发功能，指令收发畅通。完成计划偏差参数、实际调用参数、启停需求参数等设定和优化。

模拟测算功能对日前排序算法、电厂申报数据校验算法、启停调峰最优化组合算法、机组实际出力数据精度计算、分摊计算等内容开展算法优化工作。

### 8.5.3　交易分析

（1）深度调峰报价分析。

根据试运行过程中各市场主体申报的电价情况，抽样对申报价格进行了分析，共选取了包括连续多日申报在内的14组加权平均报价，共分成5组，对其进行了频数分布图分析和价格总体趋势分析，如图8-14所示。

从分布图中可知，一、二档的报价整体呈正向偏态分布，价格集中在257～286元/MWh和243～287元/MWh；三档报价呈非正态分布，价格集中在260～310元/MWh；四、五档报价呈散点状分布；四档报价主要集中在416～474元/MWh和590～610元/MWh；五档报价主要集中在469～544元/MWh和619～694元/MWh。

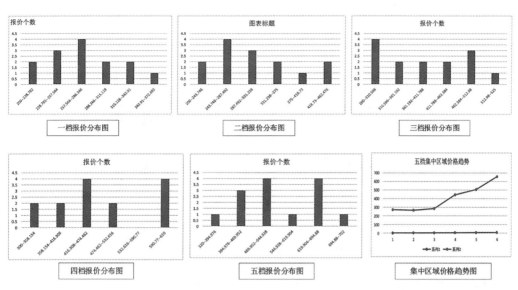

**图 8-14　深度调峰五档报价频数分布图**

对各市场主体五档报价的总体趋势进行分析（详见图 8-15）。市场报价在一档和二档总体上保持平衡态势，部分电厂的二档报价甚至低于一档报价。各市场主体报价在三档以后稳步上扬，与均价趋势基本吻合。可见模拟运行期间各市场主体的报价工作是认真和积极的，但从四档和五档中出现了报价分布的非规律性，并且每档报价都有两个非常集中的区域，这说明市场对四、五档的成本和报价缺乏数据支持或相关经验，需要进一步地提高市场认识。

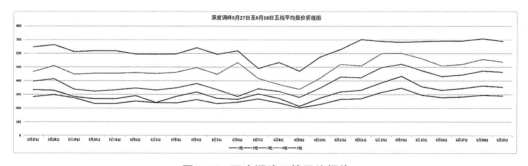

**图 8-15　深度调峰五档平均报价**

（2）启停调峰报价分析。

根据各火电厂的报价，30 万千瓦、60 万千瓦的机组启停调峰平均报价分别为89.51、115.78 万元。最高报价均达到规则的上限。20 万机组没有进行启停调峰报价。经过数据抽取和预处理，形成报价分布柱状如下。

①300MW 机组报价情况（图 8-16）。

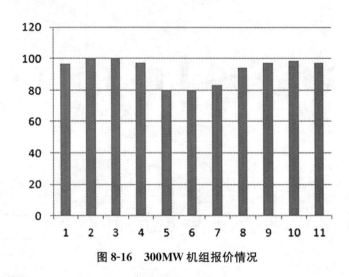

图 8-16　300MW 机组报价情况

说明：300MW 级的机组报价上限为 100 万元/台次。

②600MW 机组报价情况（图 8-17）。

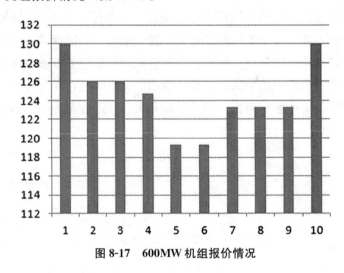

图 8-17　600MW 机组报价情况

说明：600MW 级的机组报价上限为 135 万元/台次。

# 8.6　市场运营成效分析

湖南电网峰谷差大，调节手段不足，是全国调峰最困难的省份之一。随着湖南社会经济的大力发展和批量新能源电源的接入，电网调峰难度还将越来越大。风、光等波动性电源装机规模的快速增长，具备调节能力的常规电源建设停滞不前，使得新能源消纳问题日趋严重。国家要求各类清洁能源在保障性收购电量之外，通过参与市场交易实现充分消纳，这将提升市场交易组织的复杂程度，为市场体系设计和市场运营建设带来新挑战。

为建立电力辅助服务市场机制，促进清洁能源消纳，保障湖南电力系统安全、稳定、经济运行，国网湖南省电力有限公司设计、开发、建设了湖南电力辅助服务市场交易项目。本项目采用"日前报价，按需调用，按序调用"的方式，建设了深度调峰、启停调峰、紧急短时调峰以及旋转备用 4 个辅助服务品种。该项目的建设投运促进了省内辅助服务资源的共享和市场化配置，提高了清洁能源消纳能力，缓解了峰谷差矛盾，更进一步促进了节能减排。项目技术支持系统的开发和投运，合理分配了市场各方的利益，有效增强了市场主体提供辅助服务的积极性；缓解了湖南"电力不足，电量有余"的困难；为辅助服务市场化运营提供了强有力的技术支撑。通过市场测试和模拟运行，以下对市场运营成效做了抽样分析。

（1）电储能调峰分析。

目前，湖南电储能一期规模为 60MW/120MWh。电储能作为专业的辅助服务，主要是在低谷时段进行充电，为电网提供低谷调峰服务；在高峰时段进行放电，为电网提供高峰调节服务。将为湖南电网的削峰填谷发挥重要作用。储能电站一期规模投入市场运行后，累计年充电量约为 4380 万 kWh，即年度可为电网低谷调峰 4380 万 kWh。

在市场运行中，电储能具有优先被调用出清的优势，基本上可以保证储能电站满负荷运行，那么其市场参与成效即可以进行全额量地预估。深度调峰市场中，规则规定电储能市场按补偿标准进行价格申报，预计中标价可在 0.85 元/kWh 以上，此处按 0.85 元/kWh 进行计算；由此，按年充电量 4380 万 kWh 计算，平均每年可产生深度调峰经济效益 3723 万元。

如果参照《南方区域电化学储能电站并网运行管理及辅助服务管理实施细则（试行）》的补偿标准进行补偿（500 元/MWh），则电储能每年产生的经济效益约为 2190 万元。

（2）抽水蓄能参与市场。

目前已在运的抽水蓄能共 4 个机组，总容量 1200MW。目录电价按 0.8 元/kWh 计算，峰时电价为 $0.8 \times 1.5 = 1.20$ 元/kWh；谷时电价为 0.40 元/kWh；平时电价为 0.80 元/kWh。根据 2016 年、2017 年、2018 年的平均上下网电量进行计算，上网电量为 146135.87 万 kWh，下网电量为 178713.5 万 kWh，发电效率约为 81.77%。

特高压入湘后，机组大方式运行趋于常态，迎峰度夏及迎峰度冬期间夜间基本保持在 4 台机组抽水全方式运行。辅助服务市场启动后，抽水蓄能机组参与深度调峰市场。按深调市场规则，抽水服务报价均可得 0.3 元/kWh。由此，按年下网电量为 178713.5 万 kWh 计算，来自深度调峰辅助服务市场的年收益约为 53614.05 万元。

（3）火电参与市场运营的成效分析。

对火电来说辅助服务市场的激励性远胜于两个细则，辅助服务市场将价格范围扩大了数倍，更进一步激励了火电调峰的动力；另外，辅助服务市场将调节范围也扩大到了

30％以下，在市场力的驱动下不但增加了火电企业的经济收益，更提高了企业的技术能力。两种不同方式的价格、能力区间对照如表 8-15 所示。

表 8-15　两种不同方式的价格、能力区间对照

| 报价档位 | 下调负荷率区间 | 申报价格 P 上限（元/MWh） | 两个细则补偿（元/MWh） |
|---|---|---|---|
| 第一档 | 45％≤负荷率＜50％ | 100≤P≤200 | 100 |
| 第二档 | 40％≤负荷率＜45％ | 100≤P≤250 | 200 |
| 第三档 | 35％≤负荷率＜40％ | 100≤P≤350 | 300 |
| 第四档 | 30％≤负荷率＜35％ | 100≤P≤450 | 500 |
| 第五档 | 负荷率＜30％ | 0＜P≤800 | |

据统计，目前湖南电网正常开机的火电最大可调能力约 18000MW，2017 年总弃风电量为 7900 万千瓦时，其中调峰弃风电量为 5300 万千瓦时。辅助服务市场投运前，火电深调范围一般在 40％左右。辅助服务市场投运后，预计火能增加 10％的调节能力，能将深度调节的范围扩大到 30％，甚至 30％以下。由此可计算出整个湖南电网的调峰能力可增加 1800MW，按风电年平均利用小时数 2368 小时（据调研数据统计分析所得）计算，几乎可以避免调峰弃风现象，从而有效减缓解"峰谷差大，调峰困难"的问题。同时也为火电企业带来约 3180 万元的年调峰市场收益。

湖南辅助服务市场除深度调峰外，还开展了启停调峰、紧急短时调峰以及为特高压服务的旋转备用交易。紧急短时调峰作为高峰时段调峰手段主要是为电网削峰服务，受益者主要是广大人民群众，其创造的主要是社会效益；启停调峰，我们按深度调峰的 10％进行估算，可带来约 318 万元年度市场收益。现在分析一下旋转备用，旋转备用主要为西北清洁能源消纳服务，其市场收益来自外省。根据模拟测试得到的电网某天的祁韶直流旋转备用费用如表 8-16 所示。

表 8-16　电网某天的祁韶直流旋转备用费用

| 序号 | 转送 | 费用（万元） |
|---|---|---|
| 1 | 西北—江西 | 8.9510 |
| 2 | 西北—河南 | 0.0627 |
| 3 | 西北—南方 | 2.5096 |
| 合计 | | 11.5233 |

根据此表中的数据，可计算得出湖南火电年度经济收益约为 3457 万元。

综合以上分析，湖南辅助服务市场正式投运以后，除开紧急短时交易之外，每年可为湖南火电带来深度调峰服务、启停调峰服务、旋转备用服务等市场化收益约 6955 万元。电网方面，在收益了过网费用的同时，也有效缓解了调峰问题。

（4）经济效益分析总结。

湖南电力辅助服务市场投运以后，除了有效缓解电网峰谷差的矛盾之外。预计每年可为电储能带来深度调峰经济效益 3723 万元；抽水蓄能辅助服务收益约 53614 万元；火电电力辅助服务收益约 6955 万元，共计产生经济效益 64292 万元。

技术方面，运用现代建模和多种先进的交互技术，建立了辅助服务软件平台，呈现了运营规则所提出的交易体系和分摊方法并验证了其科学性和合理性，为现货市场的建设打下了技术基础。

总体而言，项目的成果有利于提高辅助服务运营的管理水平，帮助了电网适应电力市场改革及大规模新能源接入的新形势。

# 9 电厂端交易数据申报与优化决策平台

## 9.1 电厂端平台概述

随着电力市场的不断发展，跨省区和省内的辅助服务市场、现货市场、电力金融市场、售电侧市场等将逐步建立，最终形成完善的电力交易体系。发电厂属于电力市场供给侧的主要成员，及时掌握各类市场信息，对于发电厂提升竞争能力和运营管理水平具有重要意义。

华中省间调峰辅助服务市场技术支持系统将为华中调峰辅助服务市场高效、稳定运行提供全面技术服务。虽然省调调峰辅助服务市场技术支持系统为电厂提供了报价、出清、执行信息的 Web 查询功能和量价申报功能，能够完成市场交易的需要，但相关数据都是存储在省调中心，仅供临时发布与查询，无法自动导入本地数据库进行集中存储，更难以进行长期的数据核对与分析。

电厂端属于技术支持系统中的重要支撑模块，是调控中心与电厂之间进行数据接收和上报的核心工具，主要功能将涵盖：进行作为买方的辅助服务能力申报和作为卖方的辅助服务价格及能力的申报等；获取市场交易的报价信息、出清信息、信用评比信息；获取电厂自身的执行偏差信息、发电负荷预测信息、辅助服务能力信息、容量信息；获取电网的负荷预测信息、新能源预测信息；与省调和交易中心的结算信息、分摊信息等。

电力市场环境下，发电厂只有紧跟市场改革步伐，不断完善各类软硬件设施，才能把握新形势下的发展机遇，为自身的经济利益和市场地位提供有力保障。

## 9.2 系统架构

### 9.2.1 系统概要设计

在现有的辅助服务市场技术支持系统的基础之上进行系统集成，打造"发电厂交易及辅助服务市场综合数据申报与优化决策平台"。充分利用负荷预测、市场分析、需求预估、市场评估、能力分析以及报价预估等技术，为交易申报企业提供市场决策和数据申报服务。

（1）平台内容设计，如图 9-1 所示。

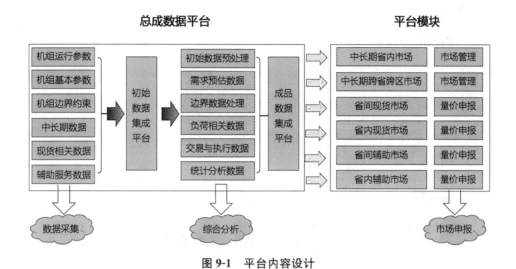

图 9-1　平台内容设计

（2）平台研发流程，如图 9-2 所示。

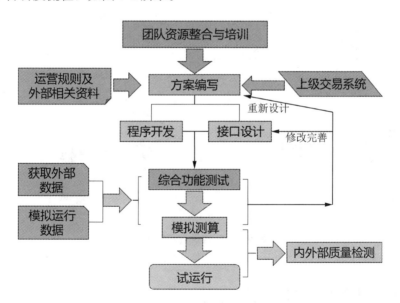

图 9-2　平台研发流程

另外，为了适应电力市场的发展，各申报单位需要预估和权衡交易利弊，需要市场决策信息支持。本项目的主要目标就是开发一套适应电力市场需求的综合性交易数据申报平台，有效减轻工作负担，提高工作效率，为市场决策提供技术支持。

（1）为市场主体同时参与辅助服务、现货、中长期等多种市场交易提供数据申报支持。

（2）自动从省调和省交易中心获取市场相关数据信息。

（3）综合自身及外部获取信息，开展市场需求预估，提供辅助决策服务。

（4）对交易执行情况、经济效益等进行综合评价。

### 9.2.2 硬件架构设计

依据国家能源局华中监管局下发的《华中电力调峰辅助服务市场运营规则》及国家能源局湖南监管办公室下发的《湖南省电力辅助服务市场交易模拟运行规则》文件，发电辅助服务市场综合数据申报与优化决策平台经综合数据网与省电力调度中心湖南辅助服务市场主站系统相互传输数据。其结构设计可采用如图 9-3 的架构模式。

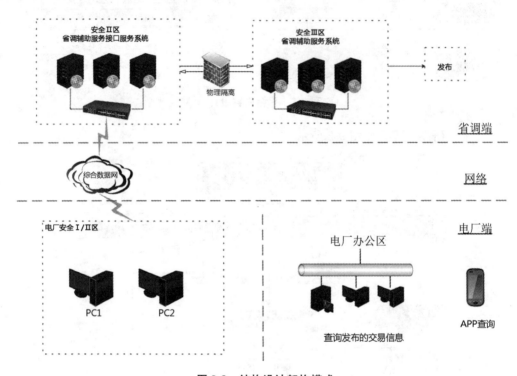

图 9-3　结构设计架构模式

## 9.3　系统功能详细设计

### 9.3.1 功能架构图

功能架构图如图 9-4 所示。

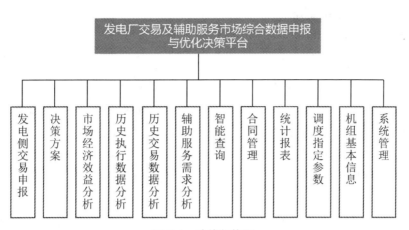

图 9-4　功能架构图

## 9.3.2　功能设计

### 9.3.2.1　发电侧交易申报

辅助服务申报主要分为能力和价格申报功能，能力申报主要是针对调峰、备用、调频等辅助服务品种，机组可提供服务能力、AGC 调节能力等数据的申报（如深度调峰能力、启停调峰能力、旋转备用能力、AGC 历史性能等）。价格申报，一般都是按档位或按级别进行的，并且价格的申报需要结合自身的服务能力来完成。因此，针对不同的辅助服务品种，报价方式不尽相同。

电力现货市场申报模块共设计出力申报、价格申报、报送数据、交易管理、决策分析五大功能，分为日前市场、日内市场和实时市场的价格和能力申报，模块详情如图 9-5 所示。

图 9-5　电力现货市场申报模块展示图

### 9.3.2.2 市场需求分析

（1）需求预估模块。

①需求增长的因素。

充分利用省调或市场机构的负荷预测数据（包括短期、母线和实时负荷预测）、最小开机方式、线路阻塞状态、断面极限、正负备用、旋转备用、可再生能源、外购电等情况对市场辅助服务市场各品种和现货市场的交易量进行预估算。

如果没有省调的负荷预测等数据支持，本模块将根据地域、季节、负荷增长规律等因素进行需求量的计算和预估。（日前现货交易需求的预估方法可按品种和类别自行设计）

系统设置专门的影响因素分析功能模块，对影响交易品种需求增长的因素进行综合分析，提供人工干预功能。

②需求确定方法。

各品种的需求量预估可参考深度调峰需求量预估计算的方法，其中旋转备用的需求要根据电网的实际情况而定，调频的需求可根据历史调频数据进行预估算。

低谷时段：深度调峰能力不够，再执行启停调峰。高峰时段：正备用不足，则启动紧急短时调峰。如图9-6所示。

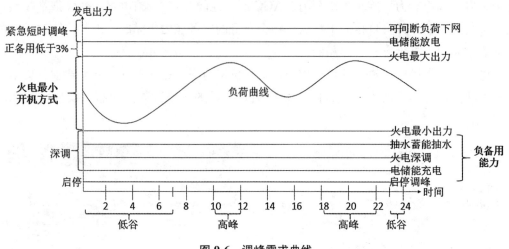

图 9-6　调峰需求曲线

深调预估方法如下：

①从日发电计划中获取火电最小开机方式 $P_{开}$（省内火电最小开机方式是指满足电网安全稳定运行需要、高峰用电负荷需要以及供热需要的最小开机方式）。

②从负荷预测系统获取短期负荷预测曲线，并从曲线中读取最低负荷点的数值 $P_{预}$。

③从短期负荷预测曲线中读取水电、风电、光电等新能源发电负荷总值 $P_{再}$。

④如果火电机组都调至 50% 以后，仍不能满足最低负荷的要求，则需要深度调峰，

需要调整的量如下：

$$P_{需} = （P_{开} + P_{再}） - P_{预} \tag{9-1}$$

⑤如果火电机组都调至30%以后，仍不能满足最低负荷的要求，则需要启停调峰。

（2）需求趋势分析模块。

从较长远的角度对交易品种的需求增长进行预估，生成需求增长趋势曲线。可以按周、月、季进行需求趋势分析，提供人工调整功能。影响需求增长趋势变化的主要因素包括负荷预测、峰谷差以及其他电网运行情况（电能量现货交易同样按此要求）。辅助服务市场需求趋势分析如图9-7所示。

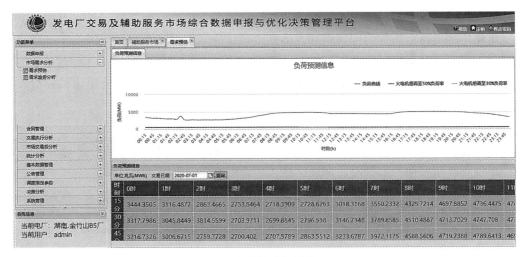

**图9-7 需求趋势分析模块展示图**

### 9.3.2.3 市场交易分析

（1）交易报价评估。

对报价曲线进行分析，对最高报价、最低报价、报价趋势等进行综合评估，形成评估可视化展示图表和评估结论，并进行数据保存，为市场预估分析提供数据支持。

现货电能量市场中设计电价分析专用功能模块，负责对环保电价、网损电价、阻塞电价、节点电价、申报电价等进行综合分析和评估，并结合成本构成，形成成本电价分析报告。（本项目只考虑燃煤火电厂）

（2）市场出清分析。

由于各季节、各时段的市场情况不尽相同，因此出清的结果也就不同。本模块的功能实现分时段出清规律分析，形成分析报告。（现货电能量市场中还需对不同出力时段的起止出力进行曲线分析）

（3）省内出清调用分析。

由于各季节、各时段的市场情况不尽相同，因此出清的结果也就不同，本功能模块实现对价格排序、调用规律、强制调用规律等情况的分析，形成分析报告。

现货电能量市场的出清与辅助服务品种不同，因此，现货电能量的出清分析需另设模块。建议本功能设计分辅助服务和电能量两个子模块。

（4）市场控制力。

目前可能影响市场控制力的主要因素除了电网因素之外，电厂方面主要有机组运行参数、机组基本参数、电网阻塞等。

（5）报价预估。

本模块的功能主要是根据市场预估、能力分析、报价心理分析以及报价习惯分析对市场主体报价进行人工辅助预估。

### 9.3.2.4 交易执行分析

（1）安全校核分析。

根据市场机构安全校核的规则和方法，结合市场交易和电网运行规律，尽可能地避免自身的申报被校核出局。

功能：实现对上级单位发电计划安全校核前后的查询；对安全校核规律的分析和总结；得出最优的量价申报范围和方案。

（2）交易量及执行偏差评估。

分析交易总量、交易最大单、交易最小单以及交易量趋势情况，结合总体执行偏差、单笔交易执行偏差等情况，形成评估报告，图 9-8 为执行情况分析。

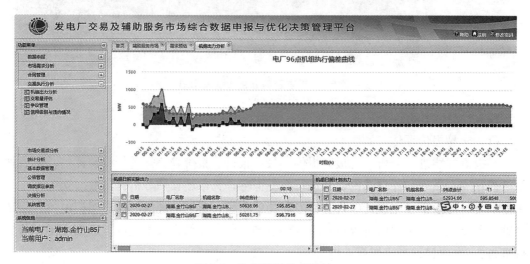

图 9-8　执行情况分析模块

（3）信用级别与违约情况评估。

本模块主要实现对违约原因的分析和评估以及信用级别不高的原因分析，形成信用等级报告。

（4）争议管理。

对争议的申诉材料、争议处理意见等内容进行统一管理，并实现对争议焦点产生的频率、原因等进行分析，形成争议分析报告。

#### 9.3.2.5 市场效益分析

（1）发电边际成本分析。

根据燃料成本、人工成本、财务成本、设备运行成本、环保成本、市场运行成本等数据进行边际成本预算，形成成本分析报告。

（2）分类成本统计。

本模块主要针对网损、阻塞、环保、原料、效率等可变成本进行统计分析，形成分类成本统计报告，以便改进与提高。

（3）市场收益分析。

分两个部分，一个部分计算分析在市场价格成交的条件下，单位电量收益和总收益；另一个部分计算没有市场的情况下，企业相应的所得收益，并与市场条件下的收益进行对比分析。最终生成本厂市场经济效益分析报告。

#### 9.3.2.6 合同转让管理

（1）发电能力与交易量管理。

主要对自身的发电能力、发电边际成本、单位总成本、本机组签订的发电合同以及市场上其他主体的报价等情况，进行对比分析、权衡利弊，形成分析报告。正常情况下，如果存在其他市场主体的报价低于本机组的成本价时，所获取的发电合同就应该转让。

（2）发电合同置换分析。

综合分析自身因素、电网因素、市场因素、节能减排以及经济利益，形成发电权交易决策。

（3）发电合同交易管理。

统计分析并管理本单位的发电合同交易，包括对辅助服务合同管理、现货合同管理、中长期合同管理、成交量分类管理、合同利润分析等，最终形成量本利综合报告（量本利报告应该可以找到类似模板），图9-9为辅助服务市场合同导出详情。

| 序号 | 转让日期 | 转出电厂 | 转入电厂 | 转让类型 | 申请结果 | 合同编码 | 合同日期 | 合同类型 | 卖方电厂 | 卖方电厂ID | 卖方 |
|---|---|---|---|---|---|---|---|---|---|---|---|
| 1481 | 2020-04-17 | 湖南 金竹山B5厂 | 湖南 黔东A5厂 | 转出 | 省调正在处理 | HZFZ20200116012020... | 2020-01-16 | 火电 | 湖南 金竹山B5厂 | 1139973662389043 55 | 湖南 |
| 1480 | 2020-04-20 | 湖南 金竹山B5厂 | 湖南 黔东A5厂 | 转出 | 电厂不接受转让，合同转让失败 | HZFZ20200116032020... | 2020-01-16 | 火电 | 湖南 金竹山B5厂 | 1139973662389043 55 | 湖南 |
| 1475 | 2020-05-10 | 湖南 黔东A5厂 | 湖南 金竹山B5厂 | 转出 | 省调正在处理 | FZ2019112704202010 03 | 2019-11-27 | 火电 | 湖南 黔东A5厂 | 1139973662389043 57 | 湖南 |

**图9-9 发电合同交易管理**

#### 9.3.2.7 负荷预测管理

本模块的负荷预测管理分为电网需求负荷预测和发供电出力预测两个部分。电网需求负荷主要包括电网短期负荷预测、母线负荷预测、实时负荷预测；发供电出力预测主要包括电网总出力预测、本厂出力预测、厂用电负荷预测。

本平台的负荷预测主要是用于市场需求分析和竞价决策，因此，负荷预测管理模块功能仅限于查询、保存、统计等功能，不负责对数据的预测。

#### 9.3.2.8 市场交易统计分析

市场交易统计功能包括对现货、辅助服务以及中长期的交易信息进行分类统计，统计的核心内容就是成本、报价和出清。图 9-10 为交易统计分析结果展示。

图 9-10　市场交易统计模块展示图

#### 9.3.2.9 系统管理

用于对系统自身一些设置的管理维护功能。包括系统中的角色配置，各角色功能权限的维护管理，各用户的添加以及对应角色的配置，数据范围的配置等。

### 9.3.3 数据接口

#### 9.3.3.1 数据接入方案

（1）直连省端系统方案。

此方案主要是针对省调系统属于我公司自己开发的情况，存在的主要问题是需要将电厂自身的价格和能力数据入库到省调数据库，若要解决此问题，可以直接连接省端数据库或通过文本转换或者人工录入，详解如图 9-11 所示。

（2）CIME 文本文件传输。

此方案主要是针对省调系统为其他公司开发的情况，如图 9-12 所示，存在的主要问题如下。

①需要取得对方公司的协同合作，并帮助我们编写数据处理程序；

②需要在自身系统中编写用于数据交互的后台解析程序；

③需要保证文本文件传输没有问题；

④需要保证网络安全。

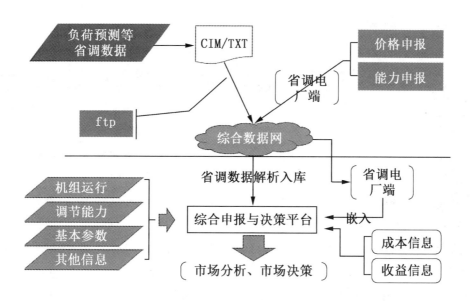

数据上报模式：直连省端系统功能模块模式

图 9-11 直连省端系统详功能模块展示图

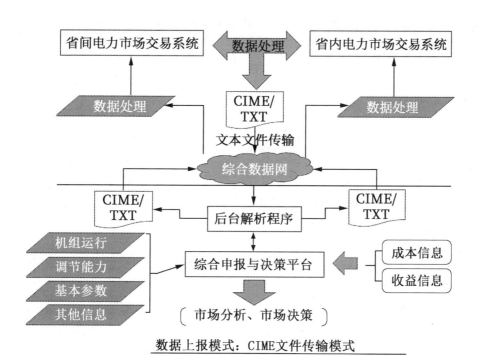

数据上报模式：CIME文件传输模式

图 9-12 CIME 文本文件传输模式

**9.3.3.2 厂站端数据清单**

（1）基础数据（图 9-13）。

| 序号 | 数据需求 | 数据来源 | 备注 |
|---|---|---|---|
| 1 | 机组最小技术出力 | SCADA/SIS/MIS | 基础信息 |
| 2 | 机组额定容量 | SCADA/SIS/MIS | 基础信息 |
| 3 | 增容容量 | SCADA/SIS/MIS | 基础信息 |
| 4 | 标准工况机组最大出力 | SCADA/SIS/MIS | 基础信息 |
| 5 | 机组并网电压等级 | SCADA/SIS/MIS | 基础信息 |
| 6 | 并网点开关状态 | SCADA/SIS/MIS | 基础信息 |
| 7 | 机组热态开机时长 | SCADA/SIS | 基础信息 |
| 8 | 机组冷态开机时长 | SCADA/SIS | 基础信息 |
| 9 | AGC调节上限 | SCADA/SIS | 基础信息 |
| 10 | AGC调节下限 | SCADA/SIS | 基础信息 |
| 11 | AGC调节速率 | SCADA/SIS | 基础信息 |
| 12 | 机组额定出力（可调出力上限） | SCADA/SIS | 基础信息 |

| 序号 | 数据需求 | 数据来源 | 备注 |
|---|---|---|---|
| 1 | 机组爬坡速率 | SCADA/SIS/MIS | 现货相关 |
| 2 | 最大启停次数 | SCADA/SIS/MIS | 现货相关 |
| 3 | 最小连续开停时间 | SCADA/SIS/MIS | 现货相关 |
| 4 | 机组状态（可用、调试、不可用） | SCADA/SIS/MIS | 现货相关 |
| 5 | 供热计划曲线 | SCADA/SIS/MIS | 现货相关 |
| 6 | 一次能源（原料）供应约束 | SCADA/SIS/MIS | 现货相关 |
| 7 | 批复上网电价 | MIS | 成本效益相关 |
| 8 | 机组深度调峰成本 | MIS | 成本效益相关 |
| 9 | 机组启停调峰成本 | MIS | 成本效益相关 |
| 10 | 平均单位煤耗 | MIS | 成本效益相关 |
| 11 | 厂用电率 | MIS | 成本效益相关 |
| 12 | 机组基本调峰能力下限（可调出力下限） | SCADA/SIS | 基础信息 |

图 9-13　厂站端基础数据展示图

（2）非基础数据（图9-14）。

| 序号 | 数据需求 | 数据来源 | 备注 |
|---|---|---|---|
| 1 | 高峰时段(10:00-12:00, 18:00-22:00) | MIS | 旋备相关 |
| 2 | 平谷时段（7:00-10:00,12:00-18:00, 22:00-23:00） | MIS | 旋备相关 |
| 3 | 机组负荷率 | MIS | 调峰相关 |
| 4 | 机组计划出力曲线 | SCADA/SIS | 调峰相关 |
| 5 | 机组实际出力曲线 | SCADA/SIS | 调峰相关 |
| 6 | 深度调峰贡献电量 | 计算得出或读关口表 | 用于成本计算 |
| 7 | 旋转备用贡献电量 | 计算得出或读关口表 | 用于成本计算 |

图9-14 厂站端非基础数据展示图

## 9.3.4 安全设计

### 9.3.4.1 数据备份方式

（1）数据库的备份，按照冷备份和热备份机制实现。热备方面，除了定期双机热备之外，还需采用人工移动备份。

（2）原始数据的备份，人工备份一个月数据（需要行政管理监督），磁盘阵列存储一年以上的数据。

（3）源程序的备份，运维工程师定期向公司服务器提供最新备份，备份以压缩文件方式存储，以备份日期为压缩文件名称。

### 9.3.4.2 行政管理措施

（1）形成定期现场巡视维护机制。

（2）定期向公司备份，公司实行技术部检查和行政部考核机制。

（3）由主管领导定期或不定期地进行现场检查与考核。

（4）对风险比较大的操作，应编写实施方案，方案中尽量把风险预估充分。

（5）除了测试之外，坚决不做无法预料后果的操作，不执行自己未清楚的程序。

### 9.3.4.3 系统持久运行预案

实施方案中必须考虑实际应用和实际数据安全备份机制，必须进行数据量的核算和数据增速的预估，必须考虑各种看似不可能发生的情况。以下几种情况可供参考。

（1）发生停电现象，数据从哪里可以恢复数据。

（2）交换机损坏后，数据访问通道有没有备用的。

（3）应用服务异常、文件损坏、文件丢失以及服务器硬件崩溃后，系统能怎么运行，数据从哪里恢复。

（4）硬盘突然损坏、出现坏道或误格式化后，系统怎么维护，怎么在最短的时间内恢复运行。

（5）持续运行多年后，服务器会产生哪些问题（如软件落后怎么维护，数据量增大怎么管理，怎么备份，备份到哪里，需要多长的 copy 时间）。

（6）持续运行的服务器，不允许随意重启机器，如果必须启动，那么必须做好备份并取得公司同意。

因为持续运行的服务器硬件可能已经存在损坏，一旦出现重开机就可能带来灾难性问题。即使没有灾难性问题发生，也有可能出现软件运行异常（甚至无法运行），因为一些进程长期存在于机器的内存当中，容易丢失数据碎片，从而产生文件损坏。

#### 9.3.4.4　应急处理措施

系统维护或开发过程中，工程师应具备基本的风险意识和防风险能力。一旦风险发生，工程师应该立即做好防护工作并保护好现场，形成实施方案后再进行工作。根据实际情况汇报给公司。

#### 9.3.4.5　系统安全意识培养

（1）定期或不定期组织技术学习，提升团体技术能力和工作经验。

（2）对新进员工进行正式培训后方能上岗。

（3）开设专门的系统安全、数据安全、网络安全培训。

（4）尽可能地学习公司外的先进技术和工作经验。

（5）常态化地对公司人员进行安全意识讨论和培养。

### 9.3.5　系统运行环境

#### 9.3.5.1　软件环境配置

本方案设计采用 Java 语言进行三层 B/S 架构的开发，适应于 J2EE 标准，在开发过程中应尽量采用已有组件或工具并实现组态功能，结合其优点缩短开发周期。系统开发实现的环境参考配置如表 9-1。

表 9-1　软件配置清单

| 序号 | 名称 | 型号 |
|---|---|---|
| 1 | Web 服务器平台 | KyLin4.3 |
| 2 | 通信协议 | TCP/IP |
| 3 | 数据库服务器平台 | KyLin4.3 |
| 4 | 终端操作系统 | Windows 7 及以上版本 |
| 5 | 辅助工具软件 | Office 2007 及以上 |
| 6 | 数据库系统 | SQL Server 2008 R2 |
| 7 | 程序开发工具 | MyEclipse2014 |
| 8 | Web Services | Tomcat 8 |

续表

| 序号 | 名称 | 型号 |
|------|------|------|
| 9 | 虚拟机 | JDK1.8 |

#### 9.3.5.2 终端运行环境

（1）要求在 100kbps 的网络带宽下运行及数据传输。

（2）所需要的软件环境为：Windows 7 及以上 Windows 操作系统；IE 浏览器版本为 8.0 或以上。

（3）终端设备硬件标准：内存 8G 及以上；显示器分辨率在 1024×768 以上设置。

（4）开放式以太网络，TCP/IP 协议，支持 IPV4。

## 9.3.6 系统测试

#### 9.3.6.1 功能测试

系统经过湖南省电子信息产业研究院/湖南省软件评测中心的测评测试，测评结果对于系统各模块功能都得以实现，缺陷率控制在可控范围以内。

#### 9.3.6.2 非功能测试

（1）界面测试用例。

界面测试是性能测试最主要的部分，主要是通过增加用户数量来加重系统负担，以检验测试对象能接收的最大用户数来确定功能是否达到要求。见表 9-2。

表 9-2　界面测试用例

| 测试需求 | 输入<br>（并发用户数） | 用户通过率 | 期望的性能<br>（平均值） | 实际性能<br>（平均值） |
|------|------|------|------|------|
| 发电侧交易申报 | 50 | 100% | 1 秒 | 1 秒 |
|  | 100 | 100% | 1 秒 | 1 秒 |
|  | 200 | 100% | 2 秒 | 2 秒 |
| 市场需求分析 | 50 | 100% | 1 秒 | 1 秒 |
|  | 100 | 100% | 1 秒 | 1 秒 |
|  | 200 | 100% | 2 秒 | 2 秒 |
| 市场交易分析 | 50 | 100% | 1 秒 | 1 秒 |
|  | 100 | 100% | 1 秒 | 1 秒 |
|  | 200 | 100% | 2 秒 | 2 秒 |

续表

| 测试需求 | 输入<br>（并发用户数） | 用户通过率 | 期望的性能<br>（平均值） | 实际性能<br>（平均值） |
|---|---|---|---|---|
| 交易执行分析 | 50 | 100％ | 1 秒 | 1 秒 |
| | 100 | 100％ | 1 秒 | 1 秒 |
| | 200 | 100％ | 2 秒 | 2 秒 |
| 市场效益分析 | 50 | 100％ | 1 秒 | 1 秒 |
| | 100 | 100％ | 1 秒 | 1 秒 |
| | 200 | 100％ | 2 秒 | 2 秒 |
| 合同转让管理 | 50 | 100％ | 1 秒 | 1 秒 |
| | 100 | 100％ | 1 秒 | 1 秒 |
| | 200 | 100％ | 2 秒 | 2 秒 |
| 市场交易<br>统计分析 | 50 | 100％ | 1 秒 | 1 秒 |
| | 100 | 100％ | 1 秒 | 1 秒 |
| | 200 | 100％ | 2 秒 | 2 秒 |
| 系统管理 | 50 | 100％ | 1 秒 | 1 秒 |
| | 100 | 100％ | 1 秒 | 1 秒 |
| | 200 | 100％ | 2 秒 | 2 秒 |

（2）安全性测试用例。

大数据量测试使测试对象处理大量的数据，以确定是否达到了将使软件发生故障的极限。大数据量测试还将确定测试对象在给定时间内能够持续处理的最大负载或工作量。见表 9-3。

表 9-3　安全性测试用例

| 测试需求 | 输入<br>（并发用户数） | 事务成功率 | 期望的性能<br>（平均值） | 实际性能<br>（平均值） |
|---|---|---|---|---|
| 发电侧交易申报 | 10000 条记录 | 100％ | 1 秒 | 1 秒 |
| | 15000 条记录 | 100％ | 1 秒 | 1 秒 |
| | 20000 条记录 | 100％ | 2 秒 | 2 秒 |
| 市场需求分析 | 10000 条记录 | 100％ | 1 秒 | 1 秒 |
| | 15000 条记录 | 100％ | 1 秒 | 1 秒 |
| | 20000 条记录 | 100％ | 2 秒 | 2 秒 |

续表

| 测试需求 | 输入<br>（并发用户数） | 事务成功率 | 期望的性能<br>（平均值） | 实际性能<br>（平均值） |
|---|---|---|---|---|
| 市场交易分析 | 10000 条记录 | 100% | 1 秒 | 1 秒 |
| | 15000 条记录 | 100% | 1 秒 | 1 秒 |
| | 20000 条记录 | 100% | 2 秒 | 2 秒 |
| 交易执行分析 | 10000 条记录 | 100% | 1 秒 | 1 秒 |
| | 15000 条记录 | 100% | 1 秒 | 1 秒 |
| | 20000 条记录 | 100% | 2 秒 | 2 秒 |
| 市场效益分析 | 10000 条记录 | 100% | 1 秒 | 1 秒 |
| | 15000 条记录 | 100% | 1 秒 | 1 秒 |
| | 20000 条记录 | 100% | 2 秒 | 2 秒 |
| 合同转让管理 | 10000 条记录 | 100% | 1 秒 | 1 秒 |
| | 15000 条记录 | 100% | 1 秒 | 1 秒 |
| | 20000 条记录 | 100% | 2 秒 | 2 秒 |
| 市场交易<br>统计分析 | 10000 条记录 | 100% | 1 秒 | 1 秒 |
| | 15000 条记录 | 100% | 1 秒 | 1 秒 |
| | 20000 条记录 | 100% | 2 秒 | 2 秒 |
| 系统管理 | 10000 条记录 | 100% | 1 秒 | 1 秒 |
| | 15000 条记录 | 100% | 1 秒 | 1 秒 |
| | 20000 条记录 | 100% | 2 秒 | 2 秒 |

（3）容错性测试用例。

容错性测试也是性能测试中的一种。在这种测试中，将使测试对象承担不同的工作量，以评测和评估测试对象在不同工作量条件下的性能行为，以及持续正常运行的能力。负载测试的目标是确定并确保系统在超出最大预期工作量的情况下仍能正常运行。此外，负载测试还要评估性能特征，例如，响应时间、事务处理速率和其他与时间相关的方面。见表 9-4。

表 9-4 容错性测试用例

| 测试需求 | 输入 | 期望输出 | 是否正常运行 |
|---|---|---|---|
| 发电侧交易申报 | 10000 条记录 | 2 秒 | 是 |
| 市场需求分析 | 10000 条记录 | 1 秒 | 是 |
| 市场交易分析 | 10000 条记录 | 1 秒 | 是 |

续表

| 测试需求 | 输入 | 期望输出 | 是否正常运行 |
|---|---|---|---|
| 交易执行分析 | 10000 条记录 | 1 秒 | 是 |
| 市场效益分析 | 10000 条记录 | 1 秒 | 是 |
| 合同转让管理 | 10000 条记录 | 1 秒 | 是 |
| 市场交易统计分析 | 10000 条记录 | 1 秒 | 是 |
| 系统管理 | 10000 条记录 | 1 秒 | 是 |

（4）整体性能测试用例。

通常系统在设计前会提出一些性能指标，这些指标是性能测试要完成的首要工作，针对每个指标都要统写多个测试用例来验证是否达到要求，根据测试结果来改进系统的性能。预期性能指标通常以单用户为主。见表 9-5。

表 9-5 整体性能测试用例

| 测试需求 | 测试过程说明 | 期望的性能（平均值） | 实际性能（平均值） |
|---|---|---|---|
| 发电侧交易申报 | 新增 | 1 秒 | 1 秒 |
| | 修改 | 1 秒 | 1 秒 |
| | 删除 | 1 秒 | 1 秒 |
| 市场需求分析 | 新增 | 1 秒 | 1 秒 |
| | 修改 | 1 秒 | 1 秒 |
| | 删除 | 1 秒 | 1 秒 |
| 市场交易分析 | 新增 | 1 秒 | 1 秒 |
| | 修改 | 1 秒 | 1 秒 |
| | 删除 | 1 秒 | 1 秒 |
| 交易执行分析 | 新增 | 1 秒 | 1 秒 |
| | 修改 | 1 秒 | 1 秒 |
| | 删除 | 1 秒 | 1 秒 |
| 市场效益分析 | 新增 | 1 秒 | 1 秒 |
| | 修改 | 1 秒 | 1 秒 |
| | 删除 | 1 秒 | 1 秒 |
| 合同转让管理 | 新增 | 1 秒 | 1 秒 |
| | 修改 | 1 秒 | 1 秒 |
| | 删除 | 1 秒 | 1 秒 |

续表

| 测试需求 | 测试过程说明 | 期望的性能（平均值） | 实际性能（平均值） |
|---|---|---|---|
| 市场交易统计分析 | 新增 | 1秒 | 1秒 |
|  | 修改 | 1秒 | 1秒 |
|  | 删除 | 1秒 | 1秒 |
| 系统管理 | 新增 | 1秒 | 1秒 |
|  | 修改 | 1秒 | 1秒 |
|  | 删除 | 1秒 | 1秒 |

# 10　系统使用手册

## 10.1　前言

### 10.1.1　**使用指南**

本手册为《湖南省内辅助服务市场交易技术支持系统》的使用指南，它对系统各项业务功能的使用操作方法进行了详细全面的介绍。通过阅读此手册，读者可快速掌握系统的功能操作。

### 10.1.2　**约定**

为方便介绍系统和让读者更清晰地了解并掌握操作规范，在本手册中进行了诸多约定，在使用过程中您会发现它们很实用：

【　】：表示窗体中的项目、栏目或者按钮。比如：【确定】，表示确定按钮。

＜　＞：表示键盘上的一个功能键。比如：＜Enter＞、＜Esc＞等。

本手册中出现的数据均为测试数据。

### 10.1.3　**系统访问方式**

本系统采用的是 B/S 模式，使用时只需要在 IE 浏览器中输入 IP 地址，然后进行登录就可以了，使用简单方便。系统的具体访问方式如下：

http：//10.43.10.233

### 10.1.4　**版本更新**

此文档在系统中提供了在线方式，如有版本更新，会及时地挂载在系统帮助文档中（即此用户使用手册的在线方式）。

## 10.2　运行软硬件环境

### 10.2.1　**硬件要求**

操作系统：Windows 7 及以上的 64 位操作系统。

CPU：1.6GHz 以上。

内存：8G 及以上。

硬盘可用容量：30G 及以上。

显示器分辨率：1360×768 及以上。

### 10.2.2　软件要求

要求在 100Kbps 及以上的网络带宽下运行及数据传输。

所需要的软件环境为：IE 浏览器版本为 8.0 或以上。

网络协议：TCP/IP，支持 IPV4。

## 10.3　页面布局信息与操作功能说明

### 10.3.1　系统登录

#### 10.3.1.1　登录页面

登录页面如图 10-1 所示。

**图 10-1　登录页面**

#### 10.3.1.2　用户注册

如果用户没有账号，点击【注册】，如图 10-2 所示，输入相关信息，点击【提交】即可完成注册。注册完成之后需要联系管理员设置该用户权限。

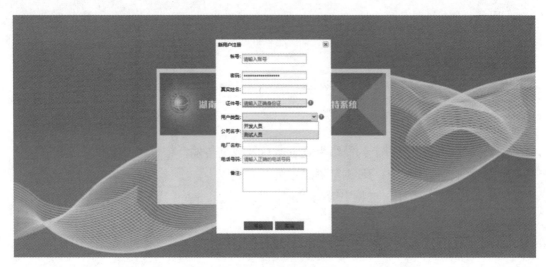

图 10-2　注册页面界面

### 10.3.1.3　用户登录

管理员设置好用户权限之后，用户可以回到登录页面，输入账号和密码点击【登录】，即可登录成功。如图 10-3 所示。

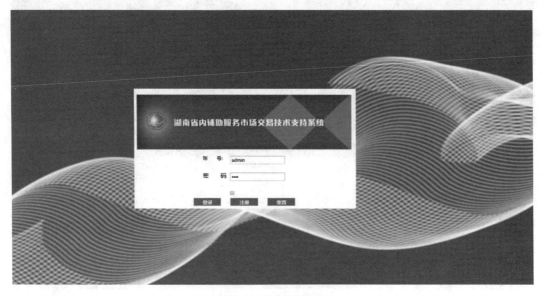

图 10-3　用户登录页面

### 10.3.1.4　用户首页

用户登录成功后，会进入系统首页。首页布局分为左边的菜单栏和右上角的功能键。右上角的功能键有【帮助】、【注销】、【修改密码】。

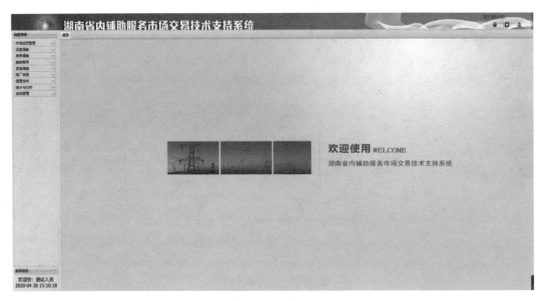

图 10-4　用户页面

（1）帮助：点击【帮助】，打开系统操作手册。

（2）注销：点击【注销】，会弹出是否注销的提示框，用户可以选择注销登录。

（3）修改密码：点击【修改密码】，会弹出修改密码的提示框，用户需要输入两次新密码，点击【确定】，即修改成功。此时会跳转至登录页面，用户需要用新密码登录系统。如图 10-5 所示。

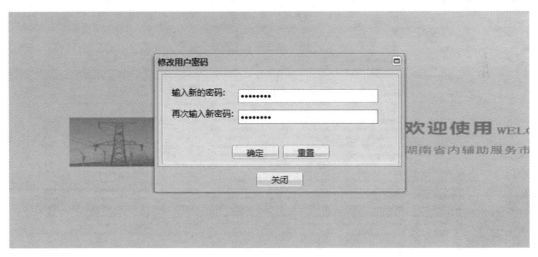

图 10-5　用户修改密码

（4）菜单栏：菜单栏里是所有的功能模块。用户可以点击目录然后下拉选择自己需要进入的页面。如图 10-6 所示。

图 10-6　功能菜单栏

## 10.3.2　市场成员管理

市场成员管理是湖南省内辅助服务市场交易技术支持系统的基础信息，实现对市场各参与成员的注册和信息维护功能。

图 10-7 为市场成员管理详情页面。

图 10-7　市场成员管理详情页面

（1）页面布局说明。

市场成员管理页面顶部功能栏：【导出】、【刷新】、【查询按钮】。

（2）页面功能说明。

【导出】若要导出市场成员的信息时，选中要导出的信息，点击【导出】即可成功导出所选数据。文件可以直接点击左下角进行查看。如图 10-8 所示。

**图 10-8　导出市场成员信息页面**

【刷新】用户对页面操作后点击【刷新】对成员管理页面进行手动刷新。

【查询】在【文本框】输入相关内容查找成员信息，支持模糊查询。点击【查询】。如图 10-9 所示。

**图 10-9　查询市场成员信息页面**

### 10.3.3　深度调峰

深度调峰分为申报内容管理、日前排序管理、实际调用管理、考核审核、操作记录、数据管理等。如图 10-10 所示。

图 10-10　深度调峰信息页面

#### 10.3.3.1　申报内容管理

对电厂申报数据进行统一管理。管理页面如图 10-11 所示。

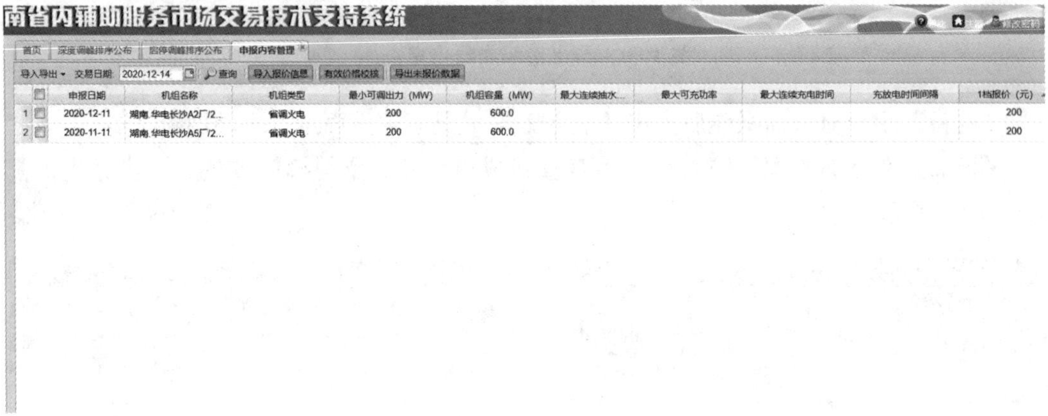

图 10-11　申报内容管理页面

功能栏：【导入导出】、【交易日期查询】、【导入报价信息】、【有效价格校核】、【导出未报价数据】。

【导入导出】点击此按钮，导出以设定日期的报价信息。

【交易日期查询】点击此按钮，设置所要查询某天的报价信息。

【导入报价信息】点击此按钮，系统自动导入电厂申报数据。

【有效价格校核】点击此按钮，系统将会自动校核数据，对报价进行排序。

### 10.3.3.2　日前排序管理

对报价排序后的数据进行展示与管理。如图 10-12 所示。

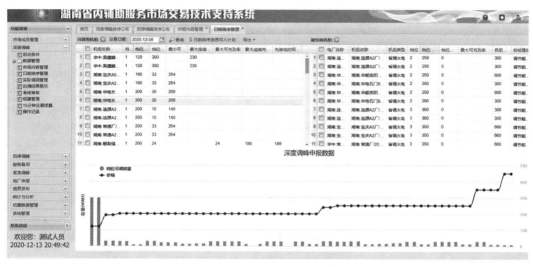

图 10-12　日前排序管理页面

（1）页面布局说明。

日前排序页面顶部功能栏：【查询】、【目前排序信息写入计划】、【导出】。

（2）页面功能说明。

【查询】选择日期，点击此按钮，可查询该日期的日前排序情况。

【导出】可导出当前日期申报数据至 Excel。

### 10.3.3.3　实际调用管理

操作员进入实际调用管理页面，如图 10-13 所示。

图 10-13　实际调用管理页面

（1）页面布局说明。

整个面板显示的是调用机组信息。

（2）页面功能说明。

【查看调用队列】如图 10-14 所示。

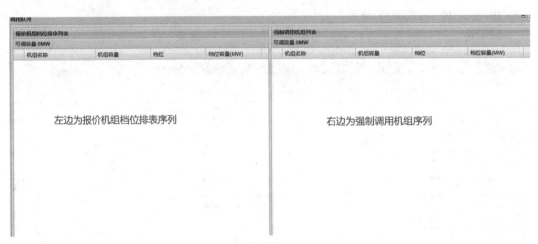

图 10-14　查看调用队列

左表格显示的是报价机组档位排序列表信息，右表格为未报价强制调用机组列表信息。

【输入深调需求】点击此按钮，打开需求框，操作员输入需求，输入负值'一'为调用需求，后续输入正值则需求减少，输入负值则需求增加，点击【确定】。例如：此时深调量为 500，则输入－500，若要减少 50MW 深调量，则输入 50，若要增加 50MW 深调量，则输入－50。弹出发送成功窗口，点击确定系统自动刷新正在调用机组信息并发送指令到各个电厂，等待指令的接收。如图 10-15 所示。

选中机组信息行，右击鼠标点击【机组实际出力曲线】，可查看机组实际出力曲线，双击深调容量、指令出力、机组状态框可进行数据的修改。如图 10-16 所示。

图 10-15　输入需求

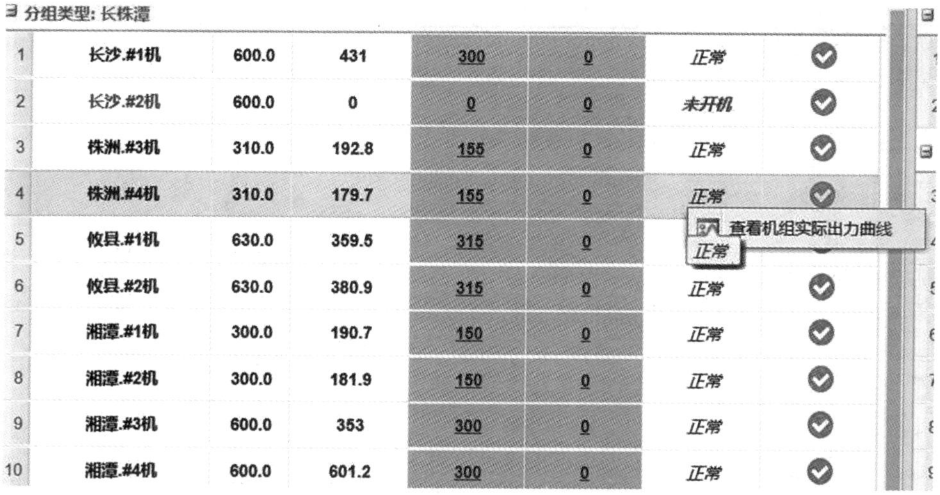

图 10-16　机组实际出力曲线

【查看机组实际出力曲线】右键点击所选机组可查看该机组实际出力曲线。

【调用状态】点击此按钮，可切换调用的进行与停止的状态。如图 10-17 所示。

调用方式分为正在市场调用和正在强制调用。点击按钮可进行两者的切换。

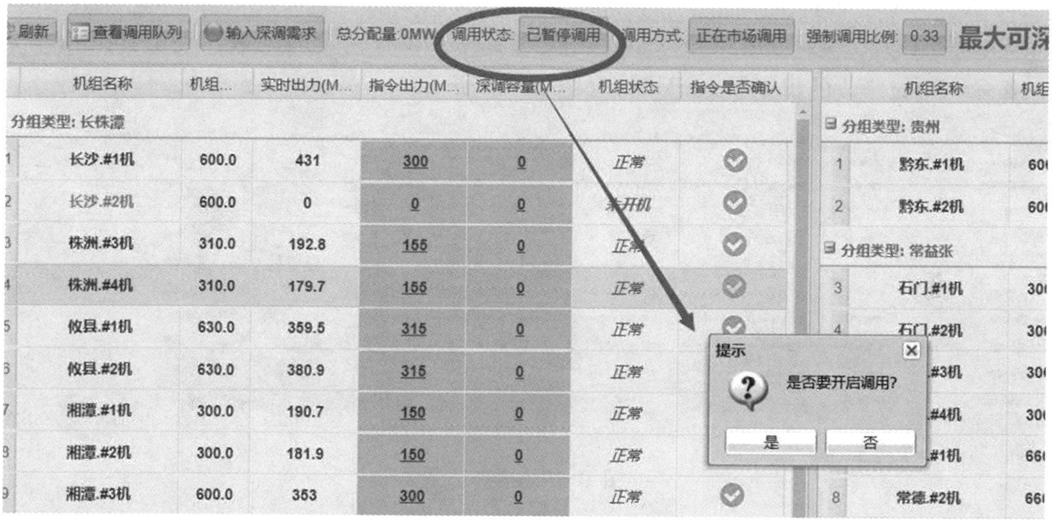

图 10-17　调用状态开启

【正在市场调用】对已报价机组的调用。

【正在强制调用】对未报价机组的强制调用。

强制调用比例：点击按钮可进行强制调用比例的修改。

#### 10.3.3.4　考核审核

【通过条件查询】通过给予指定条件对某个时间段的交易内容进行查询，如图 10-18 所示。

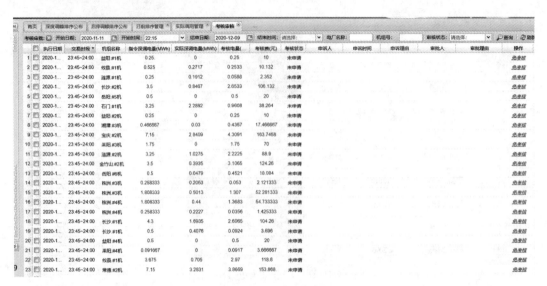

图 10-18  分摊费详情

批量选中需免考核的数据，可以点击面板顶部【批量免考核】、【批量撤销考核】按钮进行批量免考核操作或者批量撤销免考核操作。

### 10.3.3.5  操作记录

【操作记录查询】调度员输入指定的机组名称或设置某个时间段，点击查询调度员在实际调用时修改的机组状态记录。如图 10-19 所示。

图 10-19  操作记录

### 10.3.3.6  数据管理

数据管理模块分为服务费数据管理和分摊费数据管理。如图 10-20、图 10-21 所示。

图 10-20　服务费数据管理

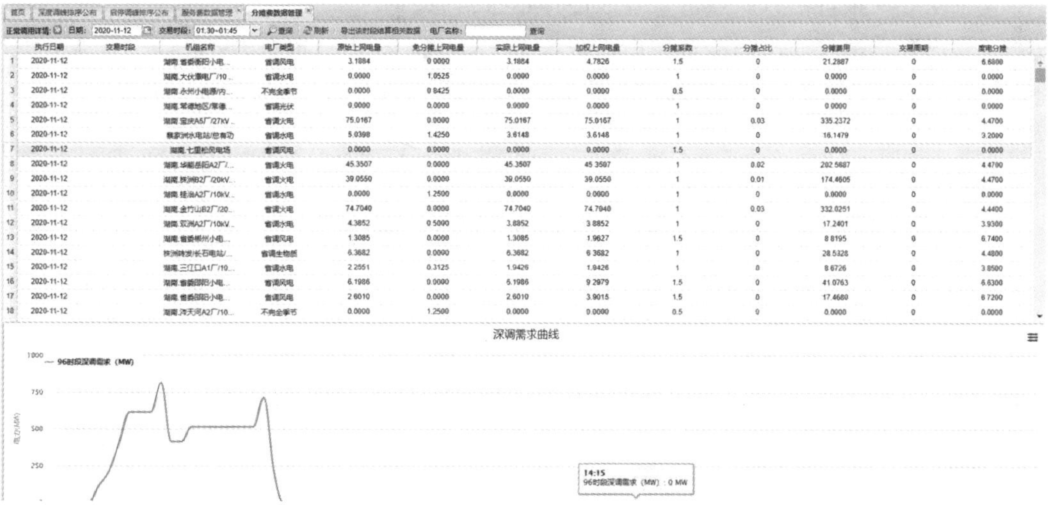

图 10-21　分摊费数据管理

服务费数据管理与分摊费数据管理模块均按交易时段、电厂名称进行查询。

服务费数据模块中【导出该时段结算相关数据】导出数据为：选中时段的所有机组的实际出力、指令出力、有效报价数据。

分摊费数据模块中【导出该时段结算相关数据】导出数据为：所有机组的实际出力、分摊减免数据。

## 10.3.4　启停调峰

启停调峰分为申报内容管理、日前排序管理、实际调用管理。

#### 10.3.4.1　申报内容管理

用户进入申报内容管理对电厂申报数据进行管理。如图 10-22 所示。

图 10-22　申报页面管理

【手动导入报价信息】点击，导入电厂申报信息。

【导出】点击【导出当前日期申报数据至 Execl】，导出数据至 Excel。

【有效价格校核】点击，校核电厂申报的内容，将校核过的数据发至日前排序管理模块。

#### 10.3.4.2　日前排序管理

用户进入此模块，对报价数据进行管理。如图 10-23 所示。

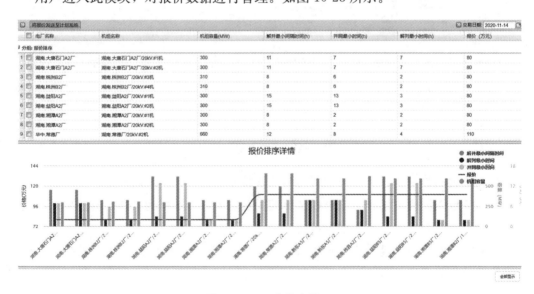

图 10-23　日前排序管理

【将报价发送至计划系统】将当天数据直接按序排列后发送至计划系统，并由计划系统综合各方面需求安排启停计划。

### 10.3.4.3　实际调用管理

调度员进入此模块，对日前的计划系统返回来的计划调用队列进行确认或者按照人工按日前报价按需调用。如图 10-24 所示。

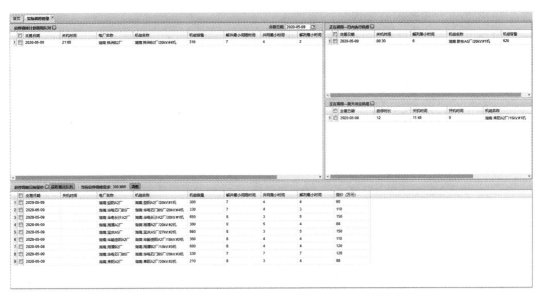

图 10-24　实际调用管理

点击按钮查看未报价机组并强制调用。如图 10-25 所示。

| | | 电厂名称 | 机组名称 | 机组额定容量 |
|---|---|---|---|---|
| | | 强制调用 | | |
| 1 | ☐ | 湖南.黔东A5厂 | 湖南.黔东A5厂/20kV.#1机 | 600 |
| 2 | ☐ | 湖南.金竹山B5厂 | 湖南.金竹山B5厂/20kV.#1机 | 600 |
| 3 | ☐ | 湖南.黔东A5厂 | 湖南.黔东A5厂/20kV.#2机 | 600 |
| 4 | ☐ | 湖南.金竹山B5厂 | 湖南.金竹山B5厂/20kV.#2机 | 600 |
| 5 | ☐ | 湖南.湘潭B2厂 | 湖南.湘潭B2厂/10kV.#3机 | 600 |
| 6 | ☐ | 湖南.益阳B5厂 | 湖南.益阳B5厂/20kV.#3机 | 600 |
| 7 | ☐ | 湖南.湘潭B5厂 | 湖南.湘潭B5厂/20kV.#4机 | 600 |
| 8 | ☐ | 湖南.益阳B5厂 | 湖南.益阳B5厂/20kV.#4机 | 600 |
| 9 | ☐ | 湖南.华能岳阳C5厂 | 湖南.华能岳阳C5厂/20kV.#5机 | 600 |
| 10 | ☐ | 湖南.华能岳阳C5厂 | 湖南.华能岳阳C5厂/20kV.#6机 | 600 |
| 11 | ☐ | 湖南.宝庆A5厂 | 湖南.宝庆A5厂/27kV.#1机 | 660 |
| 12 | ☐ | 华中.常德厂 | 湖南.常德厂/20kV.#1机 | 660 |
| 13 | ☐ | 湖南.攸县A5厂 | 湖南.攸县A5厂/20kV.#2机 | 630 |
| 14 | ☐ | 湖南.华电长沙A2厂 | 湖南.华电长沙A2厂/20kV.#1机 | 600 |
| 15 | ☐ | 湖南.华电长沙A5厂 | 湖南.华电长沙A5厂/20kV.#2机 | 600 |
| 16 | ☐ | 湖南.华电石门B5厂 | 湖南.华电石门B5厂/20kV.#3机 | 300 |
| 17 | ☐ | 湖南.华电石门B5厂 | 湖南.华电石门B5厂/20kV.#4机 | 300 |
| 18 | ☐ | 湖南.华能岳阳A2厂 | 湖南.华能岳阳A2厂/18kV.#1机 | 362.5 |
| 19 | ☐ | 湖南.华能岳阳A2厂 | 湖南.华能岳阳A2厂/18kV.#2机 | 362.5 |
| 20 | ☐ | 湖南.华能岳阳B2厂 | 湖南.华能岳阳B2厂/20kV.#3机 | 300 |

图 10-25　查看未报价机组并强制调用

## 10.3.5 旋转备用

旋转备用模块包括申报内容管理、日前排序管理、实际调用管理三个子模块。

### 10.3.5.1 申报内容管理

用户进入启动条件模块，决定是否需要开启旋转备用交易。如图 10-26 所示。

| | 交易日期 | 电厂名称 | 电厂ID | 机组名称 | 机组ID | 机组类型 | 最大可调出力 | 旋备报价 | 报价上限 | 备注 |
|---|---|---|---|---|---|---|---|---|---|---|
| **机组类型：省调水电** | | | | | | | | | | |
| 1 | 2020-09-15 | 湖南.安江水电站 | 113997366289236200 | 湖南.怀化地区虚拟站/安江总/有功 | 122723133516951277 | 省调水电 | 300 | 0 | | |
| 2 | 2020-09-15 | 湖南.清水塘电厂 | 113997366289236197 | 湖南.怀化地区虚拟站/清水塘A1厂... | 122723133516942886 | 省调水电 | 350 | 0 | | |
| **机组类型：省调火电** | | | | | | | | | | |
| 3 | 2020-09-15 | 湖南.华电长沙A2厂 | 113997366289235976 | 湖南.华电长沙A2厂/20kV.#1机 | 115686216149499905 | 省调火电 | 0 | 36 | 40 | |
| **机组类型：调相机** | | | | | | | | | | |
| 4 | 2020-09-15 | 长沙.调相机1 | 123456789 | | | 调相机 | 0 | 0 | | |

图 10-26 申报内容管理页面

【查询】查询不同日期的申报信息。

【导入报价信息】点击，导入电厂申报信息。

【安全校核】点击，申报数据进行安全校核，并在校核之后把数据发送至日前排序管理模块。

### 10.3.5.2 日前排序管理

用户进入日前排序管理模块对队列或需求进行修改。如图 10-27 所示。

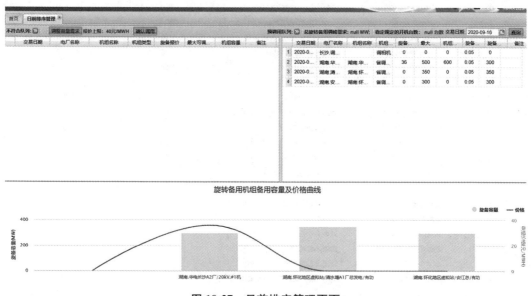

旋转备用机组备用容量及价格曲线

图 10-27 日前排序管理页面

（1）页面布局说明。

上左面板是不符合调用需求的数据信息展示，上右面板是预调用队列信息，下面板是旋转备用机组容量及价格曲线图形展示。

（2）页面功能说明。

【调整容量需求】点击，输入旋备备用参数设置，点击【确定】，根据输入的需求表格自动刷新。如图 10-28 所示。

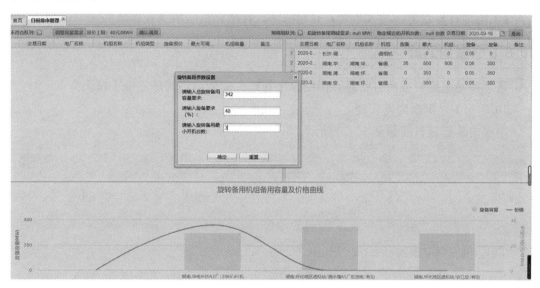

图 10-28　调整容量需求

【确认调用】点击，将预调用的表格数据调至实际管理页面。

### 10.3.5.3　实际调用管理

实际调用管理页面如图 10-29 所示。

图 10-29　实际调用管理页面

（1）页面布局说明。

上左面板是未调用的机组数据信息展示，上右面板是预调用队列信息，下面板是已经调用的机组。

（2）页面功能说明。

【调整容量需求】点击，重新输入需求，确认调用。

【确认调用】点击，对预调用机组进行调用。

【调用结算】点击，输入参数，开始结算，在结算页面中查看详情。

### 10.3.6 紧急调峰

紧急调峰包括申报内容管理、调用排序管理、实际调用管理三个子模块。

#### 10.3.6.1 申报内容管理

申报内容管理页面如图 10-30 所示。

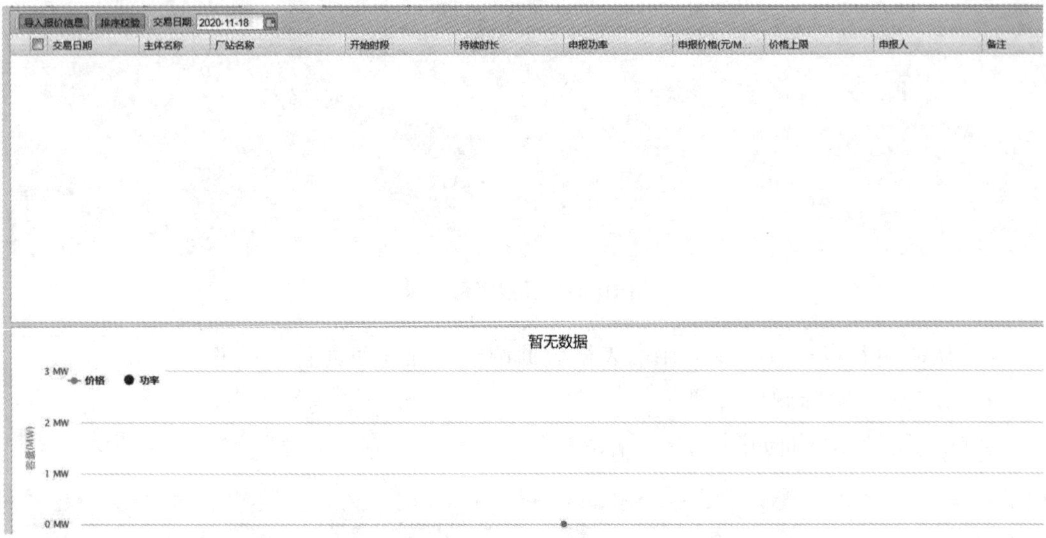

图 10-30 申报内容管理

（1）页面布局说明。

上表格显示的是机组申报信息，下图为机组紧急调峰能力价格图。

（2）页面功能说明。

【导入报价信息】点击，导入电力大用户与储能的申报信息。

【排序检验】点击，对申报信息进行排序与检验。

#### 10.3.6.2 调用排序管理

调用排序管理页面如图 10-31 所示。

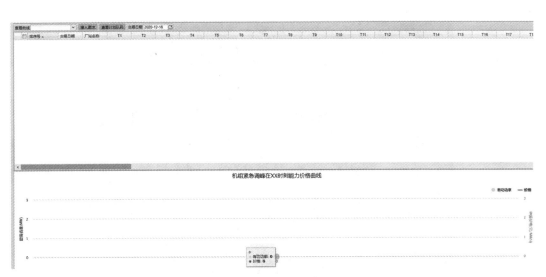

图 10-31　调用排序管理

### 10.3.6.3　实际调用管理

实际调用管理页面如图 10-32 所示。

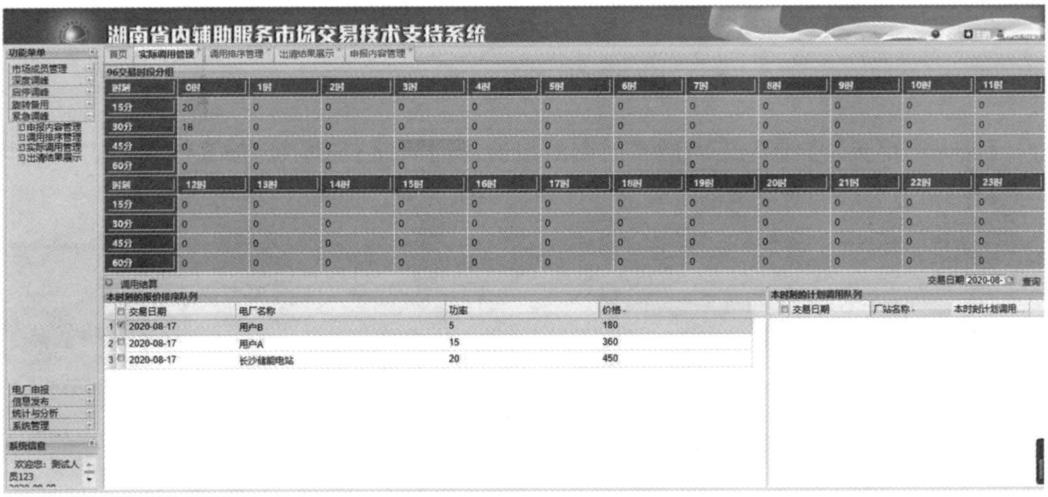

图 10-32　实际调用管理页面

（1）页面布局说明。

上面板为 96 时段的需求容量，下左面板为该时刻的报价排序队列，下右为本时刻计划的计划调用队列。

（2）页面功能说明。

【查看本时刻的调用机组和排序】选中一个时刻右击，弹出查看本时刻的调用机组和排序选项，点击下表数据项会刷新该时刻的调用机组和排序信息。如图 10-33所示。

图 10-33 查看本时刻的调用机组和排序

【加入调用队列】在左下表的本时刻的报价排列队列右击，点击【加入调用队列】，把此机组信息添加到右下表的本时刻的计划调用队列中。如图 10-34 所示。

图 10-34 加入调用队列

【移除调用队列】在右下表的本时刻的计划调用队列中选择一条数据右击，点击【移除调用队列】，把此机组信息从右下表的本时刻的计划调用队列中移除。如图 10-35 所示。

省内辅助服务市场交易技术支持系统

首页　调用排序管理 ✕　实际调用管理 ✕

**96交易时段分组**

| 时刻 | 0时 | 1时 | 2时 | 3时 | 4时 | 5时 | 6时 | 7时 | 8时 | 9时 | 10时 | 11时 |
|---|---|---|---|---|---|---|---|---|---|---|---|---|
| 15分 | 20 | 0 | 0 | 0 | 0 | 0 | 0 | 0 | 0 | 0 | 0 | 0 |
| 30分 | 18 | 0 | 0 | 0 | 0 | 0 | 0 | 0 | 0 | 0 | 0 | 0 |
| 45分 | 0 | 0 | 0 | 0 | 0 | 0 | 0 | 0 | 0 | 0 | 0 | 0 |
| 60分 | 0 | 0 | 0 | 0 | 0 | 0 | 0 | 0 | 0 | 0 | 0 | 0 |
| 时刻 | 12时 | 13时 | 14时 | 15时 | 16时 | 17时 | 18时 | 19时 | 20时 | 21时 | 22时 | 23时 |
| 15分 | 0 | 0 | 0 | 0 | 0 | 0 | 0 | 0 | 0 | 0 | 0 | 0 |
| 30分 | 0 | 0 | 0 | 0 | 0 | 0 | 0 | 0 | 0 | 0 | 0 | 0 |
| 45分 | 0 | 0 | 0 | 0 | 0 | 0 | 0 | 0 | 0 | 0 | 0 | 0 |

调用结算　　　　　　　　　　　　　　　　　交易日期 2020-08-14　查

本时刻的报价排序队列

| | 交易日期 | 电厂名称 | 功率 | 价格 |
|---|---|---|---|---|
| 1 | 2020-08-14 | 用户B | 5 | 180 |
| 2 | 2020-08-14 | 用户A | 15 | 360 |
| 3 ✓ | 2020-08-14 | 长沙储能电站 | 20 | 450 |

本时刻的计划调用队列

| | 交易日期 | 厂站名称 | 本时刻计划调用的能力 |
|---|---|---|---|
| 1 | 2020-08-14 | 用户A | 15 |
| 2 ✓ | 2020-08-14 | 移除调用队列 站 | 20 |

图 10-35　移除调用队列

【调用结算】点击，进行服务费结算至出清结果展示。

### 10.3.7　电厂申报

如图 10-36 所示，电厂用户在左侧菜单栏中点击【电厂申报】，可以看见九个子菜单，包括【深度调峰电厂申报】、【启停调峰电厂申报】、【旋转备用电厂申报】、【紧急调峰电厂申报】、【指令读取】、【深度调峰电量考核】、【操作记录】、【周期信息】、【交易公告】。电厂用户根据开启的交易品种进行相对应的操作。

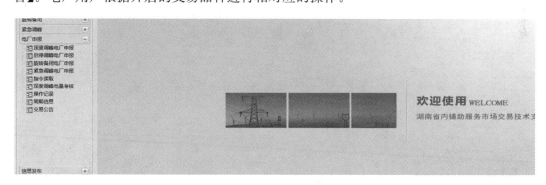

图 10-36　电厂申报模块图

#### 10.3.7.1　深度调峰

在市场开启深度调峰交易时，电厂用户可以进行深度调峰申报。根据图 10-36 点击【深度调峰】，进入深度调峰申报详情页面（图 10-37）。

图 10-37　电厂深度调峰详情页面

页面功能说明如下。

【撤销报价】此功能根据省端设置的报价时间限制。

选中想要撤销的申报内容，点击【撤销报价】。若选中的内容的交易时间在次日10：00 之前，那么不能撤销，如图 10-38 所示；若选中的内容的交易时间在点击时刻之后，即可撤销，如图 10-39 所示。

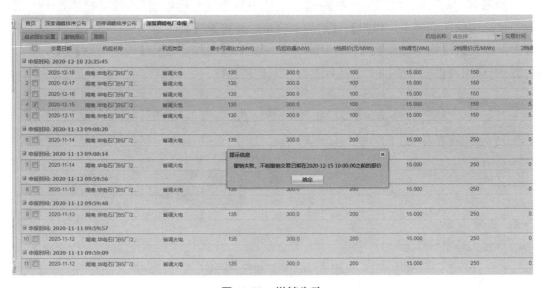

图 10-38　撤销失败

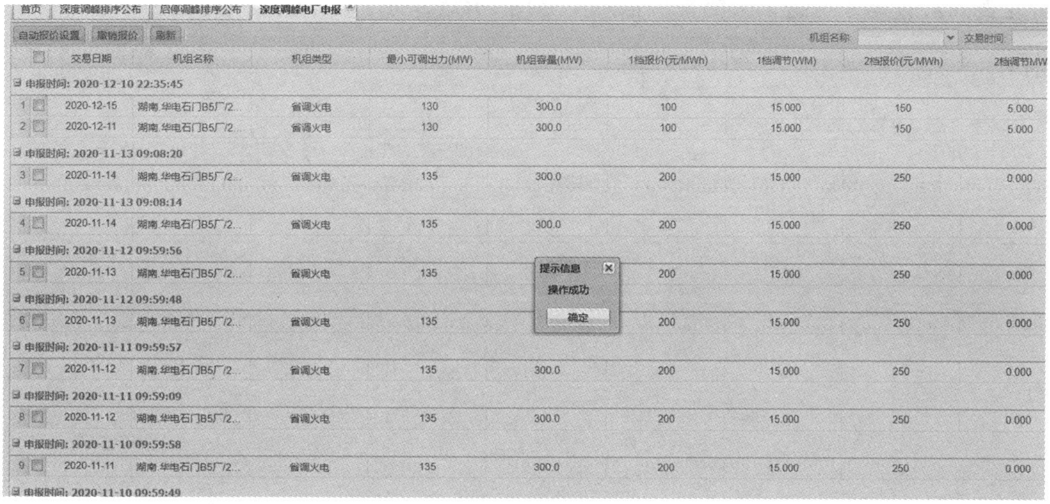

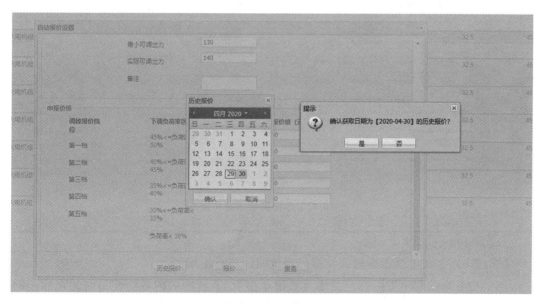

图 10-39　撤销成功

【自动报价设置】此功能的作用是让用户连续多日地报价，可以让用户在工作日设置好节假日的报价数据。

用户设置报价的时间段，选好机组，填入申报信息，或者如图 10-40 点击【历史报价】，选中日期获得该机组的该日期的申报数据自动填入申报信息，最后点击【报价】即完成了该时间段的报价。

图 10-40　历史报价

【刷新】用户进行查询操作之后点击【刷新】页面内容刷新。

【机组名称】【交易时间】【查询】用户选中机组，点击【查询】即可查到对应机组的所有的报价信息，也可以根据日期查询某一天的报价信息，也可以选中机组和日期点击【查询】查询某机组某天的报价信息。如图 10-41 所示。

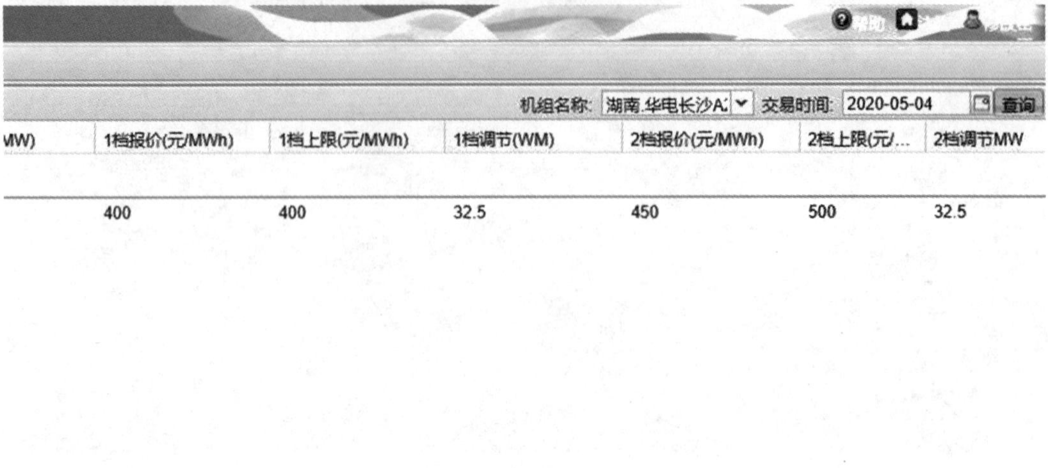

| (MW) | 1档报价(元/MWh) | 1档上限(元/MWh) | 1档调节(WM) | 2档报价(元/MWh) | 2档上限(元/... | 2档调节 MW |
|---|---|---|---|---|---|---|
| | 400 | 400 | 32.5 | 450 | 500 | 32.5 |

图 10-41　查询报价

#### 10.3.7.2　启停调峰

在市场开启启停调峰交易时，电厂用户可以进行启停调峰申报。根据图 10-42 点击【启停调峰】，进入启停调峰申报详情页面。

图 10-42　启停调峰详情页面

页面功能说明如下。

【撤销申报】此功能根据省端设置的报价时间进行了限制。

选中想要撤销的申报内容，点击【撤销申报】。若选中的内容的交易时间在点击时刻之前，那么不能撤销，如图 10-43 所示；若选中的内容的交易时间在点击时刻之后，即可撤销，如图 10-44 、图 10-45 所示。

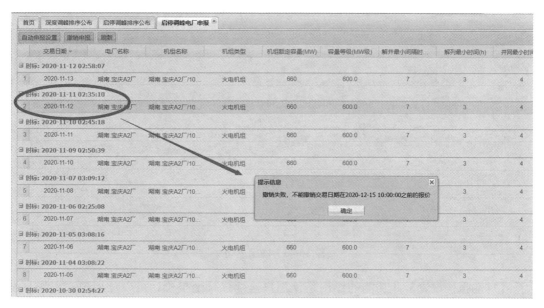

图 10-43 撤销失败

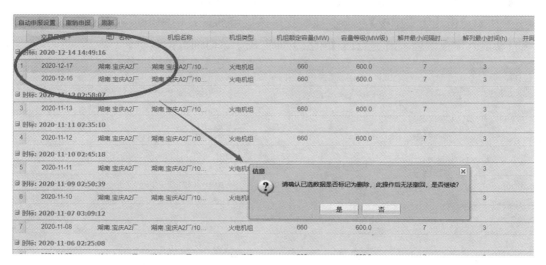

图 10-44 撤销成功 1

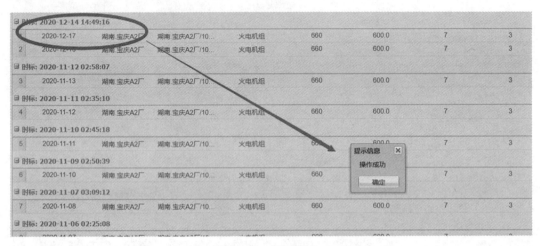

图 10-45　撤销成功 2

【自动报价设置】此功能的作用是让用户连续多日地报价，可以让用户在工作日设置好节假日的报价数据。

用户设置报价的时间段，选好机组，填入申报信息，如图 10-46 所示。或者如图10-47 所示点击【历史申报】，选中日期获得该机组的该日期的申报数据点击【是】，系统自动填入申报信息，最后点击【申报】即完成了该时间段的报价。

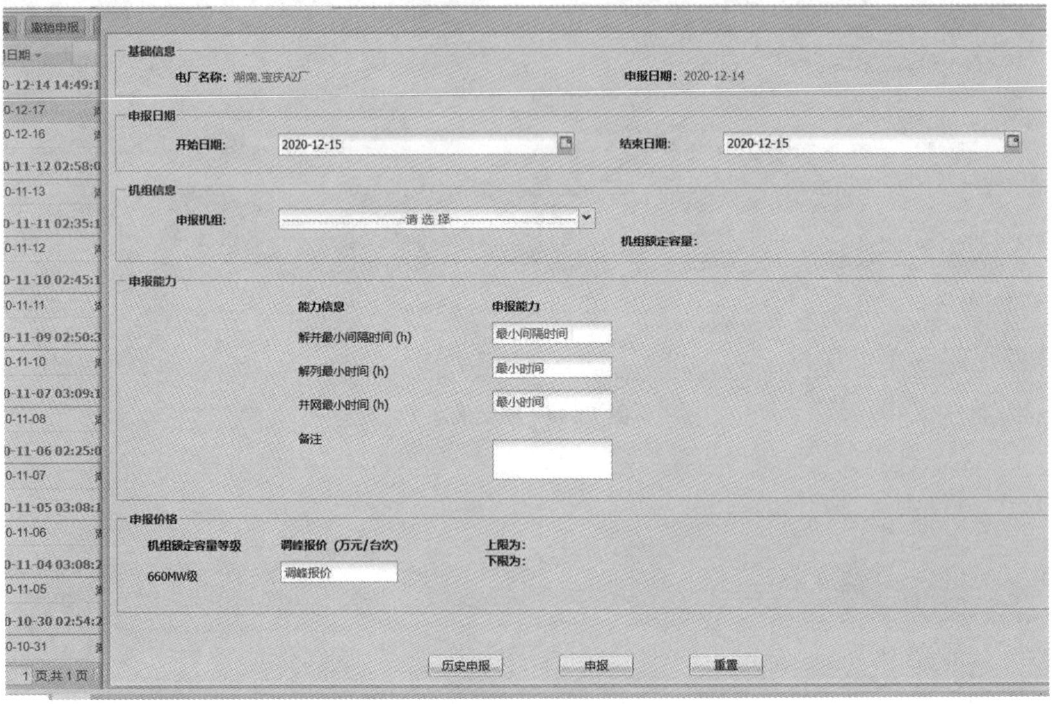

图 10-46　自动申报

图 10-47　历史报价

【刷新】用户进行查询操作之后点击【刷新】进行页面内容刷新。

【申报时间】【查询】用户选择申报时间，点击【查询】即可查到对应申报时间的所有申报信息。如图 10-48 所示。

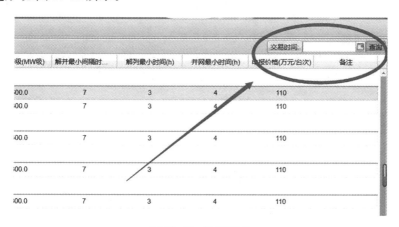

图 10-48　查询报价

### 10.3.7.3　旋转备用

在市场开启旋转备用交易时，电厂用户可以进行旋转备用申报。根据图 10-49 点击【旋转备用】，进入旋转备用申报详情页面。

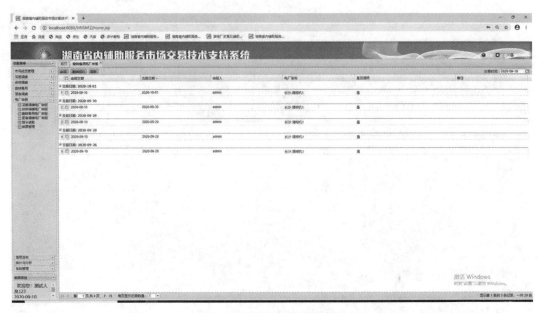

图 10-49　旋转备用详情页面

页面功能说明如下。

【申报】点击【申报】打开申报页面，用户选择需报价的机组，选择好申报开始日期和结束日期，填入好申报能力及价格，点击【报价】即可申报成功。如图 10-50 所示。

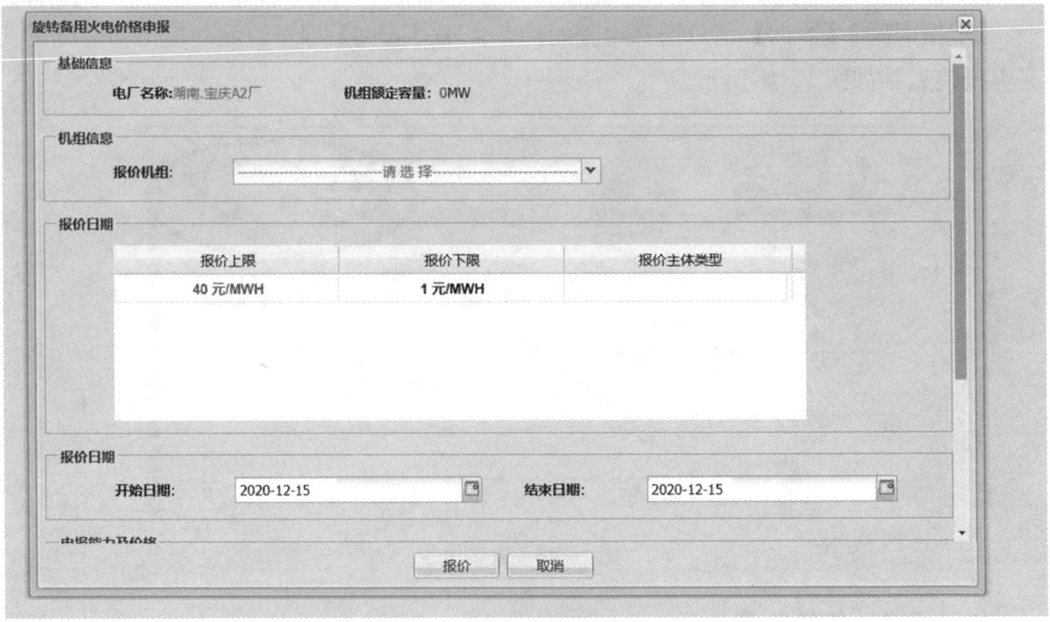

图 10-50　旋转备用申报页面

【撤销】此功能根据省端设置的报价时间进行了限制。

　　选中想要撤销的申报内容，点击【撤销申报】。若选中的内容的交易时间在点击时刻之前，那么不能撤销，如图 10-51 所示；若选中的内容的交易时间在点击时刻之后，即可撤销，如图 10-52、图 10-53 所示。

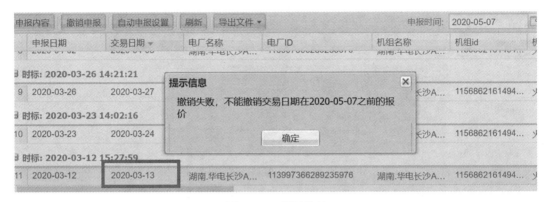

图 10-51　撤销失败

图 10-52　撤销成功 1

图 10-53　撤销成功 2

#### 10.3.7.4 紧急调峰

在市场开启紧急调峰交易时，电厂用户可以进行紧急调峰申报。根据图 10-54，进入紧急调峰申报详情页面。

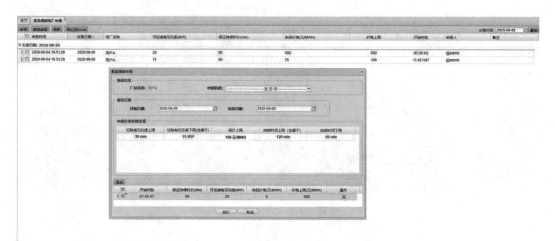

图 10-54　紧急调峰详情页面

页面功能说明如下。

【申报】点击，打开申报页面，选择机组和日期时间，点击【添加】添加一条申报内容，选择或者输入时段、能力及价格。检查完毕之后点击【报价】即可将申报信息上传给省端。如图 10-55 所示。

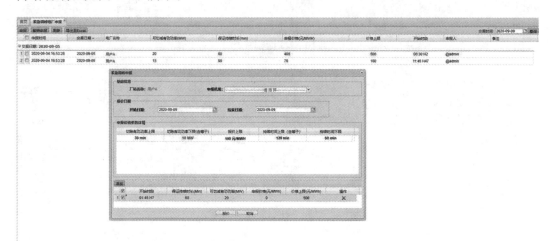

图 10-55　紧急调峰申报页面

【撤销申报】此功能根据省端设置的报价时间进行了限制。

选中想要撤销的申报内容，点击【撤销申报】，若选中的内容的交易时间在点击时刻之前，那么不能撤销，如图 10-56 所示；若选中的内容的交易时间在点击时刻之后，即可撤销，如图 10-57 所示。

图 10-56　撤销失败

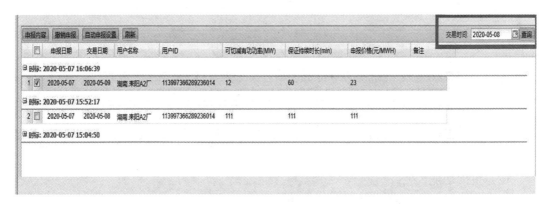

图 10-57　删除成功

【刷新】用户进行查询操作之后点击【刷新】进行页面内容刷新。

【申报时间】【查询】用户选择申报时间，点击【查询】即可查到对应申报时间的所有申报信息。如图 10-58 所示。

图 10-58　查询报价

### 10.3.7.5　指令读取

指令读取页面如图 10-59 所示。

图 10-59　指令读取

（1）页面布局说明。

表格数据根据确认状态进行分组展示，黄色代表待确认，绿色代表已接收，红色代表未接收到指令。

（2）页面功能说明。

【刷新】点击【刷新】进行页面的刷新。

【一键接收指令】点击【一键接收指令】，接收省端下发的指令，接收成功黄色变成绿色。如图 10-60 所示。

图 10-60　接收指令成功

### 10.3.7.6 深度调峰电量考核

深度调峰电量考核如图 10-61 所示。

首页 | 深度调峰排序公布 | 启停调峰排序公布 | 深度调峰电量考核 | 指令读取

考核申诉： 交易日期： 2020-11-13 查询 刷新 批量提交考核

| | 执行日期 | 交易时段 | 机组名称 | 指令深调... | 实际深调... | 考核电量 | 考核费 | 考核状态 | 申诉人 | 申诉理由 | 审批人 | 审批时间 | 审批理由 | 原因 |
|---|---|---|---|---|---|---|---|---|---|---|---|---|---|---|
| 1 | 2020-11... | 23:45~24:00 | 湖南.宝庆A2厂/10... | 7.15 | 3.4148 | 3.7352 | 141.9376 | 未申请 | | | | | | 过期未处理 |
| 2 | 2020-11... | 05:30~05:45 | 湖南.宝庆A2厂/10... | 17.45 | 17.138733 | 0.3113 | 17.598 | 未申请 | | | | | | 过期未处理 |
| 3 | 2020-11... | 05:15~05:30 | 湖南.宝庆A2厂/10... | 27.633333 | 20.4223 | 7.211 | 1024.439 | 未申请 | | | | | | 过期未处理 |
| 4 | 2020-11... | 05:00~05:15 | 湖南.宝庆A2厂/10... | 25.3 | 18.7302 | 6.5698 | 715.607667 | 未申请 | | | | | | 过期未处理 |
| 5 | 2020-11... | 03:30~03:45 | 湖南.宝庆A2厂/10... | 18.383333 | 16.7244 | 1.6589 | 100.341867 | 未申请 | | | | | | 过期未处理 |
| 6 | 2020-11... | 02:30~02:45 | 湖南.宝庆A2厂/10... | 19.566667 | 17.2534 | 2.3133 | 203.0974 | 未申请 | | | | | | 过期未处理 |
| 7 | 2020-11... | 01:00~01:15 | 湖南.宝庆A2厂/10... | 16.5 | 13.7703 | 2.7297 | 124.0176 | 未申请 | | | | | | 过期未处理 |
| 8 | 2020-11... | 00:45~01:00 | 湖南.宝庆A2厂/10... | 16.5 | 9.9354 | 6.5646 | 315.1008 | 未申请 | | | | | | 过期未处理 |
| 9 | 2020-11... | 00:30~00:45 | 湖南.宝庆A2厂/10... | 11 | 6.3337 | 4.6663 | 232.3194 | 未申请 | | | | | | 过期未处理 |
| 10 | 2020-11... | 00:15~00:30 | 湖南.宝庆A2厂/10... | 8.25 | 0.5987 | 7.6513 | 290.7494 | 未申请 | | | | | | 过期未处理 |
| 11 | 2020-11... | 00:00~00:15 | 湖南.宝庆A2厂/10... | 0.55 | 0 | 0.55 | 20.9 | 未申请 | | | | | | 过期未处理 |

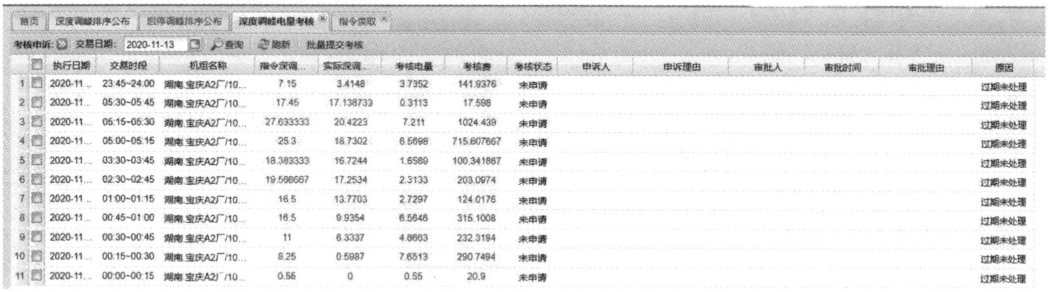

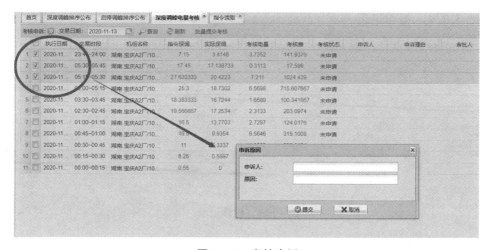

**图 10-61 深度调峰电量考核图**

页面功能说明如下。

【查询】点击查询功能，可以选择某个交易日期的深度调峰进行查看。如图 10-62 所示。

考核申诉： 交易日期： 2020-11-13 查询 刷新 批量提交考核

| | 执行日期 | 交易时段 | 机组名称 | 指令深调... | 实际深调... | 考核电量 | 考核费 | 考核状态 | 申诉人 |
|---|---|---|---|---|---|---|---|---|---|
| 1 | 2020-11... | 23:45~24:00 | 湖南.宝庆A2厂/10... | 7.15 | 3.4148 | 3.7352 | 141.9376 | 未申请 | |
| 2 | 2020-11... | 05:30~05:45 | 湖南.宝庆A2厂/10... | 17.45 | 17.138733 | 0.3113 | 17.598 | 未申请 | |
| 3 | 2020-11... | 05:15~05:30 | 湖南.宝庆A2厂/10... | 27.633333 | 20.4223 | 7.211 | 1024.439 | 未申请 | |
| 4 | 2020-11... | 05:00~05:15 | 湖南.宝庆A2厂/10... | 25.3 | 18.7302 | 6.5698 | 715.607667 | 未申请 | |
| 5 | 2020-11... | 03:30~03:45 | 湖南.宝庆A2厂/10... | 18.383333 | 16.7244 | 1.6589 | 100.341867 | 未申请 | |
| 6 | 2020-11... | 02:30~02:45 | 湖南.宝庆A2厂/10... | 19.566667 | 17.2534 | 2.3133 | 203.0974 | 未申请 | |
| 7 | 2020-11... | 01:00~01:15 | 湖南.宝庆A2厂/10... | 16.5 | 13.7703 | 2.7297 | 124.0176 | 未申请 | |
| 8 | 2020-11... | 00:45~01:00 | 湖南.宝庆A2厂/10... | 16.5 | 9.9354 | 6.5646 | 315.1008 | 未申请 | |
| 9 | 2020-11... | 00:30~00:45 | 湖南.宝庆A2厂/10... | 11 | 6.3337 | 4.6663 | 232.3194 | 未申请 | |
| 10 | 2020-11... | 00:15~00:30 | 湖南.宝庆A2厂/10... | 8.25 | 0.5987 | 7.6513 | 290.7494 | 未申请 | |
| 11 | 2020-11... | 00:00~00:15 | 湖南.宝庆A2厂/10... | 0.55 | 0 | 0.55 | 20.9 | 未申请 | |

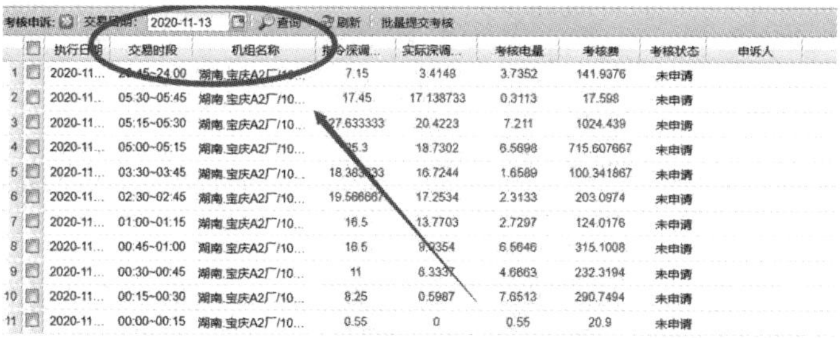

**图 10-62 查询功能**

【批量提交考核】选择自己指定的某个时刻的交易日期进行考核提交申诉。如图 10-63 所示。

**图 10-63 考核申诉**

### 10.3.7.7 周期信息

【周期费用查看】对最近周期的服务费、分摊费、考核费及总分摊费和总考核费进行查看。如图 10-64 所示。

**图 10-64　周期信息查看**

### 10.3.7.8 交易公告

【交易信息】由调控中心下发的文件信息，可以在交易公告模块中下载。如图 10-65 所示。

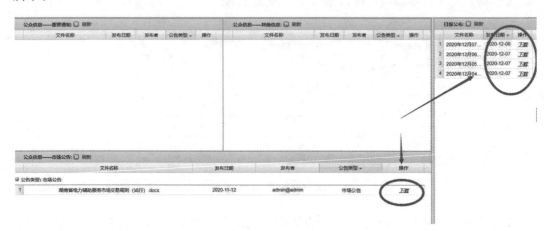

**图 10-65　交易信息查看**

### 10.3.7.9 操作记录

本模块记录了电厂对报价信息进行的操作。如图 10-66 所示。

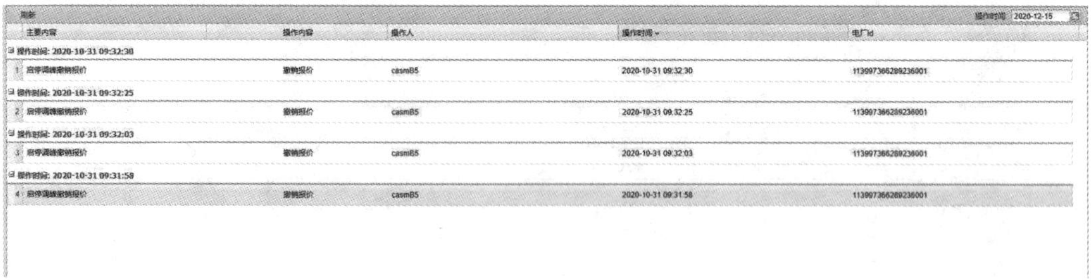

**图 10-66　操作记录**

## 10.3.8 信息发布

### 10.3.8.1 交易公告管理

【公告管理】管理者对通过此模块上传重大信息公告。如图10-67所示。

**图 10-67 公告信息上传**

【查询公告】查看已逻辑删除的公告。如图10-68所示。

**图 10-68 已删除逻辑公告信息查询**

【公告恢复】管理员选中一条已经删除的逻辑公告，并点击恢复。如图10-69所示。

**图 10-69 已删除逻辑公告信息恢复**

### 10.3.8.2 日报管理

【手动上传日报】管理员手动上传日报信息。如图10-70所示。

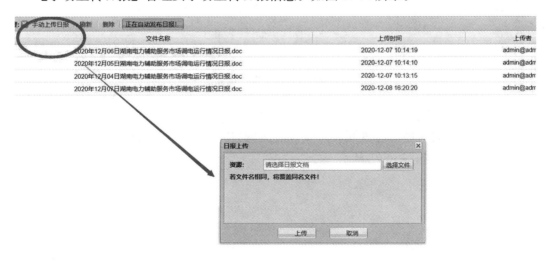

**图 10-70 上传日报信息**

【日报信息删除】删除已不需要的日报信息。如图 10-71 所示。

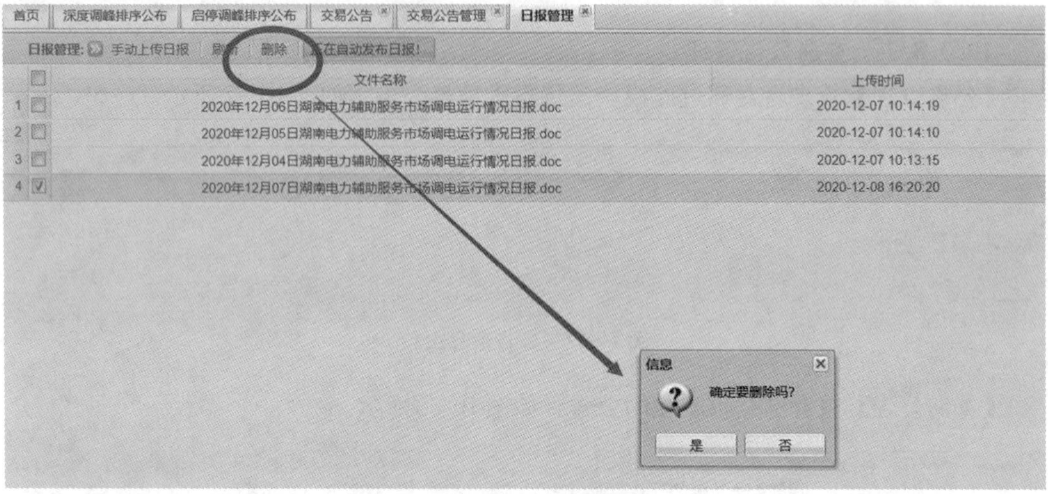

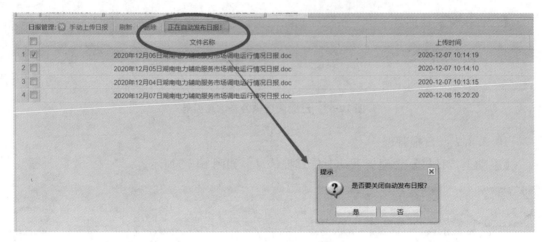

图 10-71　日报信息删除

【切换日报发送模式】可以在手动发送和自动发送之间进行切换。如图 10-72 所示。

图 10-72　日报发送模式

### 10.3.8.3　排序公布

深度调峰报价排序为经过开关机校核之后的排序。被安排关机的机组视为报价无效,不参与排序。如图 10-73 所示。

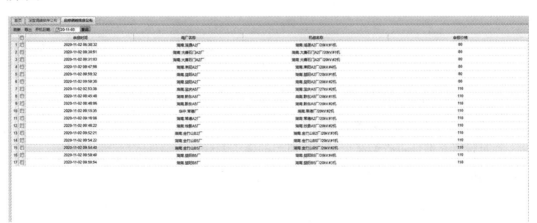

图 10-73　深度调峰报价排序

启停调峰排序为价格排序，若价格一致，按申报时间先后进行排序。如图 10-74所示。

图 10-74　启停调峰报价排序

## 10.3.9　结算数据管理

### 10.3.9.1　深度调峰结算数据

管理员通过设置结算日期可以查询某个时间段所有机组的深度调峰详细结算数据。电厂用户在此模块只能查看自己电厂机组的结算信息。如图 10-75 所示。

图 10-75　深度调峰结算数据查询

### 10.3.9.2　启停调峰结算数据

基本功能与深度调峰结算数据一致。如图 10-76 所示。

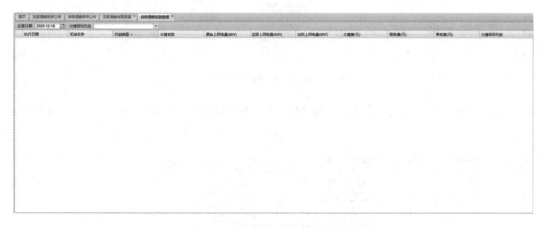

图 10-76　启停调峰结算数据查询

### 10.3.9.3　紧急调峰结算数据

通过设置日期可以查询某个时间段机组的紧急调峰详细结算数据。如图 10-77 所示。

图 10-77　紧急调峰结算数据查询

### 10.3.9.4  旋转备用结算数据

通过设置日期可以查询某个时间段机组的旋转备用详细结算数据。如图10-78所示。

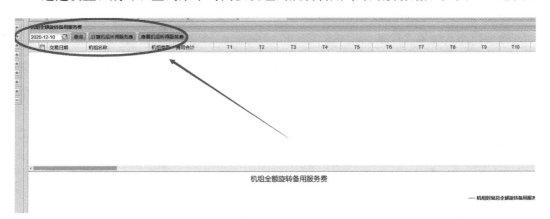

**图 10-78  旋转备用结算数据查询**

点击按钮，系统自动结算服务费用。如图10-79所示。

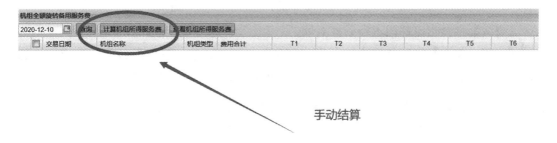

**图 10-79  服务费结算**

查看选定时间段机组的所得费用详情。如图10-80所示。

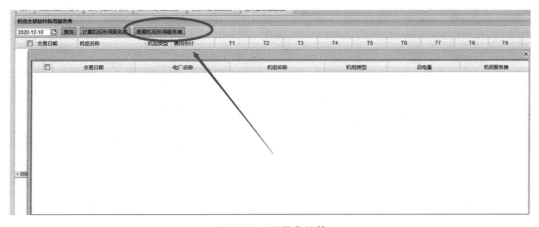

**图 10-80  所得费结算**

### 10.3.10　系统管理

#### 10.3.10.1　用户管理

管理当前系统中已注册的用户，对电厂用户关联。管理页面如图 10-81 所示。

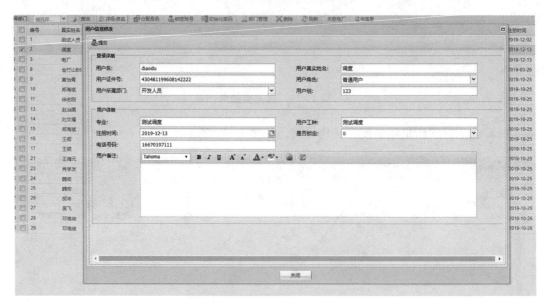

图 10-81　用户管理页面

【查询】选择指定部门进行条件查询。

【详情—修改】管理员选中一条用户信息，点击【详情—修改】打开用户详细信息页面，对页面数据进行修改之后点击左上角的【提交】即可。如图 10-82 所示。

图 10-82　用户信息修改页面

【分配角色】管理员对注册用户授权预设角色拥有的模块功能权限。如图 10-83 所示。

图 10-83 分配角色

增加角色：在左边面板中选中要赋予的角色，将其拖动到右边面板，并设置优先级，系统会根据优先级排列，用户登录时会根据角色优先级设置最终所属角色，获取指定角色拥有的模块内容。或者选择角色优先级等级，并选择需要增加的角色，点击【分配角色】按钮。如图 10-84、图 10-85 所示。

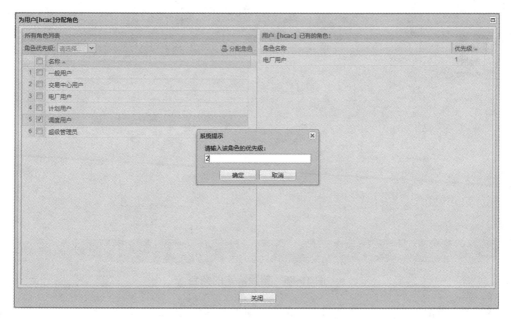

图 10-84 增加角色

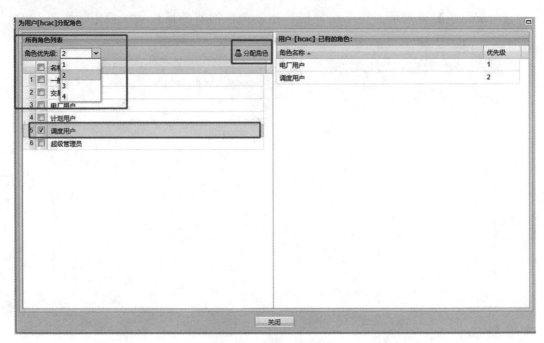

图 10-85　角色优先级

删除角色：在右边表格中选中要删除的角色，右键选择删除即可。如图 10-86 所示。

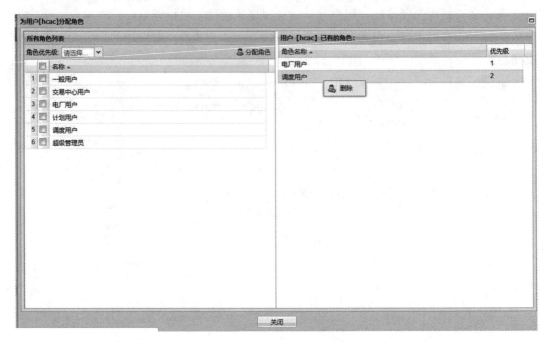

图 10-86　删除绑定的角色

【激活/锁定】管理员可以对用户进行"激活"和"锁定"，锁定的用户无法登录系统。操作：选择用户，点击激活/锁定即可。如图 10-87 所示。

图 10-87　激活/锁定用户

【初始化密码】当用户不记得密码时，管理员可以对该用户进行初始化密码操作，将密码设置成原始密码"12345678"，该用户可以再次进行密码修改。如图 10-88 所示。

图 10-88　初始化密码

【部门管理】可以在该系统中设置部门相关信息，便于区分不同的用户。如图 10-89 所示。

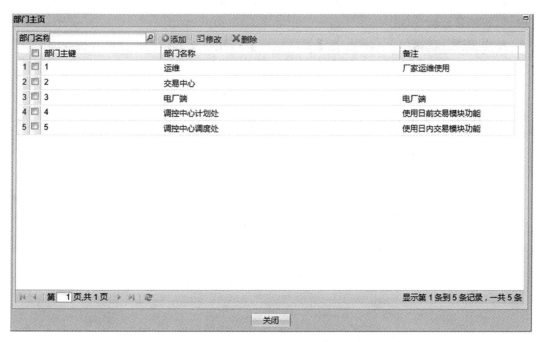

图 10-89　部门管理

【添加】添加部门信息。如图 10-90 所示。

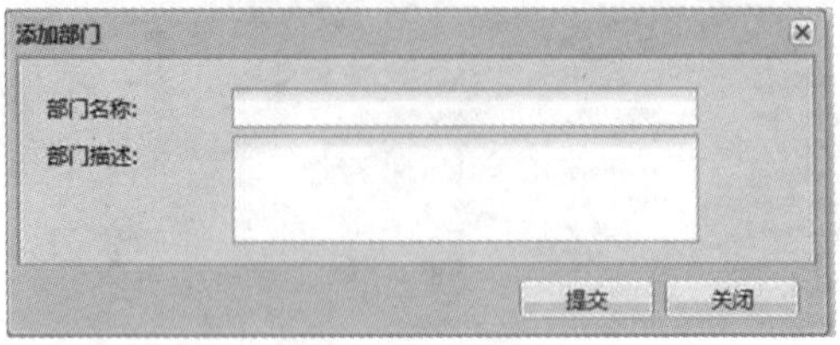

图 10-90　添加部门

【编辑】编辑部门信息。如图 10-91 所示。

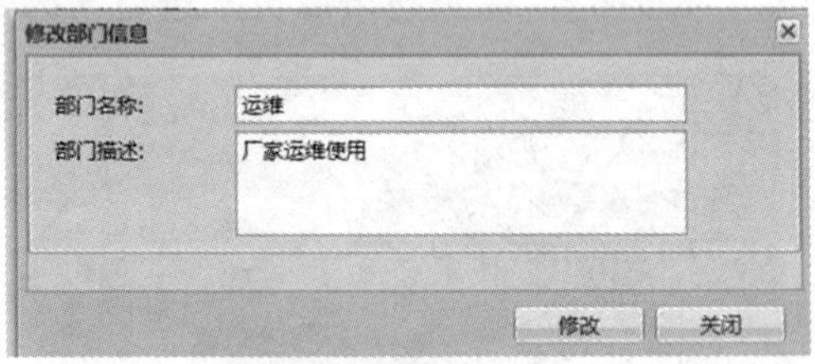

图 10-91　编辑部门信息

【删除】删除选中的用户，将该用户信息从数据库中删除，该用户将不能登录系统。

【关联电厂】该功能主要针对电厂端用户，当电厂端用户注册账号后，可以通过该功能按钮将注册到的账户和市场主体中对应的电厂进行关联管理；如此方可进行电厂端的报价和信息查询等操作。

操作步骤：选择用户——点击【关联电厂】按钮——选择电厂名称——点击确定。如图 10-92 所示。

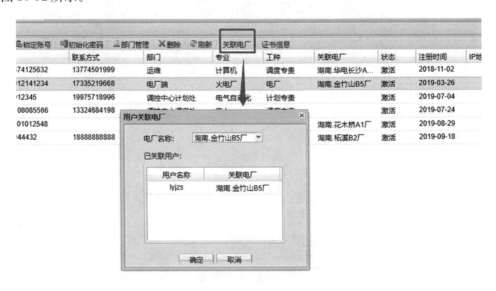

图 10-92　关联电厂

#### 10.3.10.2　角色管理

管理员可以修改角色信息，对角色进行模块授权。如图 10-93 所示。

**图 10-93　角色管理**

【添加】点击，打开添加信息页面。输入角色信息之后，点击【提交】保存。如图
10-94 所示。

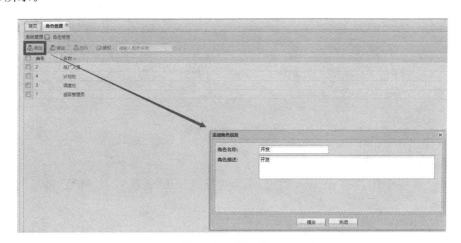

**图 10-94　添加角色**

【修改】点击，打开角色信息页面，修改角色信息——→点击【提交】保存。如图
10-95 所示。

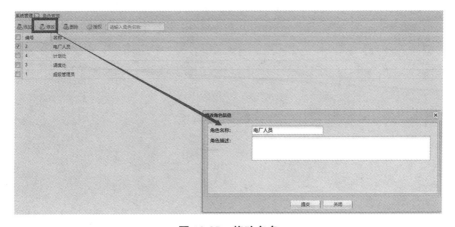

**图 10-95　修改角色**

【删除】选择角色——点击【删除】——完成。

【授权】对该角色进行系统模块授权。如图 10-96 所示。

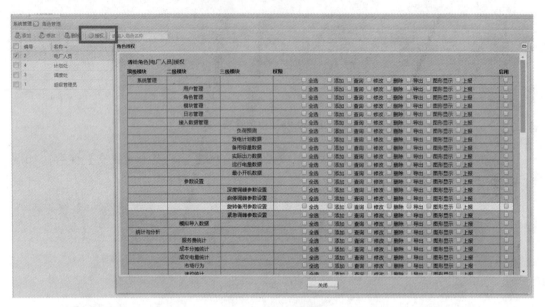

图 10-96　角色授权

### 10.3.10.3　日志管理

主要记录每个用户登录系统的时间、机器名、IP 地址以及 MAC 地址等。如图 10-97 所示。

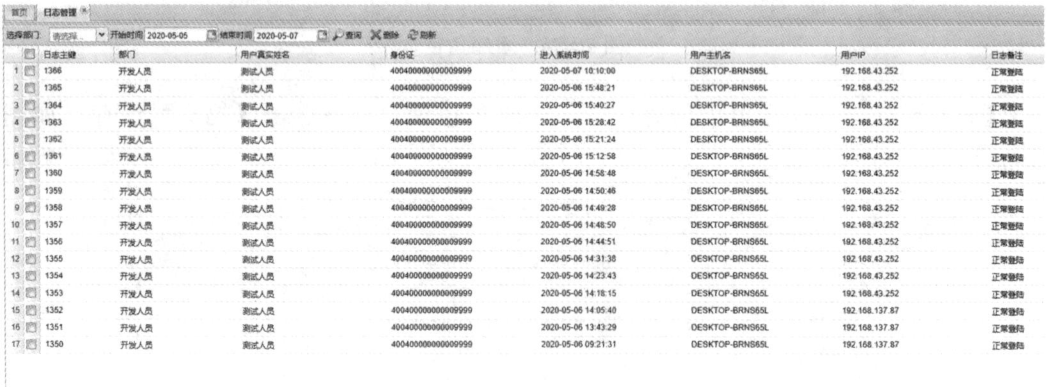

图 10-97　日志管理

#### 10.3.10.4 参数设置

（1）深度调峰参数设置。如图 10-98 所示。

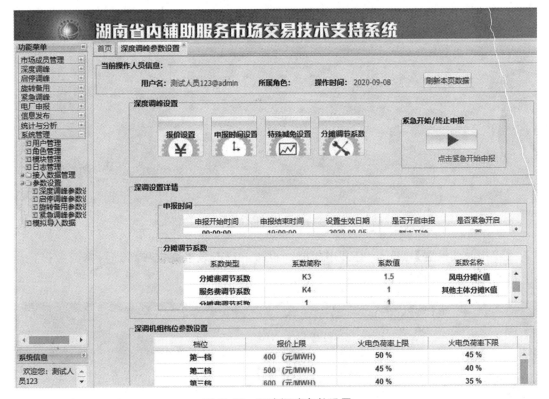

图 10-98　深度调峰参数设置

①页面布局说明。

除了深度调峰设置部分是功能区域，其他部分均为数据展示。

②页面操作说明。

【报价设置】点击报价限价参数，对参数进行修改，双击表格数据项可修改数据，点击【保存修改】进行修改。点击【新增】进行增加。如图 10-99 所示。

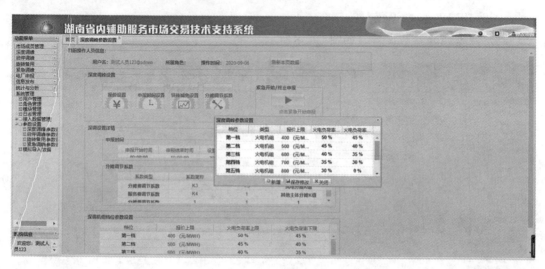

图 10-99　报价设置

【申报时间设置】点击，打开申报时间设置，双击表格数据项可进行修改数据，点击【保存修改】进行修改。如图 10-100 所示。

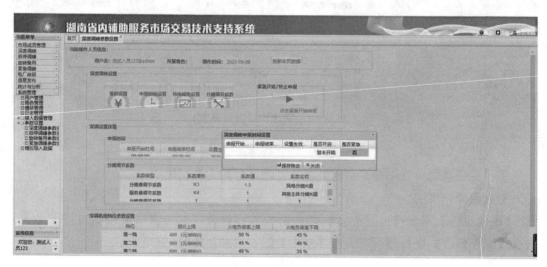

图 10-100　申报时间设置

【特殊减免设置】点击，打开特殊减免设置页面，如图 10-101 所示，点击【增加】，双击表格修改项，点击【保存编辑】进行保存。

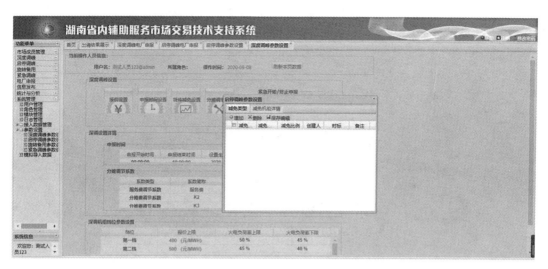

**图 10-101 特殊减免设置**

【服务费、分摊调节系数】点击，打开调节系数设置页面，双击表格数据项可修改数据，点击【保存修改】进行修改。点击【新增】进行增加。如图 10-102 所示。

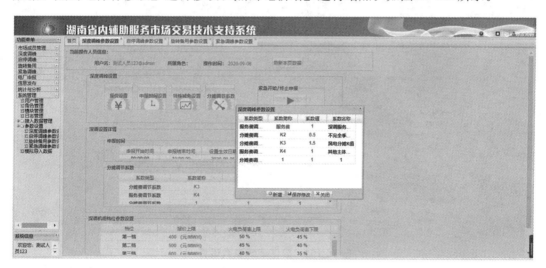

**图 10-102 服务费、分摊调节系数**

【紧急开始/终止申报】点击，说明原因，紧急开启/停止申报操作。如图 10-103 所示。

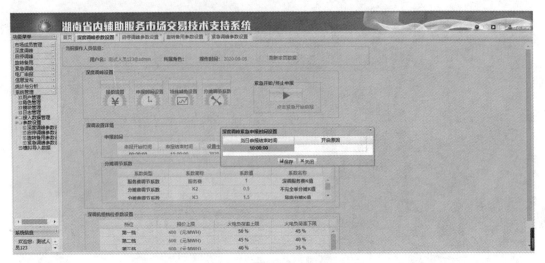

图 10-103　深调紧急开始/终止申报

（2）启停调峰参数设置。如图 10-104 所示。

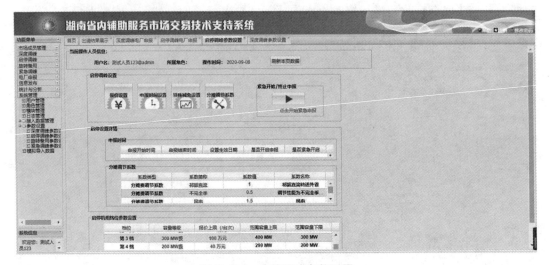

图 10-104　启停调峰参数设置

①页面布局说明。

除了启停调峰设置部分是功能区域，其他部分均为数据展示。

②页面操作说明。

【报价设置】点击报价限价参数，对参数进行修改，双击表格数据项可修改数据，点击【保存修改】进行修改。点击【新增】进行增加。如图 10-105 所示。

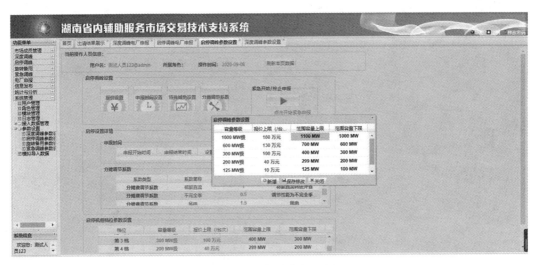

图 10-105　报价参数设置

【申报时间设置】点击，打开申报时间设置，双击表格数据项可修改数据，点击【保存修改】进行修改。如图 10-106 所示。

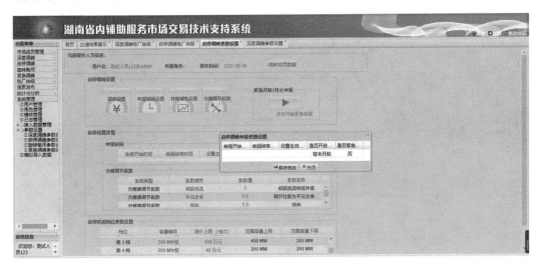

图 10-106　申报时间设置

【特殊减免设置】点击，打开特殊减免设置页面，点击【增加】，双击表格修改项，点击【保存编辑】进行保存。如图 10-107 所示。

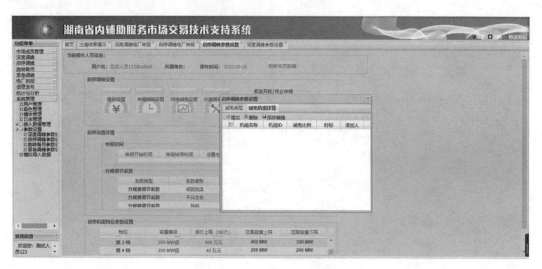

**图 10-107 特殊减免设置**

【服务费、分摊调节系数】点击，打开调节系数设置页面，双击表格数据项可修改数据，点击【保存修改】进行修改。点击【新增】进行增加。如图 10-108 所示。

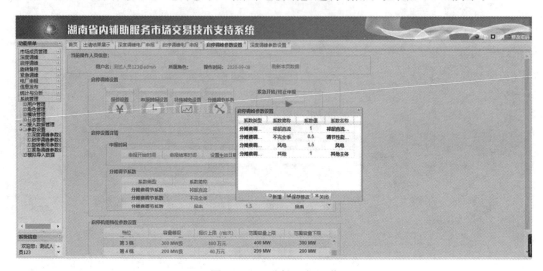

**图 10-108 分摊系数调节**

【紧急开始/终止申报】点击，说明原因，紧急开启/停止申报操作。

（3）旋转备用参数设置。如图 10-109 所示。

图 10-109　旋转备用参数设置

①页面布局说明。

除了启停调峰设置部分是功能区域，其他部分均为数据展示。

②页面操作说明。

【报价设置】点击报价限价参数，对参数进行修改，双击表格数据项可修改数据，点击【保存修改】进行修改。点击【新增】进行增加。如图 10-110 所示。

图 10-110　旋转备用报价设置

【申报时间设置】点击，打开申报时间设置，双击表格数据项可修改数据，点击

【保存修改】进行修改。如图 10-111 所示。

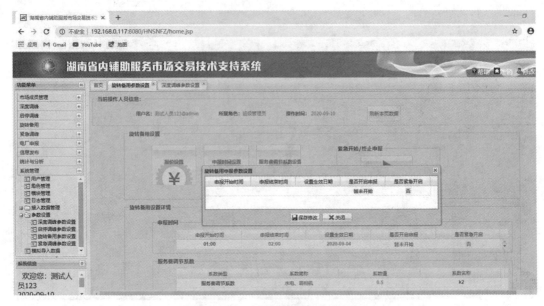

图 10-111 旋转备用参数设置

【服务费、分摊调节系数】点击，打开调节系数设置页面，双击表格数据项可修改数据，点击【保存修改】进行修改。点击【新增】进行增加。如图 10-112 所示。

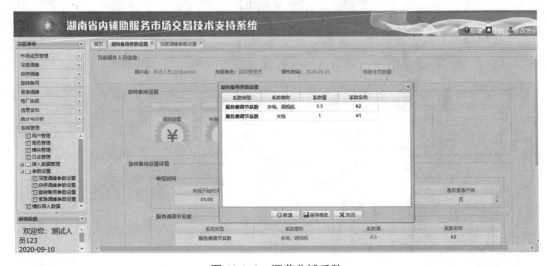

图 10-112 调节分摊系数

【紧急开始/终止申报】点击，说明原因，紧急开启/停止申报操作。如图 10-113 所示。

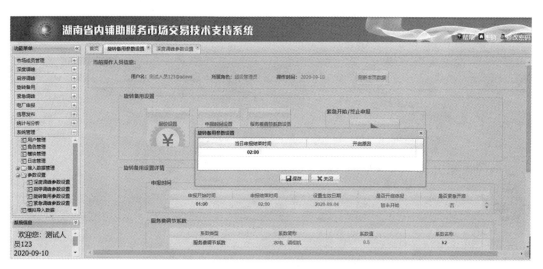

**图 10-113　紧急开停设置**

（4）紧急调峰参数设置。如图 10-114 所示。

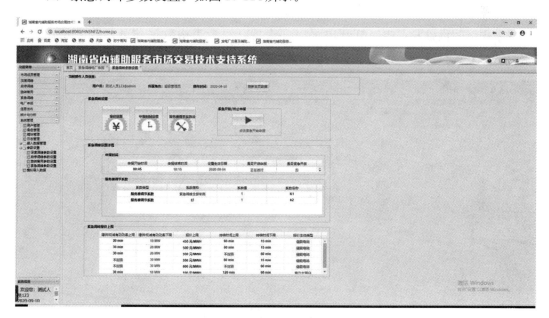

**图 10-114　紧急调峰参数设置**

①页面布局说明。

除了启停调峰设置部分是功能区域，其他部分均为数据展示。

②页面操作说明。

【报价设置】点击报价限价参数，对参数进行修改，双击表格数据项可修改数据，点击【保存修改】进行修改。点击【新增】进行增加。如图 10-115 所示。

**图 10-115　紧急调峰报价参数设置**

【申报时间设置】点击，打开申报时间设置，双击表格数据项可修改数据，点击
【保存修改】进行修改。如图 10-116 所示。

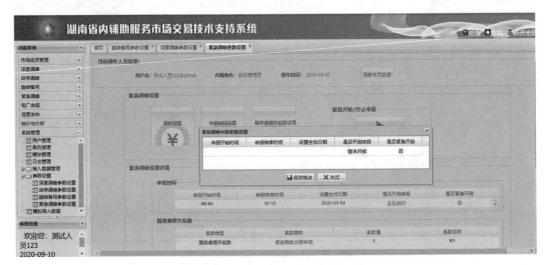

**图 10-116　紧急调峰报价参数设置**

【服务费、分摊调节系数】点击，打开调节系数设置页面，双击表格数据项可修改
数据，点击【保存修改】进行修改。点击【新增】进行增加。如图 10-117 所示。

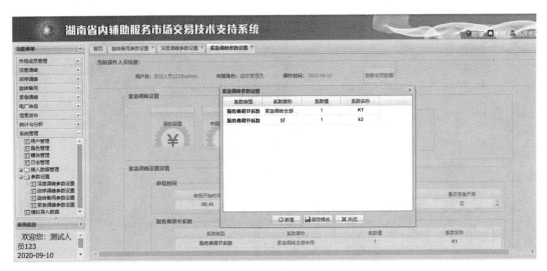

图 10-117　紧急调峰服务费参数设置

【紧急开始/终止申报】点击，说明原因，紧急开启/停止申报操作。如图 10-118
所示。

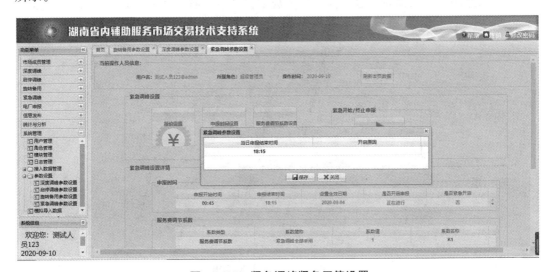

图 10-118　紧急调峰紧急开停设置

### 10.3.10.5　操作记录

【条件导出】根据设置调用的日期导出设置日期的深度调峰调用排序。如图 10-119
所示。

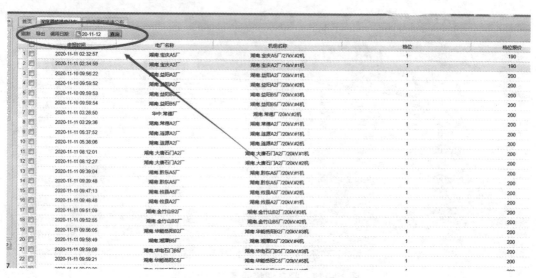

**图 10-119 深度调峰调用排序**

### 10.3.10.6 原始数据导出

【导出原始数据】将所需要查询的某天数据以 Excel 形式导出。如图 10-120 所示。

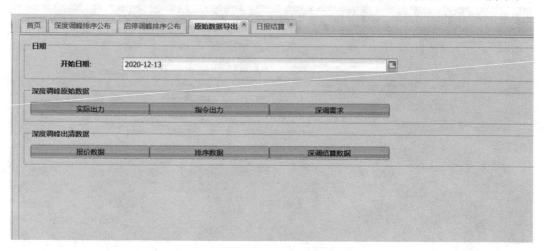

**图 10-120 原始数据导出**

# 10.4 交易操作流程

访问湖南省内辅助服务市场交易技术支持系统进入系统主页面。如图 10-121 所示。

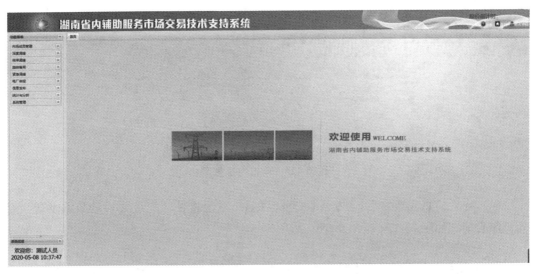

图 10-121　系统主页面

## 10.4.1　深度调峰交易流程

### 10.4.1.1　日前交易流程

整体流程步骤：开启市场——→数据申报——→编排调用序列——→计算深调调用需求详情。

（1）计划处操作员登录系统，开启深度调峰交易。

（2）电厂用户登录系统，进行数据申报。如图 10-122 所示。

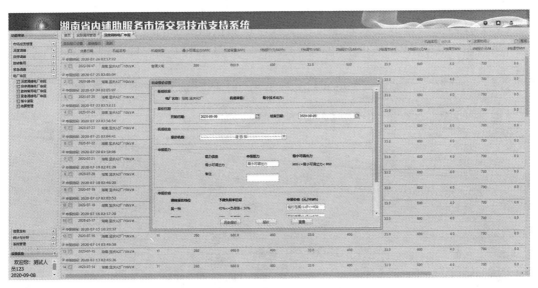

图 10-122　深调申报

（3）申报结束之后，计划处操作员进入申报内容管理，点击【导入报价信息】。如

图 10-123 所示。

**图 10-123　申报内容管理**

（4）导入信息完成之后，点击【安全校核】，系统将校核完成之后的数据发送至日前排序管理。如图 10-124 所示。

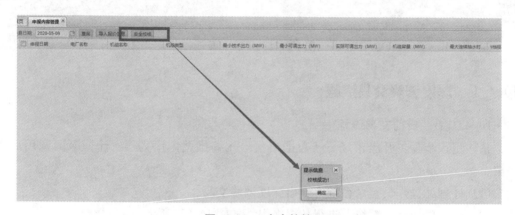

**图 10-124　安全校核**

（5）计划处操作员进入日前排序管理，得到按价格排序之后的申报信息。如图 10-125 所示。

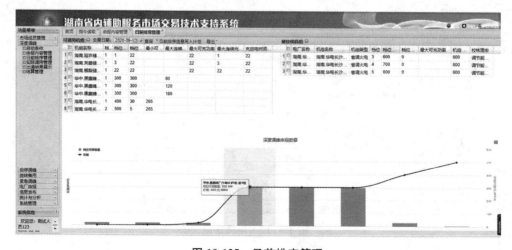

**图 10-125　日前排序管理**

### 10.4.1.2　日内交易流程

整体流程步骤：输入需求——→确认调用队列——→调用与执行——→计算费用。

（1）调度处操作员登录系统，进入深度调峰实际调用管理。点击【输入深调需求】，输入当天需求，点击【确定】，自动计算日内的调用名单并发送指令，电厂用户在此时可以接收到该指令。如图 10-126 所示。

**图 10-126　实际调用管理**

（2）电厂用户接收调用指令之后，点击【一键接收指令】，并执行指令内容（红色状态是未确认指令，绿色是已确认指令，黄色是待确认指令）。如图 10-127、图 10-128、图 10-129 所示。

**图 10-127　未确认指令**

图 10-128 确认指令

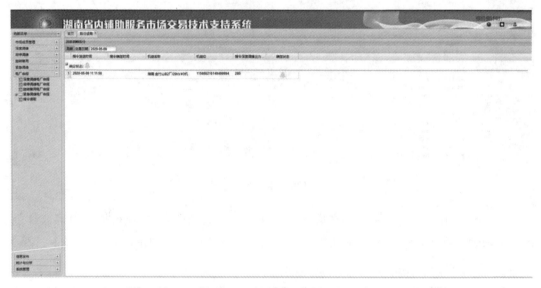

图 10-129 待确认指令

（3）第二天，系统自动导入实际出力数据，自动计算分摊费与服务费并发送给交易中心。

## 10.4.2 启停调峰交易流程

### 10.4.2.1 日前交易流程

整体流程步骤：数据申报──→编排计划调用机组。

（1）计划处操作员登录系统，开启启停调峰交易。

（2）电厂用户登录系统，进行数据申报。如图 10-130 所示。

图 10-130 启停申报

（3）申报结束之后，计划处操作员进入申报内容管理。如图 10-131 所示。

图 10-131 申报内容管理

（4）导入机组报价信息之后，点击【安全校核】，系统将校核完成之后的数据发送至日前排序管理。

（5）计划处操作员进入日前排序管理，按需获取最优队列。如图 10-132 所示。

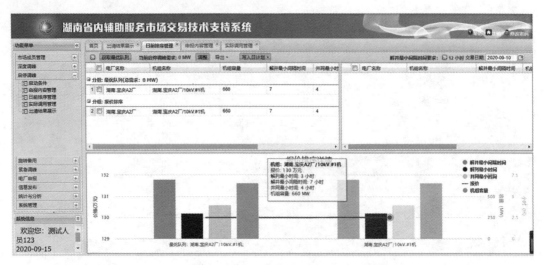

图 10-132　日前排序管理

（6）计划处操作员点击【写入日计划】，将队列写入日计划。如图 10-133 所示。

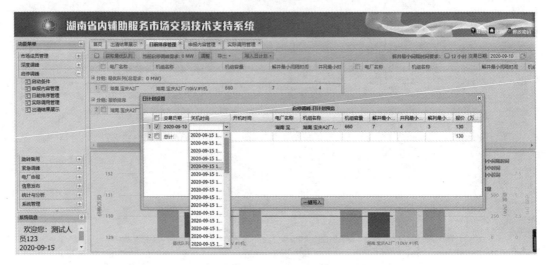

图 10-133　写入日计划

### 10.4.2.2　日内交易流程

整体流程步骤：确认计划队列，手动修改计划队列——调用与执行——计算费用。

（1）调度处操作员登录系统，进入启停调峰实际调用管理。对计划调用计划队列进行修改，确认队列之后，发送调用指令给电厂（对于跨天启停的机组，发送开机指令或不再开机指令）。如图 10-134 所示。

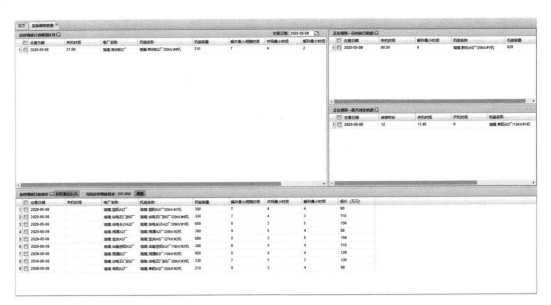

图 10-134　实际调用管理

（2）电厂用户接收调用指令之后，执行指令。

（3）每天运行结束后，系统自动导入实际出力数据，自动计算分摊费与服务费并发送给交易中心。

## 10.4.3　旋转备用交易流程

### 10.4.3.1　日前交易流程

整体流程步骤：开启市场——数据申报——编排调用序列。

（1）计划处操作员登录系统，开启旋转备用交易。

（2）电厂用户登录系统，进行数据申报。如图 10-135 所示。

图 10-135　旋转备用申报

（3）申报结束之后，计划处操作员进入申报内容管理，点击【获取电厂报价】点击，自动获取电厂的申报信息。如图 10-136 所示。

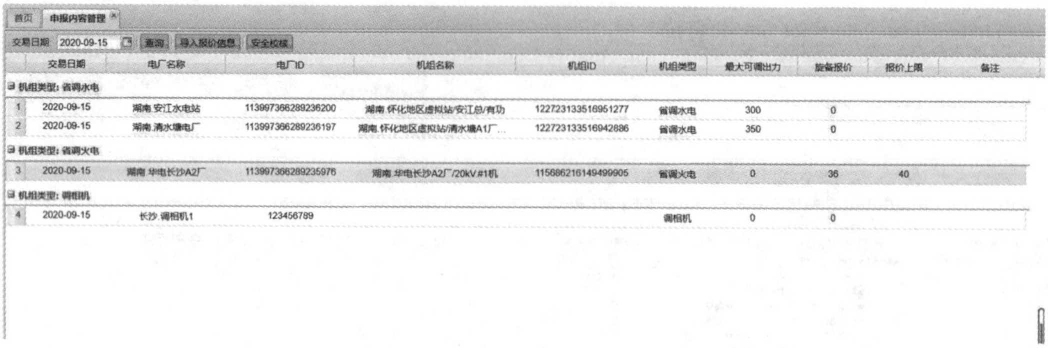

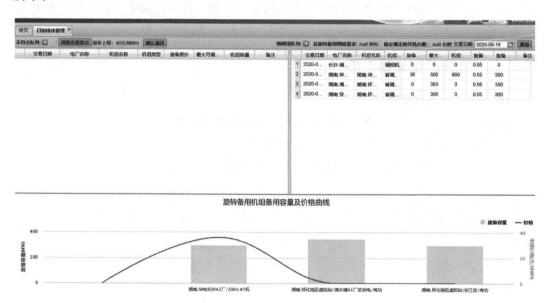

图 10-136　申报内容管理

（4）导入信息完成之后，点击【快速安全校核】，系统将校核完成之后的数据发送至调用排序管理。

（5）计划处操作员进入调用排序管理，得到排序之后的申报信息。如图 10-137 所示。

图 10-137　调用排序管理

（6）计划处操作员输入需求得到最优排序调用机组信息。

### 10.4.3.2　日内交易流程

整体流程步骤：确认调用队列──→调用与执行──→计算费用。

（1）调度处操作员登录系统，进入旋转备用调峰调用排序管理。确认调用队列，发布名单给电厂用户。如图 10-138 所示。

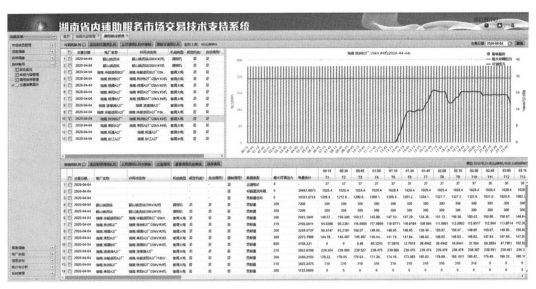

**图 10-138    调用排序管理**

（2）电厂用户确认自己在名单中，按指令执行。

（3）第二天，系统自动导入实际出力数据，自动计算分摊费与服务费并发送给交易中心。

## 10.4.4    紧急调峰交易流程

### 10.4.4.1    日前交易流程

整体流程步骤：数据申报——▶编排调用序列。

（1）计划处操作员登录系统，开启紧急调峰交易。

（2）电厂用户登录系统，进行数据申报。如图 10-139 所示。

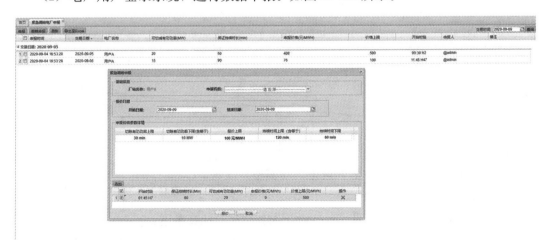

**图 10-139    紧急申报**

（3）申报结束之后，计划处操作员进入申报内容管理，对可中断负荷用户和储能电站的申报数据进行排序校验。如图10-140所示。

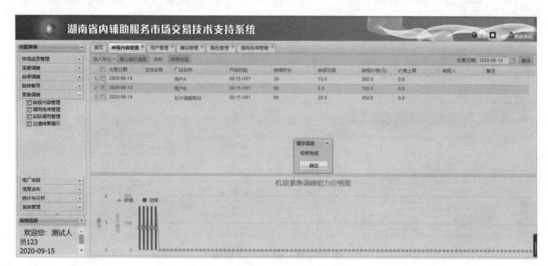

图 10-140　排序校验

（4）校验完成之后，计划处操作员进入调用排序管理，得到排序之后的申报信息。如图10-141所示。

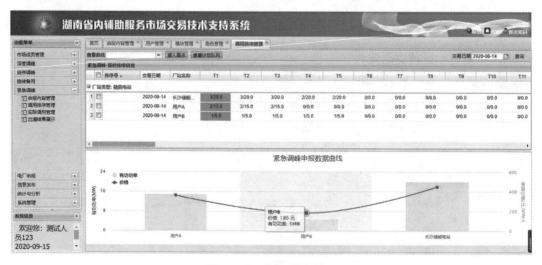

图 10-141　调用排序管理

（5）计划处操作员对排序队列进行手动调整，发送名单给计划处。

### 10.4.4.2　日内交易流程

整体流程步骤：确认调用队列——调用与执行——计算费用。

（1）调度处操作员登录系统，进入紧急调峰调用排序管理。确认调用队列，发布名单给电厂用户。如图10-142所示。

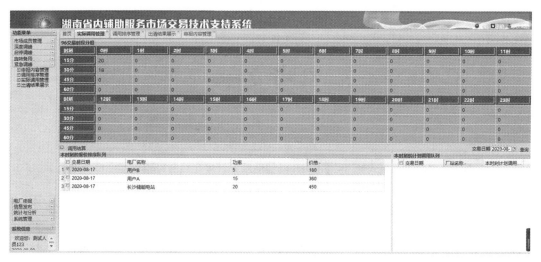

图 10-142　调用排序管理

（2）电厂用户确认自己在名单中，按指令执行。

（3）第二天，系统自动导入实际出力数据，自动计算分摊费与服务费并发送给交易中心。

# 参考文献

[1] 胡微，朱淼，张德亮，翟武悝. 国外电力市场辅助服务管理介绍与经验借鉴［EB/OL］.（2016-12-15）［2020-10-9］. https：//image. hanspub. org/Html/8-1580361 _ 19231. htm.

[2] 北极星输配电网，华气能源猎头. 美国电力市场概况［EB/OL］.（2017-12-04）［2020-09-16］. https：//www. sohu. com/a/208336864 _ 131990.

[3] 陈新仪. 大容量风电资源接入后的电网调频服务交易研究［D］. 上海：上海交通大学电气系硕士学位论文，2015.

[4] 袁家海，席星璇. 我国电力辅助服务市场建设的现状与问题［EB/OL］.（2020-04-16）［2020-10-05］. http：//www. escn. com. cn/news/show-945438. html.

[5] https：//baijiahao. baidu. com/s? id=1667589443646923343.

[6] 苗文静，黄伟，顾洁，周旭. 基于参数分布的辅助服务市场风险计算方法［J］. 电力科学与技术学报，2013-6-28（2）.

[7] 崔凯，罗志诚. 供热机组利用循环水余热供热技术研究［J］. 锅炉制造，2013（4）.

[8] 路郑. 新能源高比例发展激活抽水蓄能应用［N］. 中国能源报，2020-07-13（08）.

[9] 李磊. 国外自动发电控制辅助服务交易市场的比较研究［J］. 华东电力，2011（08）：1223-1227.

[10] 张欣欣. 电力市场营销对策分析［J］. 民营科技，2014（02）.

[11] 朱文君，甘晓莹. 电力工业市场运营模式分析［J］. 2013（10）.

[12] 章君春. 电力市场辅助服务定价方式的探讨［D］. 江苏：东南大学电气系硕士学位论文，2007.

[13] 曲昊源，雷雪姣. 我国电力辅助服务市场的日趋完善［N］. 国家电网报，2019-06-26.

[14] 于尔铿，等. 电力市场. 北京：中国电力出版社，1998.

[15] 国家电力调度通信中心. 美国电力市场与调度运行. 北京：中国电力出版社，2002.

[16] 曾鸣，赵庆波. 电力市场中的辅助服务理论及其应用. 北京：中国电力出版社，2003.

[17] 王永干，刘宝华. 国外电力工业体制与改革. 北京：中国电力出版社，2001.

[18] 曾鸣. 电力市场理论及应用. 北京：中国电力出版社，2000.

[20] 李昭. 以发电集团为主体的调峰辅助服务竞价模式研究［D］. 吉林：东北电力大学电气系硕士学位论文，2020.

212